CONTENTS

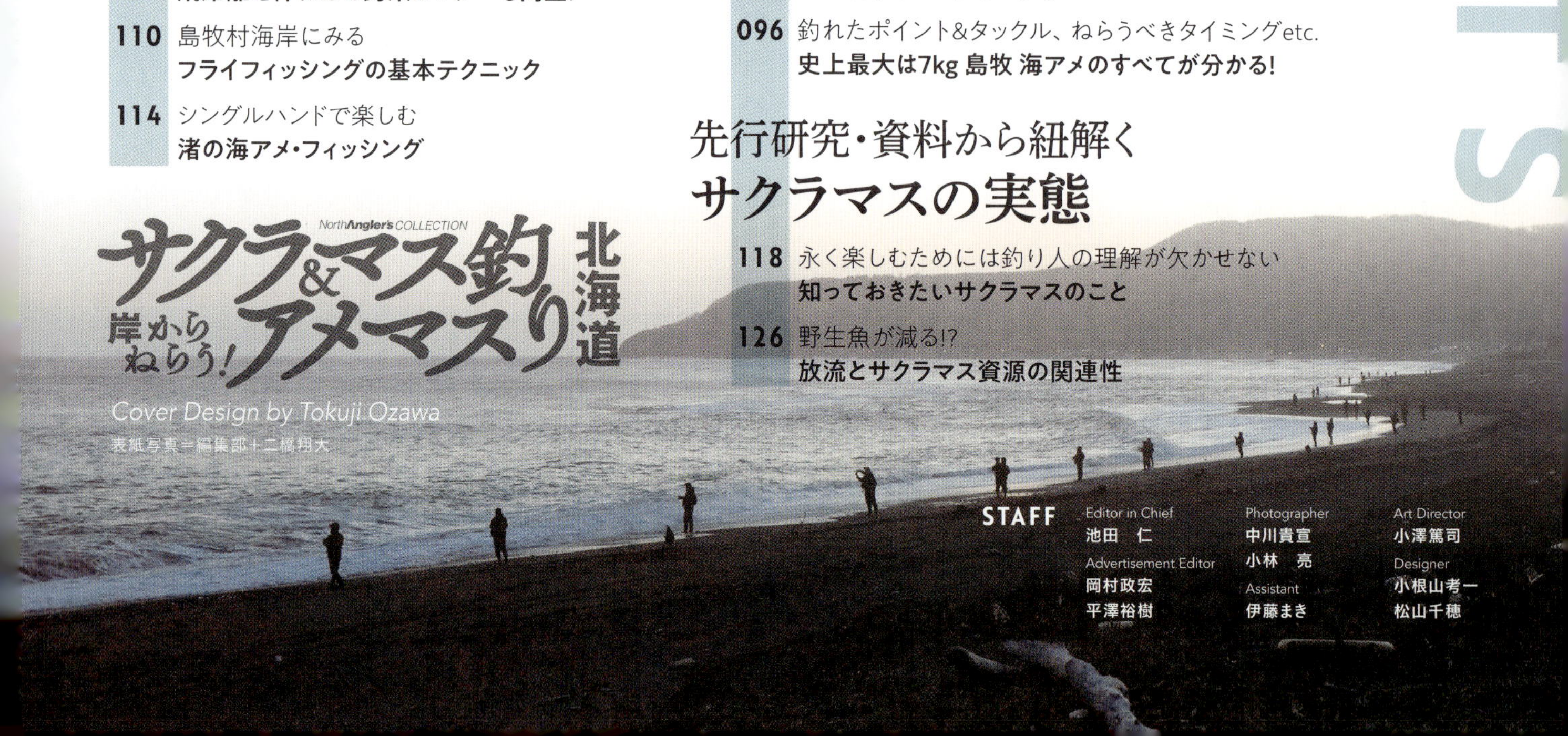

NorthAngler's COLLECTION
北海道 岸からねらう! サクラマス&アメマス釣り

Cover Design by Tokuji Ozawa
表紙写真＝編集部＋二橋翔大

STAFF

Editor in Chief
池田 仁

Advertisement Editor
岡村政宏
平澤裕樹

Photographer
中川貴宣
小林 亮

Assistant
伊藤まき

Art Director
小澤篤司

Designer
小根山考一
松山千穂

海サクラ＆海アメに！

岡ジグLT-30/35

岡Craft
Saltwater Fishing Game
TEL 090-8632-1260
岡Craft 検索

LT-30 Length：93㎜ Weight：30g Price：¥1,210

LT-35 Length：93㎜ Weight：35g Price：¥1,320

レギュラーカラー全12色

アカキン / グリーンゴールド / グリーンピンク / 赤ラメブラック / オールベイト / ナチュラルベイト

サケ稚魚アカキン / サケ稚魚ピンク / サケ稚魚 PG / サケ稚魚 / ピンク / ホロピンク

2025限定カラー

全道の海サクラ・海アメシーンで実績が高い『LT-30』と『LT-40』の2モデルに加わった2025年の限定カラー。

朝夕のマヅメ時などに威力を発揮します

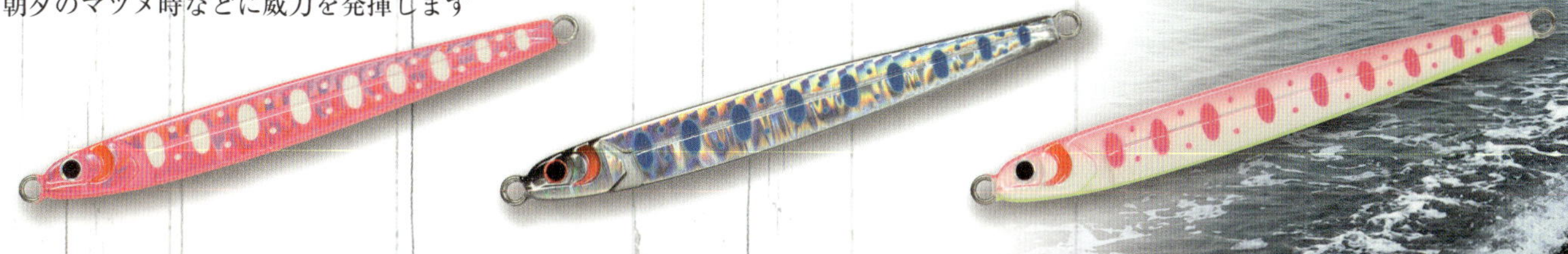

ホロピンク GPM / ホロブラック GPM / グローチャート PPM

嵐のあとの6・6kg

大物ほどスローを好む

太陽光を幅広な体躯で鏡のように反射させる。ほとんど剥がれない鱗がシーズン終盤を物語っていた

2024年5月、積丹半島で素晴らしいサクラマスを手にした。単に幸運に恵まれたといえばそれまでだが、ヒットパターンに必然性を見出したくなるのが釣り人の性。改めて振り返ると、この日はいくぶん好条件が重なっていたことに気付いた。

午前5時半頃にキャッチしたアベレージサイズ。これを皮切りに、あちこちで頻繁にサクラマスの跳ねが見られるようになった。やはりシケ後初日の朝マヅメは魚の活性が高い

シケのちナギ

道南～道央日本海沿岸を中心に、大輪の知らせが後を絶たなかった2024年シーズン。記者もご多分に漏れず、メモリアルフィッシュを求め奮闘していた。しかし僥倖に恵まれないまま、いよいよ終盤戦に突入。正直あきらめモードになっていたが、そんなときに限って一大事は起こるものである。

5月上旬、積丹半島の磯場に向かった。ゴールデンウイーク明けからしばらく続いた荒れが収まり、当日はナギ予報かつ大潮回りという好条件。到着時は結構な波が残っていたものの、予報どおり徐々に落ち着いてきた。

磯の先端は2名のアングラーと同行した友人がロッドを振っていたため、右側に50mほど離れた場所で釣りを開始。140mmのシンキングミノーを結び、ストップ&ゴーで探る。そして午前5時半頃、おおむねアベレージサイズながら本命がヒット。これを皮切りに、あちこちで頻繁にサクラマスの跳ねが見られるようになった。やはりシケ後初日の朝マヅメは魚の活性が高いみたいだ。

運命の「下げ7分」

午前7時、磯の先端が空いたので移動。ルアーを150mmのフローティングミノーに替え、たしか3投目だった。

いわゆる「下げ7分」の時間帯で、ほどよい潮流がライン越しに伝わってくる。どうやら右から左へ流れているらしい。それに逆らわないよう、サオ先を左側に倒してリーリング。群れからはぐれた瀕死のマイワシをイメージし、デッドスローのタダ巻きに軽めのトゥイッチを織り交ぜて誘う。

すると突然、手もとに鈍い衝撃が走る。次の瞬間、ただならぬ魚影が水中で反転するのが見えた。

最初はこちらに向かってきたかと思えば、ゆっくりと浮上し、水面でドシャバシャと水柱を立てている。その姿をたとえるなら、まるで銀色のコイ。前年4月に同エリアの磯で65cm4・7kgを釣ったが、それと比較にならない大きさであることは遠目にも明らかだった。かといって強烈にダッシュするわけでもなく……。少し嫌な予感がした。

「こんなにあっさり?」と首を傾げつつ、ネットを準備する。もう少しでランディングできそうな距離まで来ると案の定、猛抵抗が始まった。その突っ込みの重厚感たるや、今でも鮮明に覚えている。ただ幸いにも、フッキングは完璧。フロントフックがしっかりとカンヌキをとらえて

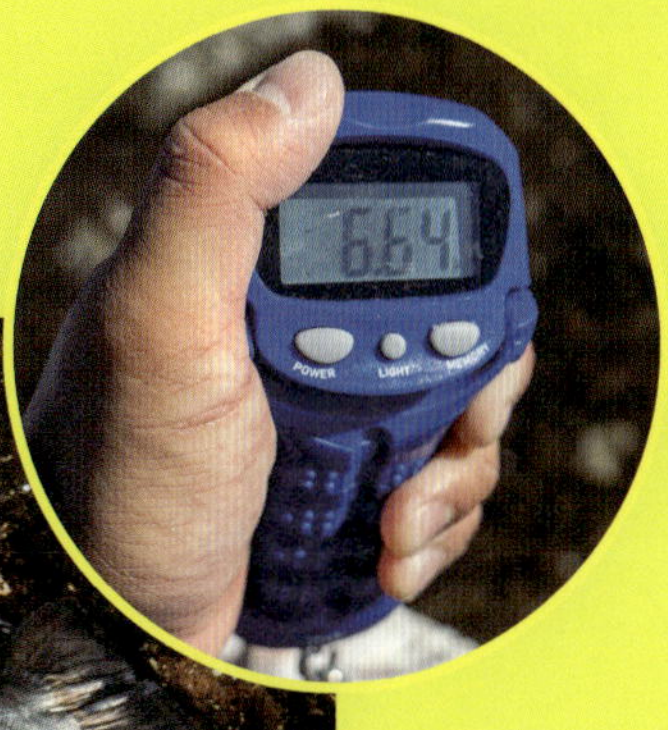

ひとしきり写真を撮り終え、いざ量ってみると6.64kg。ちなみに胃の中は空だった。マイワシが入っていたらもう少し重かったかも……

体高もさることながら、とにかく長さに圧倒される。イタマスというよりは、全体的にバランスのとれた綺麗な魚体だった。ランディングネットの内径は約65cm。こうして見ると巨大さが際立つ

いた。

　バレはしないだろうし、ここで一度、魚との間合いを取ることに。ラインテンションを保ちながらドラグを緩め、ひと思いに走らせてやる。とはいえ周囲にはシモリが点在していて、根に巻かれると危険。動きがおとなしくなったタイミングで再び引き寄せようと試みる。

　そんな攻防を何度繰り返しただろう。結局、見かねた同行者がタモ入れを手伝ってくれた。陸にあげた巨大なサクラマスをすかさずエンカマに移し、いったん落ち着かせる。ひとしきり写真を撮ったあと、デジタルスケールで量ると「6・64」の表示。全長は70㎝をゆうに超えている。〝モンスター〟としかいいようがない。しばらく脚の震えが止まらなかった。

メジャーを当てると70㎝オーバーであることは一目瞭然。後ほどシワを伸ばして正確に測ったところ全長75㎝、尾叉長で73㎝あった

モンスターを導いた3つの要因

　あくまで憶測だが、念願の一尾を導いた要因は主に3つあると考える。

　その最たるは「マイワシの群れが抜けた」タイミングだったこと。記者がよく行く釣り場では、5月に入ると以前のようなベイトボールが見られなくなった。確認できたとしても、数尾がフラフラと力なく泳いでいる程度。むしろこれがよかったのかもしれない。大ものほど余計な体力を使わず、効率よくエサを捕食するといわれるからだ。それにベイトが少なくなったことで、魚間の競争率が上がっていたとも考えられる。エサの奪い合いが生じた際、争いを制するのは大型個体であるはず。

　次に「スローなアプローチ」。前述のマイワシは、当然ながら遊泳力が弱い。デッドスローのタダ巻きに軽めのトゥイッチを織り交ぜる手法が、サクラマスにとっては格好の捕食対象として映ったのだろう。なお、ここでいうデッドスローとは、ルアーが泳ぐ最も遅いスピードでリトリーブすることを指す。

　そして「フローティングミノー」を使えば、よりゆっくりと引いてこられる。要は「スローなアプローチ」の効果が最大限に発揮されるのである。

　磯場でほかのアングラーの釣り方を見る限り、シンキングミノーの高速巻き+ジャーキングで誘っている人が多い気がする。もちろんこのメソッドが〝マイワシパターン〟において有効なのは事実。一方、この日はそれと正反対の方法で結果が表われた。はたして再現性はあるのか……海域問わず、いずれ条件が合致した日に改めて試してみようと思う。

使用ロッドはGクラフト『セブンセンスTR モンスターサーフ MMS-1072-TR』、リールはダイワ『24セルテート LT4000-CXH』。ラインは『アバニ ジギング10×10 マックスパワーPE X9』1.2号に『シーバスショックリーダー[フロロカーボン]』22LB.(ともにバリバス)約1mをFGノットで結束。いつもよりワンランク強いラインシステムで臨んでいてよかった

ヒット ルアー

タイドミノーランス 150F(DUO)

海サクラ・海アメ仕様の『タイドミノーランス』シリーズのフローティングモデル。多少バルキーな設計になっており、飛距離は既存のシンキングタイプと比較しても遜色がなく、よりスローなアプローチも可能。また、シモリ(沈み根)などのストラクチャー周りをタイトに探れる。サイズは150㎜26.5g。写真のカラー「カタクチ」でヒットした

写真は2024年4月、道央日本海の港で撮影したマイワシの大群。これが5月にはほぼ見られなくなり、いたとしても数尾がフラフラと力なく泳いでいる程度だった

立ち上がった波間の中を泳いでいるのは、カタクチイワシの群れ。2月、上ノ国町・寅ノ沢海岸

イワシとニシンは右肩上がり、
オオナゴは激減……

ベイトの転換期、どう釣る？

大挙して押し寄せたマイワシの群れ。港内をゆっくりと回遊していた。4月、寿都町・横澗漁港

ここ数年、
いろいろなフィールドで
“変化”を感じることはないだろうか。
「釣れる魚体が明らかに太くなった」、
「群れ泳いでいる小魚が以前と違う……」。
そう思うのは当然かもしれない。
なぜなら捕食物が変わってきているのだから。

寿都町の海岸に行ってみると、波打ち際には漂着して死に絶えたマイワシが散見された

朝マヅメを終え、明るくなって辺りを見渡すと、打ち上げられたカタクチの姿があった

大量漂着

　2024年シーズンの海サクラ&海アメは、かつてないほどの大ものラッシュにわいた。どちらも大ものと呼ばれる基準といえる4～5kgを超え、6～7kgの超ヘビーウエイトがあがって話題になった。当然ながら密接に関係するのは食べ物、つまり「ベイト」だが、重量級の海マスが釣れることを示唆するニュースが冬から聞かれた。

　始まりは2023年12月中旬、函館市の戸井漁港周辺。海岸一帯にマイワシが打ち上げられ、その量たるや約540トン。回収作業を終えるのに20日ほど要したとされる。翌1月下旬にはマイワシの残骸と思われる骨、ウロコで海岸が埋め尽くされる二次被害も報道されたが、これは序章にすぎなかった。

　12月中旬には海サクラの人気ポイントとして有名な江差町、1月上旬はせたな町北檜山区の海岸にも大量のマイワシが漂着。そして3月下旬は小樽市銭函、4月に入ると石狩湾新港、留萌港、苫前町、5月中旬には太平洋側のえりも港周辺でも同様の現象が起きた。マイワシの処分にかかった費用は1945万円（2023年度）にのぼるという。

　約10℃以上の温帯海域に生息するマイワシは本来、冬の北海道では生きられないが、接岸したのは暖冬の影響だろう。1月の道南は冬型の気圧配置が弱く、渡島、檜山管内の平均気温は高く、函館などは記録的な暖かさになった。マイワシは例年12月以降、北海道の日本海沿岸から姿を消すが、2023年12月～翌1月は平年より海水温が2～3℃高く、平均9℃前後で推移。例年より高めの水温を受け、遅くまで居座ったのだろう。それが、急な海水温の低下によって弱り、一連の漂着にいたったと推測される。

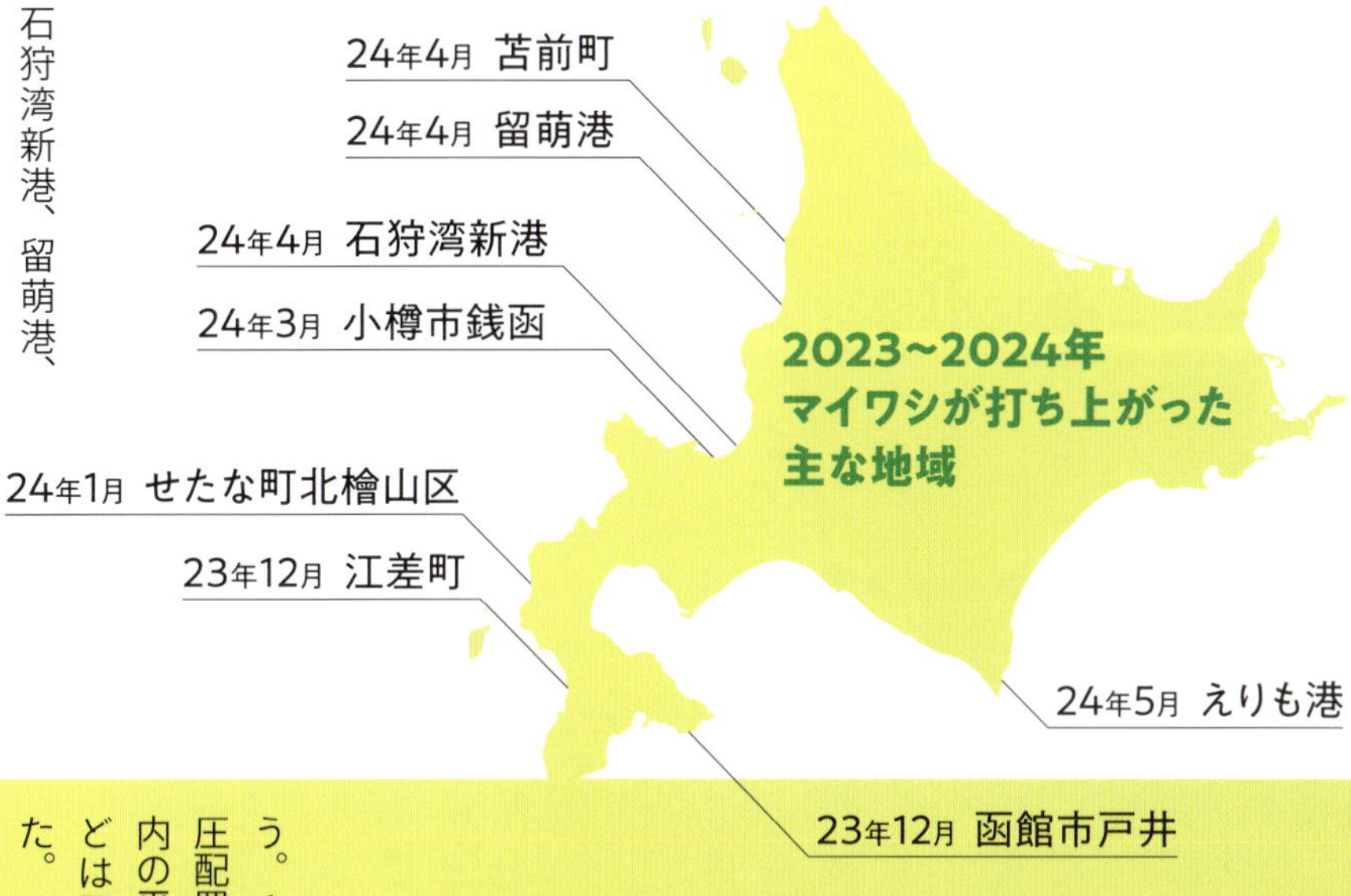

マイワシの次はカタクチ

　北海道水産現勢によると、カタクチイワシを含むマイワシの漁獲量は1983年から1990年まで100万トンを超えていたものの（最高値は1987年の約134万トン）、1992年から著しく減少。2004年以降の数値は別表のとおりだが、2017年から回復傾向を示し、2023年はこの20年で最も多い。

▼イワシ漁獲量の推移 ※『北海道水産現勢』より

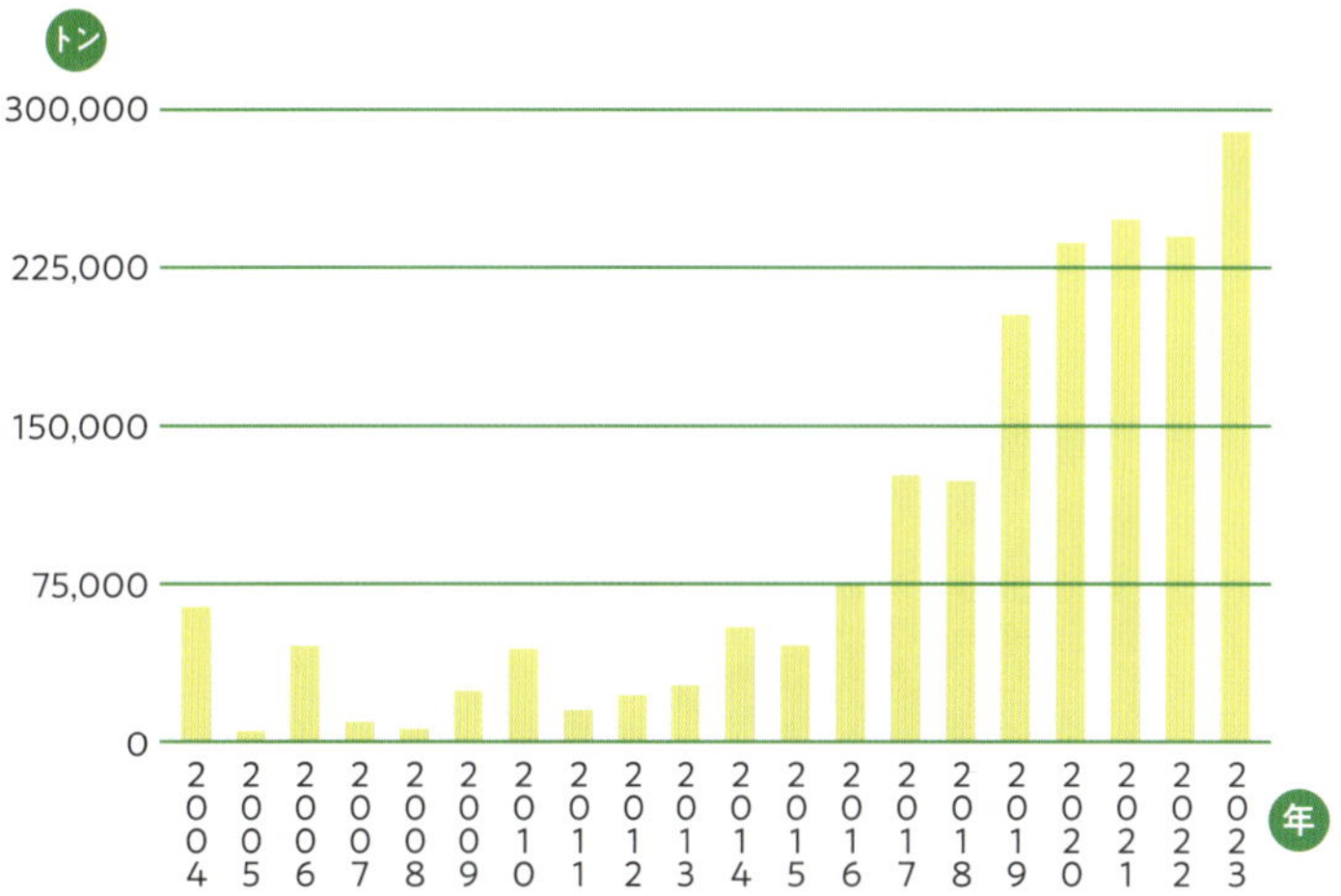

　積丹のある遊漁船長は「イワシを食べているサクラマスは脂のりがすごく、魚体も太くなる」と話す。続けて「オオナゴだけではこうはならない」とも。アメマスに置き換えても同じことがいえるのかもしれない。島牧村で開催されている海アメの大会では、登録された魚の体長と体重から「肥満度」を割り出して公表している。それを見ると、イワシ類を中心に捕食しているであろう時季に釣られた魚は肥満度が高い傾向にある。

　2024年、〝マイワシ騒動〟が一段落した道南では、今度はマイワシと入れ替わるようにカタクチイワシが大挙して接岸。それにつられたのか、サクラマスやホッケ、さらにサバも岸寄りし、2月に入ると連日のように好釣果が伝えられた。

漁獲量から一目瞭然

　2月以降はニシンも見逃せないベイトになる。道南では漁が本格化し、近年は群来を伝えるニュースを見るのは珍しくなくなった。日本海沿岸は道による稚魚放流が実を結び、ニシンの漁獲量は年々

増えている。北海道水産現勢によると2016年から上向き始め、2018年からは1万トンを超えて推移。2022年には2万トンの大台を突破し、1987年以降で最高値を記録した。別項の表からも分かるように、イワシ類とニシンの漁獲量は右肩上がり。

一方、資源量が激減しているのがイカナゴだ。稚魚は「コナゴ」や「コオナゴ」と呼ばれ、しらす干しや佃煮としておなじみだが、近年コナゴ漁は不振を極めている。2010年までは1~2万トンを維持していたが、2011年から一気に下降。2021年からの3年間は千トンにも満たない。

釣り人の間で大型のイカナゴは「オオナゴ」と言われ、かねてより海アメ&海サクラのメインディッシュと目されてきた。それは船釣りも同様で、オフショアのサクラマスもオオナゴを意識した釣りがセオリー。また、ヒラメのバケ釣りのエサとしてもなくてはならない存在だが、昨今は資源量の減少から入手するのも難しくなっている。

漁獲量から見ても海アメ&海サクラにとって、イワシ類とニシンの重要性は年を追うごとに増しているのは明らかだ。

海サクラ釣行時、偶然にもニシンの群来に遭遇。
海は乳白色に染まった。4月、留萌市・三泊海岸

ニシン漁獲量の推移

※『北海道水産現勢』より

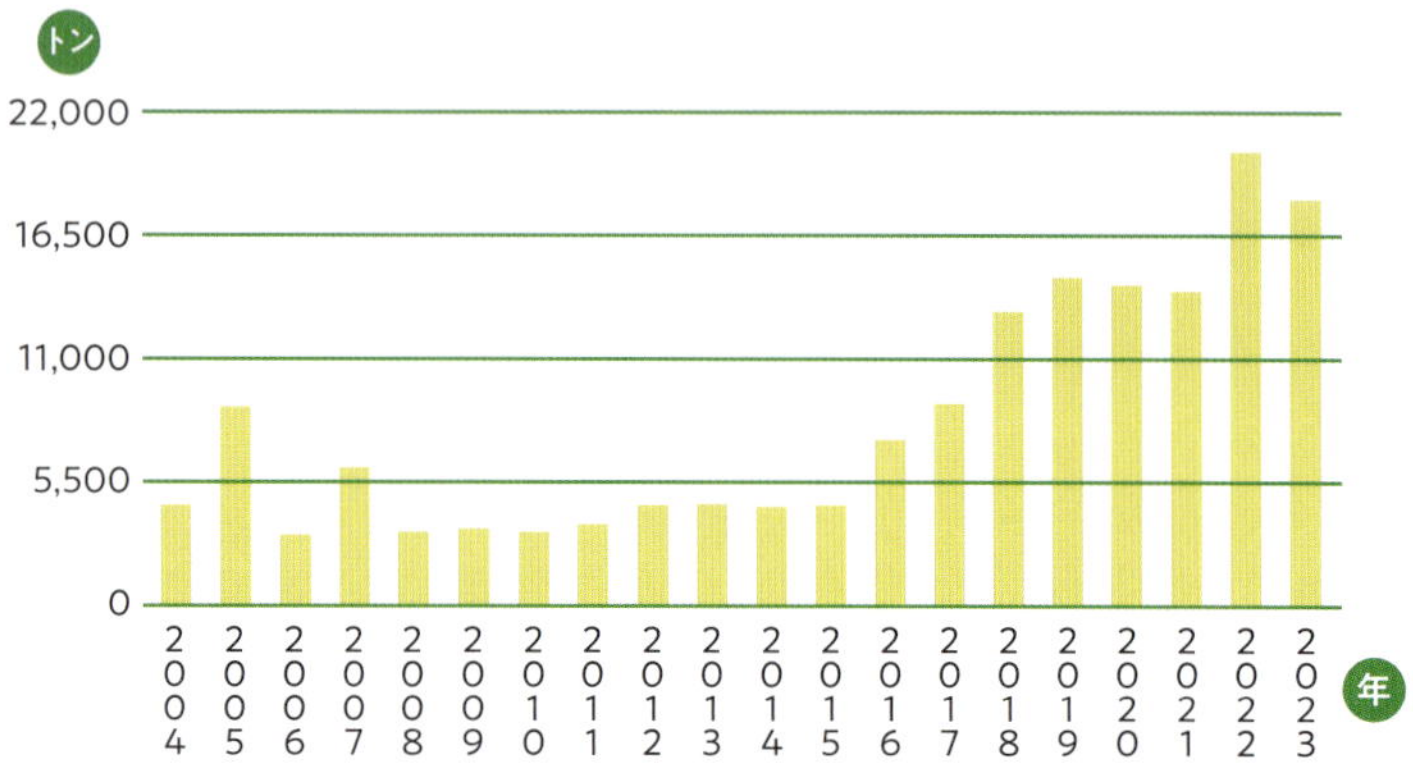

従来のパターンを見直す

回遊性の高いイワシ類とニシンに対し、イカナゴは泳ぐスピードが遅く、モグリの地方名から推察できるように砂の中に潜る習性があり生態が異なる。それを考えると、従来のルアー・フライ選択や操作を今一度、見直すべきときなのかもしれない。海アメ&海サクラブームの草創期にリリースされた専用ルアーはシルエットやカラーリングなど、オオナゴをイメージして開発されたものが多い。しかし、ベイトがシフトしたことで、効果

●**分類:**ニシン目カタクチイワシ科

●**別名:**カタクチ、シコイワシ、シコ、セグロイワシ、ゴボウセグロ、マルイワシ

●**特徴:**大きな特徴は口の形。下アゴが小さくて口(アゴ)が片方しかないように見えることからその名がついた。別名セグロイワシと称されるとおり、体側の背面は暗青色で、腹面は銀白色。全身が薄くてはがれやすい大きなウロコで覆われている。最大18cmほどになる

●**分類:**ニシン目ニシン科

●**別名:**イワシ、ナナツボシ、ヒラゴ(8cm未満)、コバ(8~12cm)、チュウバ(12~18cm)、オオバ(20cm以上)

●**特徴:**背中が青緑色、側面から腹は銀白色に輝く。体側には黒い点が1列に並んでいるが、個体によっては点がないものや、2・3列に並ぶものがいる。ウロコは薄くて非常にはがれやすく、ウロコがはがれた状態になると黒点は顕著に表われる。20cm前後が標準、最大30cmほど

的なアクションやカラーは変わってくる可能性がある。

　2023年4〜5月は、小樽のクロソイをターゲットにしたインショアゲームも絶好調だった。遊漁船船長によると、「死んで流れてきたマイワシやニシンを表層で食っていた」と言う。根魚のクロソイが水面近くまで浮上してくるほど、マイワシやニシンは魅力的なのだろう。また全道各地、漂着して処理しきれない相当数のマイワシが海底に溜まっていたらしく、これらも捕食対象になっていたはずだ。

　この年、アングラーからよく聞いたのは、「これだけ（イワシやニシンが）いっぱいいると、かえって釣りが難しい」との意見。ベイトが多すぎると釣れない話は、ジャンルを問わずにささやかれるが、まさにその現象が道内各地で起きている。そんななか、どう攻略するか、アングラーのウデの見せどころだ。

　マイワシにカタクチイワシ、それにニシン。海サクラ&海アメが大きく育つ条件がそろっている近年、以前の常識を覆すようなモンスターサイズに出会える好機なのは間違いない。

▼イカナゴ漁獲量の推移 ※『北海道水産現勢』より

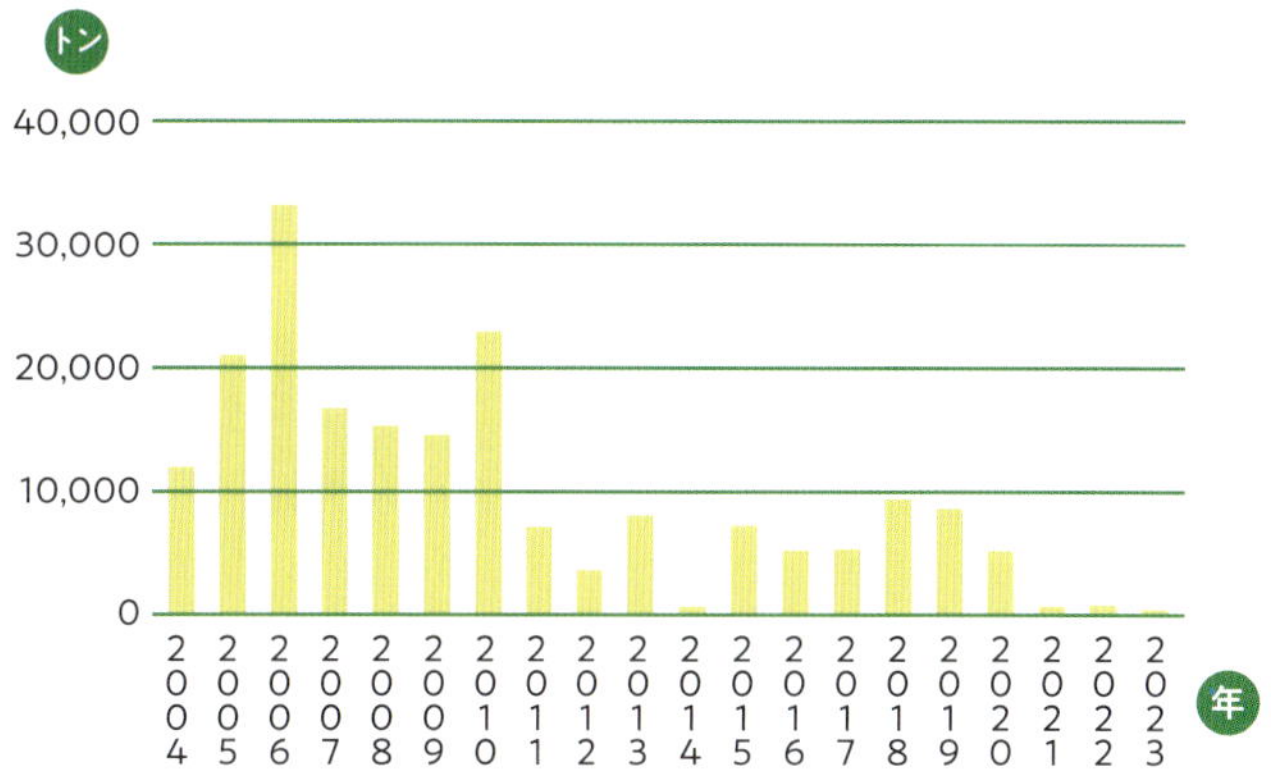

この日、カタクチイワシの群れを追い、激しいボイルを繰り返していたのはホッケだった。近年はサクラマスに負けないくらい太り、脂のりのよいホッケが釣れる

●**分類：**スズキ目イカナゴ科
●**別名：**オオナゴ、コオナゴ、コウナゴ、コナゴ、オウナゴ、メロウド、モグリ
●**特徴：**体は円筒形で細長く、腹ビレがない。昼間は遊泳するが、夜間は砂の中に潜る。また、水温19℃を超えると砂に潜って眠り、エサを食べないようだ。道内では春、水温2〜6℃になる頃、水深10〜50mの砂場で産卵する。最大30㎝ほど。近似種にキタイカナゴがいる

●**分類：**ニシン目ニシン科
●**別名：**カド、カドイワシ、ハナジロ、ハナグロ
●**特徴：**体側に黒点列がないことなどで、マイワシと区別することができる。主なエサは動物プランクトン、産卵期は春。北海道では3〜6月に群れで接岸すると、いっせいに海藻に産卵、放精を行なう。3〜4歳で成熟、12歳で35㎝ほど。卵巣はカズノコとして珍重される

※参考文献／『さかな・釣り検索』（つり人社）、『北海道の魚類 全種図鑑』（北海道新聞社）

【宗谷】

海アメは80オーバーも 最北の地も大型化が進む!?

イトウに憧れて北を目指すうち浜頓別に住んでしまった加藤健さん。東と西に異なる海域が広がるだけに、海アメ&海サクラねらいも面白く、シーズン中はどこに行くか迷うほどらしい。遠征派に向けて、宗谷エリアをガイド。

写真・文＝加藤健(浜頓別町)
Photo & Text by Takeshi Kato

5月末の正午、猿払方面のサーフでランディングした72cm。ヒットルアーは『ヒメポン』30gグリーンゴールド

きっかけはイトウ

私が余市町から浜頓別町に住まいを移し、2025年で7年ほど経つ。一番の理由は、イトウという魚をもっと知りたかったからだ。学生時代までは青森県で過ごし、幼少時から釣りを楽しんでいるが、当時からイトウに強い憧れを抱いていた。

余市在住時は毎年5～6月と10～11月、休みを取っては片道7時間ほどかけてイトウをねらいに行った。運よく高確率で出会うことができたが、釣れば釣るほどに魚体の美しさの虜になった。と同時に、希少な魚であることも改めて実感。もちろん釣れないときは悔しかったが、私にとってはすべてが魅力的で、より多くの時間をイトウ釣りにさきたいと考えるようになった。道外の釣友や私がテスターを務めているソウルズ・ユーザーからイトウについて聞かれた際、自分の中途半端な知識と経験で語るのは失礼だと感じたことも移住を決意したきっかけ。せっかく「トラウト王国」にいるのだから、いろいろな地域でロッドを振って北海道を満喫したかった。

最北エリアはイトウもねらえるが、近隣にはサーモン&トラウトのフィールドが多数ある。フレッシュだけでなくソルトも面白く、海アメ

日本海側は間近に利尻山(別名:利尻富士)を眺めながら釣りをすることもできる。リジリはアイヌ語で「高い山」を意味し、7月でも山頂には雪が残る。

や海サクラ、カラフトマスにハマるのに時間はかからなかった。

ハイシーズンは6月

宗谷管内の海アメ&海サクラは例年、3月末からポツポツと釣れ始める。海アメは7月中旬までねらえ、アベレージサイズは50㎝前後とはいえ、最盛期の4月中旬~6月は60㎝オーバーもコンスタントに釣れる。島牧村であがるような80㎝オーバーも期待できる。実際に確認した海アメの最大魚は84㎝。離れて釣っていたアングラーにヒットし、その大きさからイトウと思って駆けつけると、何と海アメ。体高と魚体の厚み、どれをとってもちょっと引くほどのサイズとコンディションに驚いた。

海サクラは6月初旬までシーズンが続き、アベレージサイズは40~50㎝。50㎝を超えると大きく感じるほどで、サイズは道央~道南圏にはかなわない。しかしながら、スピード感あふれるファイトと銀ピカの魚体はいつ見ても綺麗だ。

ところで、2月のオホーツク海側はまだ流氷が押し寄せるので、海は釣りにならない。流氷がないのを見計らって海アメをねらったこともあるが、ほとんど釣れたためしがない。島牧や積丹半島に生息するアメマスとは生態が違うように思う。

エリアの特徴と捕食物

北海道の北端に位置する稚内市・宗谷岬から右岸はオホーツク海、左岸は日本海と分けられているが、前者は西風、後者は東風が吹くとナギる。積丹半島も同じだが、風の状況をみながら右岸または左岸側にアプローチする。

主な釣り場は川が流れ込んでいる河口周辺。主なメジャーポイントを北から順に挙げるとオホーツク海側は猿払川、頓別川、北見幌別川、日本海側は声問川、天塩川河口海岸などが人気。風向きと川を目安にして釣り場を選択したい。

どちらにしても一帯はサーフがメインで、ゴロタや磯場は少ない。そのため、ねらい方としては潮目や離岸流、あるいは根を探しながらキャストを続け、広いサーフを往復する釣りになる。波打ち際から数m先でストンとドン深になっている場所は、手前を泳いでいる魚が多く、遠投は求められない。一方、遠浅の場所は波打ち際までチェイスしてくる魚が多く、ピックアップまで気を抜けない。エリアによっては急深と遠浅の地形が混在する。ルアーは各タイプを用意したい。

港でも釣れるが、大勢の釣り人が訪れるのでプレッシャーは高く、日が上がるとなかなか反応しなくなるのが常。ただ、毎年5月にサケ稚魚を放す港があり、放流後の数日間はマスが狂ったようにバイトする。サイズも数も望めるタイミングで、5月はサケ稚魚パターンが欠かせない。

そのほかのベイトとしてはオオナゴやカタクチイワシ、シラウオが挙げられるが、近年は温暖化の影響か、春になるとサヨリの大群が見られる。サイズは20~40㎝と大きく、おそらくデカ海アメのベイトになっているはず。年々、海アメは大型化している気がするが、背景にはベイトの変化があるのかもしれない。

使用タックル&実績ルアー

ロッドはソウルズ『アビエイターF-A96MH』、リールはシマノ『ツ

加藤さんの海アメ&海サクラ釣行の8割は、オホーツク海側が占める。えんえんとサーフが続いているので、離岸流や地形変化を探しながらラン&ガンしたい

オホーツク海側のサクラマスはアベレージサイズが小型とはいえ、体高はご覧のとおりコンディションはグッド

海アメフリークには日本海側をすすめたい。サーフはシケると濁りやすく、ピンクなどアピール系カラーは必携

インパワーXD C3000XG』、ラインはサンヨーナイロン『アプロード ソルトマックスGT-R』1号、リーダーは同『アプロードナノダックスSL』20ポンド。

　ルアーはソウルズのジグミノー『ドラゴンビート』110㎜25g、ジグの『ヒメポン』9～40g、フローティングミノーの『ブルースライドIM』65～110㎜を使い分けているが、ベイトとポイントの水深、魚の回遊する距離に合わせるのが肝心だ。

　『ドラゴンビート』は沈下姿勢にこだわって開発され、前傾姿勢でフォールするのが特徴。トゥイッチしてステイ→リーリングという一連のアクションを繰り返してねらう。波打ち際でステイさせると追ってきた魚がバイトしやすい。

天塩川河口の左岸エリアで釣れた65㎝・4・2㎏のグッドサイズ。ヒットルアーは『ヒメポン』40ｇイワシ

　『ヒメポン』は飛距離を出したいとき、風が強いときに出番。基本はタダ巻きだが、魚のいそうな根周りや波打ち際でトゥイッチ、またはシェイクを入れると反応しやすい。サケ稚魚の時期は小型モデルを使い、表層を探ると連続ヒットも見込める。

　『ブルースライド』は朝イチや高活性時に好適で、サイズはベイトに合わせる。波がある状況では、表層をデッドスロー＆ジャークで探ると弱った魚を演出し、大型が表層まで食い上げてくることもある。

一日で65㎝と40㎝

　最後に、印象に残っている釣行を振り返ってみたい。4月末、その日は海サクラが釣れているとの情報を得て、日本海側に足を向けた。

　天塩川河口左岸の港に入り、港内から外防波堤に向かってキャストを続ける。と、開始から数分して大型の魚が跳ねた。ミノーだと微妙に届かない位置だったので、40gのジグに替えて遠投。着水後は表層をタダ巻きして魚にジグの存在を気づかせ、トゥイッチで逃げ惑うベイトをアピールすると、一発で「ドン！」とアタリが伝わった。

　アワセを入れるとかなりの重量感。PEは1号、リーダーは20ポンドだから無理はできない。慎重にファイトしながら寄せてくると、ローリングファイトのようすから体高があることも分かった。近くにいたアングラーがタモ入れを手伝ってくれて無事ネットイン。素晴らしい魚体に2人で見入ったのをよく覚えている。スケールを当てると65㎝あった。

「まだ大型がいるのでは……」と、すぐに釣りを再開すると、また1投目でヒット。しかし今度は40㎝に満たない（笑）。同じ時期、同じ場所でも、これほど個体差があるものかとサクラマスの奥深さにふれた一日になった。50㎝を超えたら大きいと冒頭で書いたが、海アメと同様、海サクラも大型化している？

　宗谷管内の海アメは初夏までねらうことができる。島牧や積丹方面をメインフィールドにしているアングラーは夏、遠征を企画してみては？ 釣り方やタックルに違いはほとんどない。何より遠征時は事故のないように。宗谷管内は鹿の事故が多く、轢いた側がケガをするケースもよく聞く。未開のポイントも少なくないと思われる宗谷エリア。誰もいない場所で大ものをゲットするのも夢ではない。

65㎝をキャッチした後、すぐにヒットした40㎝弱と並べて撮影。この個体差には驚いた

日本最北端、宗谷岬の駐車場に建つ間宮林蔵の像。北に来たことを実感できる場所

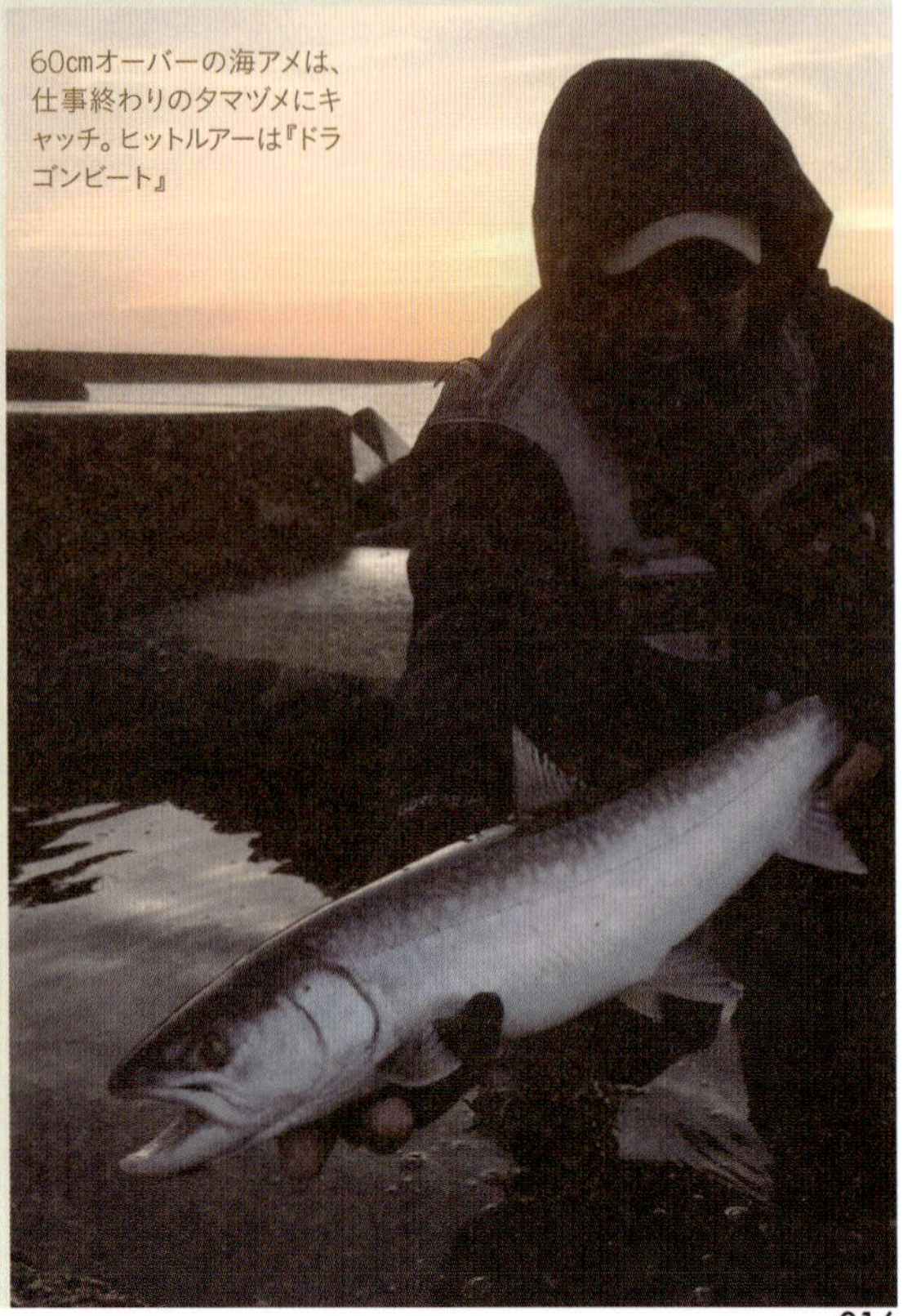
60㎝オーバーの海アメは、仕事終わりのタマヅメにキャッチ。ヒットルアーは『ドラゴンビート』

【宗谷】

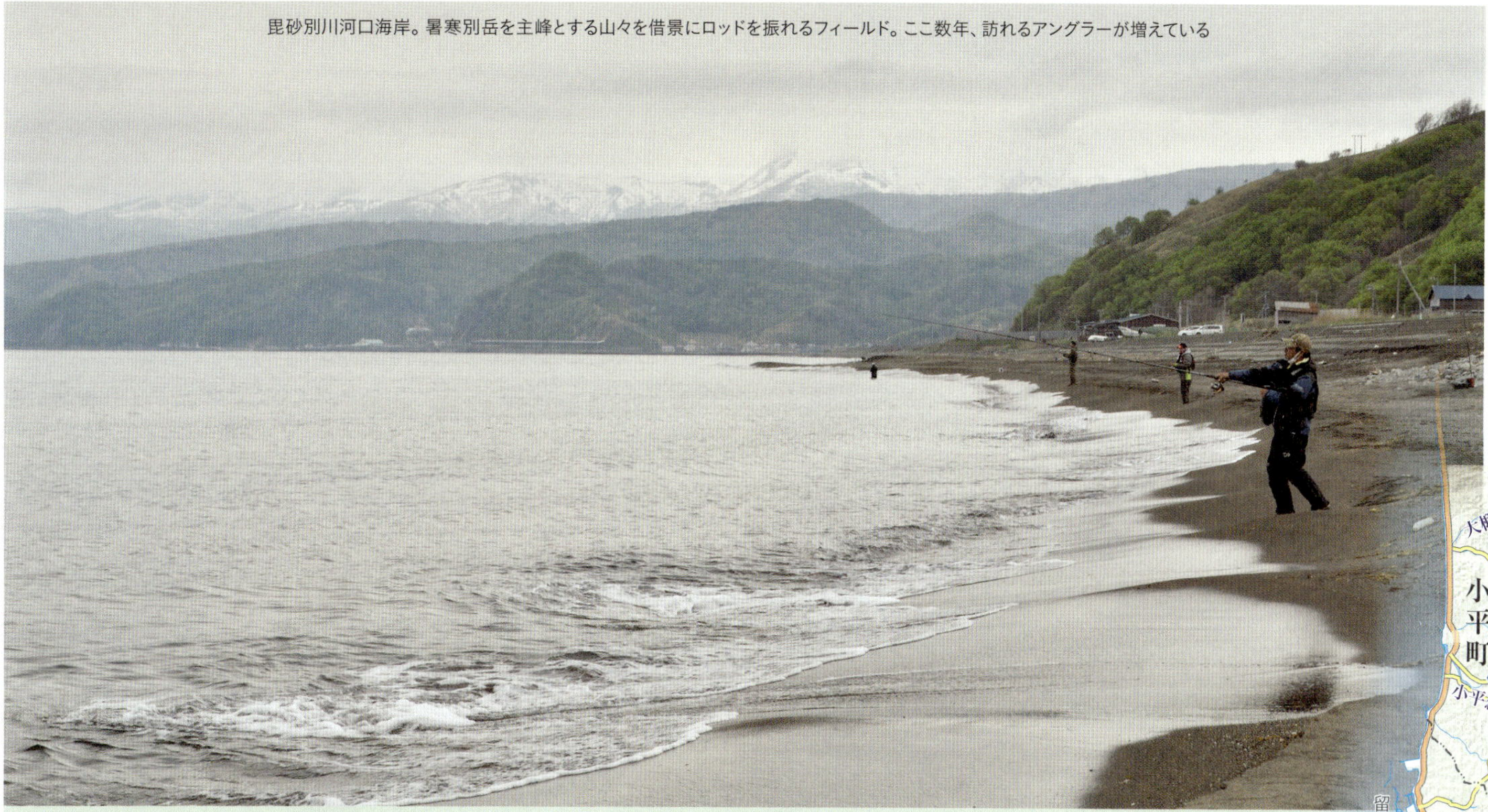

毘砂別川河口海岸。暑寒別岳を主峰とする山々を借景にロッドを振れるフィールド。ここ数年、訪れるアングラーが増えている

石狩 留萌

場所により6月もいける

魚影濃く、サイズも期待大

広大なサーフも有しながらも磯、ゴロタ場、港、消波ブロック帯と変化に富んだ海岸線が続き、ポイントにこと欠かないのが、札幌から100㎞前後の石狩～留萌。メッカ・積丹半島を思わせるエリアはここ数年にわかに脚光を浴びている。

文＝長門正典（歌志内市）
Text by Masanori Nagato

2022年から急増

私は道央日本海を中心に20年以上前から釣りを楽しんでいるが、海サクラをねらって釣るようになって8年ほどになる。以前、春の海岸で出会うアングラーは少なかったが、2022年からものすごく増えた。コロナ禍で釣り人が急増したといわれ、積丹半島～島牧エリアはものすごい数の人が海岸に並んでいると耳にしていたが、そこであふれた方たちが北を目指したのだろうか……。

釣り場で話していると苫小牧方面から訪れる方もいて、「こっちがあまり釣れなくなったから……」と話していた。

当初、広いサーフが続いて駐車スペースの多い、石狩市浜益区の毘砂別川河口や浜益川河口の導流堤に

アングラーが並んだ。今も人気ポイントに変わりはないが、しだいに北上し雄冬方面まで足を延ばす方が増えている。札幌から雄冬岬までは約90㎞。積丹半島の西側に行くのとそれほど距離は変わらず、日帰りでも楽しめるのがよいのかもしれない。道北日本海のポイントとして小平町の大椴子川～小椴子川河口が知られるが、こちらは旭川方面から訪れる方が多いようだ。

　私はシーズン中、自宅から近い石狩市浜益区～小平町のエリアにびっし通っている。石狩市厚田区には保護水面の厚田川が流れ込み、当然のことサクラマスも岸寄りする。実際、春になると跳ねが見られ、雪代の濁りと澄んだ潮の境目に入って釣果を上げている方もいる。しかしながら厚田区～浜益区は根が多く、根掛かりが多発するのは避けられない。また、駐車スペースも限られ、あまりおすすめできない。

　実質的にサクラマスのポイントといえるのは、毘砂別川河口から増毛町の汐岬にかけて。いち早く開花するのは毘砂別川～浜益川河口で、年によっては3月中旬に「1、2尾あがった」との情報が入る。そして、やや遅れて各小河川の河口でも釣れ始める。いずれも盛期は5月のゴールデンウイーク終わり頃まで。5月末から6月もねらえるが、この頃から大半のアングラーはヒラメねらいに切り替えるようだ。

　汐岬から留萌市のエリアは、保護水面の信砂川河口左岸、舎熊地区にアングラーが集まる。これ以外にも釣果が出ている場所はあるが、車を停められるスペースが少なく、ここ数年は駐車マナーが問われている。

留萌市から北の小平町はかねてより実績が高く、かつ60㎝アップの釣果もよく聞く。とはいえ、石狩市浜益区から増毛町の広範囲でも55

当該エリアで最もメジャーな毘砂別川河口。右岸側に行くと浜益川河口周辺に築かれた導流堤があり、どちらも早場のポイントとして知られる

群別川河口。水深は浅く、根掛かりに注意する必要がある

群別川河口右岸のワンドから群別漁港にかけてのロケーション

近年、群別川河口では釣り人のマナーが問題視されている。用を足す場合、レストラン『海幸』(石狩市浜益区浜益629-2)前にある公衆トイレを利用したい

シーズン中は時間さえあれば、石狩市浜益区～小平周辺まで走り回り、毎シーズン60㎝アップの海サクラをゲットしている

5月中旬、海サクラを釣ったのは中川明日香さん。この日は小平から釣り始めるも、ヒットせずに南下。14時頃、毘砂別川河口右岸でキャッチした

床丹川河口周辺。札幌方面からは国道に架かる第三床丹橋を過ぎ、写真奥に見える床丹覆道の手前にかけてのワンドがポイント

幌川河口右岸のワンドから幌漁港にかけての風景。河口付近を目指すアングラーが多いが、写真のワンドにもサクラマスは回遊してくる

千代志別川河口周辺。写真は右岸で、消波ブロック帯までチャンスがある。なお、床丹などにもいえるが、山が近い場所はヒグマ対策をお忘れなく

雄冬漁港。昨今はサクラマスをねらうアングラーが多いが、昔から投げ釣りを楽しむ人もいる。譲り合いながら釣りをしたい

汐岬。トンネル横、左側に駐車スペースがある。左側先端から沖の潮目を撃つとよいだろう。ただし、波が高めのときは入るのを避けたい

舎熊のワンド。北側に保護水面の信砂川が流れ込み、早くからサクラマスのポイントとして注目された。今も変わらず人気の場所

～60㎝の海サクラはねらえる。シーズン前半に釣れるのは比較的サイズが大きく、中盤になると小型が混じり、後半に再び大型が望める。小河川の河口は良型が出ないイメージがあるかもしれないが、規模の大きい浜益川や毘砂別川に遡上する群れのルートになっているらしく、タイミングしだいでよい釣りができる。

東風がベターだが……

　石狩市浜益区～留萌市の具体的な解説に入るが、それなりに駐車スペースがあり、磯場はアプローチ時に危険が少ないと思われる場所に限定した。何かと釣り人のマナーが問題になる時代だが、それは当エリアも同様。また、雪解け水がしみ込むと春の磯場は落石の可能性が常にある。そのことも頭に入れて釣行してほしい。

　大半の場所は地形的に東絡みの風がよく、西や南西の風が強く吹くと厳しい。ただ、緩い西北西の風なら好条件と化すこともある。とくに港と川が隣接しているポイントは、沖にいた群れが潮を伝って港方向に入るのか、思わぬ好釣果を得られる場合もある。

　時間帯については、朝マヅメを過ぎて潮止まりを迎えるとあきらめて帰る方もいるが、潮止まりから1時間は粘ったほうがよい。河口なら沖めの川の流心に付いていた群れが岸寄りして連続ヒットもある。

毘砂別川～浜益川河口

　毘砂別川河口と浜益川河口の導流堤付近はポイントの規模が大きく、ラン＆ガンしてやる気のある魚を探したい。なお、浜益海水浴場の一番北側、真水の流れ込む場所でも釣果が出ている。ただ、根掛かりしやすく、ルアーのロストに気をつけたい。

　浜益川河口から1㎞ほど南側には、消波ブロックが横ではなく縦に並んでいるスポットが4カ所あり、この周辺にも海サクラは回遊する。全体的に水深はさほど深くなく、部分的にストラクチャーはあるものの根掛かりは比較的少ない。遠投してねらうポイントではなく、岸近くで釣れるため初心者にもおすすめ。

群別川〜千代志別川河口

群別漁港の南側にある群別川河口は、私にとって実績の高いポイントの1つ。河口のみならず、右岸から漁港まで広範囲にかけて釣れる。河口付近が混雑しているならラン&ガンしたい。ただし、遠浅で水深はかなり浅く、根掛かりしやすいのがネック。沖めにもストラクチャーが多く、遠投してもすぐに巻き始める必要がある。手前でも釣れるとはいえ、飛距離を伸ばして広く探るほうが1尾に出会える可能性は高い。

なお、群別川の冷たい水によるものか、周辺は海水温が低めでシーズン開幕はやや遅く、6月中旬まで海サクラがねらえる。駐車スペースは河口近くの広場になるが、民家付近の路上駐車により毎年トラブルが起きている。ポイントを守るためにも迷惑駐車は絶対に慎みたい。

ところで近年、浜益区はヒグマの出現率が非常に高い。朝の薄暗い時間帯や夕方は要注意。釣り場には明るくなってから入り、暗くなる前に撤収するようにしたい。また、釣り場での糞尿問題も多発している。トイレに関しては、レストラン『海幸』前の公衆トイレなどを利用したい。

群別漁港から北上して間もなく、幌漁港の左岸にある幌川河口周辺も面白い。アングラーは河口に集まるが、ワンドも見逃せない。海サクラはワンドから漁港周辺まで広く回遊している。水深は比較的浅く、干潮時は根掛かりしやすいことを覚えておきたい。

さらに北上して最初のトンネル手前に30mほどゴロタ場が広がり、床丹川が流れ込んでいる。ここも毎年釣果が聞かれる。チャンスタイムは朝マヅメから潮止まり後の約1時間。その後は回遊がないとはいえないが、経験上かなり厳しいと思う。駐車スペースは道路を挟んで向かい側にある。

トンネルを1つ抜け、トンネルとトンネルの間に千代志別川が流れ込む。駐車スペースは広めだが、釣りのできるスペースは狭い。河口左岸は20mほどまでがポイントで、沖めに大きなストラクチャーがある。河口右岸は消波ブロックのある場所まで探りたい。床丹川河口と同じく、好釣果が望めるのは朝マヅメから潮止まり後の1時間ほど。なお、すぐ側が山ということもあり、ヒグマの目撃情報が多いことを覚えておきたい。

雄冬漁港〜汐岬

雄冬は石狩市浜益区と増毛町の境界にあたる。雄冬漁港北側の内防波堤などでは、早ければ3月の終わり頃から海サクラがねらえる。漁港を含めて周辺の磯場は大型の海アメがねらえ、過去には80㎝クラスも出ている。海アメファンも要注目の場所だ。

なお、漁港から北へ約1km先にある小川の流れ込みにもアングラー

雄冬漁港に立ち寄ると、大型の海アメが悠々と泳いでいるのを発見。港内にはマイワシの大群がいて、ときおり激しいボイルが起きていた

小魚の群れが捕食されるものから身を守るためにつくるといわれる"ベイトボール"。当日、群れはマイワシが主体だったが、ニシンもいたようだ

5月中旬、70㎝オーバーを仕留めたのは三上是成さん。「サケのように重くて、5kgくらいあったのでは」と言う。ヒットルアーはスミス『サージャー』28g

岡クラフト『岡ジグLT』シリーズの鮭稚魚アカキンや鮭稚魚PGといった、パーマーク模様の入った赤金系カラーで実績が高いが、マイワシがいる場合、グリーンゴールドやブラックが効く

は見られるが、路上駐車になるうえ、車通りが激しく道幅も狭いため避けるのが無難。漁港内に設置されているトイレを利用できるが、漁師さんが清掃、管理してくれているので綺麗に使いたい。

さらに北上し、岩老漁港の隣にあるのが汐岬。国道脇に駐車スペースがあり、そこから磯場に降りられる。左側先端から沖の潮目を探るのがおすすめだが、落石には要注意。深場なので根魚もねらえるものの、ルアーを沈めすぎるとロストしやすい。また、シケ時は磯場に波が被り、先端に行くことはできない。さらに雨が降ると滑りやすく、地面が濡れているときは入らないのが賢明。

舎熊～留萌市

『セイコーマートいとう増毛店』前が、増毛町最大のポイント。北側に5月1日から河口規制の入る信砂川が流れ込んでいるが、河口近辺は浅すぎて釣りにならない。河口規制外となり、毎年安定してサクラマスの回遊が見込める左岸、舎熊地区のワンドにアングラーが並ぶ。駐車スペースは広く、車を停めてすぐ釣りができるのもよい。

朝はバス停裏がよいが、日が昇るとセイコーマート側でも釣れる。河口規制の境界線はセイコーマート側にある標注で確認すること。沖めは深く、手前は浅いものの根掛かりは比較的少ない。ただし、シケのたびに地形の変わる場所でもある。

留萌港の南に位置する礼受海岸も推奨したい。水深の浅いサーフとはいえ根掛かりしにくく、ラン&ガンして探りたいポイントだ。

写真は舎熊エリア。ジグの超速巻きでねらう。ルアーが水面から飛び出さないよう、ロッドティップを下げて操作している

特効パターンが変わった⁉

全体的にサーフは遠浅。私が多用するルアーは飛距離を稼ぎやすいジグで、ポイントを問わずメインは30g、遠投用に35gを持ち歩いている。愛用しているのは、岡クラフト『LT-30』と『LT-35』。操作はダダ巻きだけでなく、トゥイッチやストップ&ゴーも織り交ぜている。そして、根掛かりを避けるべく超速巻きを心がけているが、ルアーが浮き上がらないようロッドティップを下げて巻くのがミソ。

当エリアでもマイワシの大群が来遊するようになり、釣れるサクラマスやアメマスは明らかに太く、コンディションはよくなった。が、ヒットパターンが変わったと感じる。正直、マイワシにより釣りが難しくなった気が……。以前ならサケ稚魚パターンが鉄板で、パーマークの入ったアカキン系カラーが抜群に効いたが、マイワシがベイトならグリーンゴールドやブラックに好反応を示す。

最後に、タックルについて。メインのロッドはダイワ『ラテオ96M』、リールはダイワ『セオリー2510PE-H』、ラインシステムはPE1・2号+ナイロン16ポンド。遠投が求められるときのロッドは『モアザンブランジーノ117MMH』、リールはダイワ『イグジスト3012H』、ラインシステムはPE1・2号+ナイロン16ポンド。磯場用のロッドはシマノ『エクスセンスS100MH/R』、リールはシマノ『ステラC3000HG』、ラインシステムはPE1・5号+ナイロン16ポンド。

雄冬漁港からの至近の『レストハウス雄冬』。店内は広く、ゆっくりと寛げる。地元産の海鮮を使ったまかない丼などが人気だが、数種あるラーメンも実に旨い

国道を挟んで山側に大きな駐車スペースがあり、シーズン中は釣り人の姿が絶えない小平町の大椴子川河口。留萌管内で最も有名なポイント

数年前の5月初旬、大椴では連日のようにクマが出没し、現地には看板が立っていた

三上さんが営む、居酒屋『蔵』(小平町鬼鹿港町3区)。地域柄、魚介はもちろん肉料理も美味しい。夏は良心的な値段で地物のウニもいただける。アングラーが集う食事処で、新鮮な釣果情報が得られるかもしれない

石狩 留萌

『タイドミノーランス 140S』で釣ったイタマス。海サクラ・海アメには、もはやランスはなくてはならない存在だ

All for HOKKAIDO

明解DUO 海鱒ルアー

2000年代の海アメで
ロングミノーのムーブメントを創ったデュオは、
2021年に北海道限定の
『タイドミノーランス』シリーズをリリース。
そしてジグの需要が再燃する昨今、
D-3カスタムルアーズとのコラボで
『クレイバー』を世に送りだした。
そんな同社が海マスにかける思いとは?

◎協力=株式会社デュオ

タイドミノーランス

120㎜、140㎜に始まり フローティングも登場

島牧村で開催されている海アメ釣りの大会で、これまで輝かしい実績を残してきたのが『タイドミノースリム』シリーズ。120㎜、140㎜、175㎜の3サイズはいずれも優勝魚を導き（P96参照）、"UMIAME Limited（140㎜シンキングタイプ）"なる限定品も生まれたのは、キャリアを積んだアングラーならご存じだろう。その威力は海アメにとどまらず、海サクラでも抜群の釣果をたたき出した。北海道のソルトシーンの歴史に名を刻むレジェンドルアーだ。

そして2021年、北海道限定で『タイドミノーランス』が登場。まず120㎜と140㎜の2種類がリリースされ、翌年に110㎜と160㎜を追加（すべてシンキングタイプ）。2023年には150㎜のフローティングタイプもライン

『タイドミノーランス160S』でキャッチした3kgオーバー。マイワシやニシンが食われているときは160㎜が効果的

タイドミノーランス120S

海サクラ・海アメ専用設計として、ロングディスタンス性能と艶めかしいベイトフィッシュのようなアクションを実現。向かい風のなかでもよく飛び、飛行姿勢も安定させるべく重心移動システムを実装している。ウオブンロールをともなって泳ぎ、スローシンキングながらジャークやトゥイッチに素早く反応する

●サイズ：120mm17.5g　●フック：#6
●タイプ：重心移動・シンキング　●リング：ラインアイなし・フックアイ#3
●レンジ：0.3〜1m　●カラー：全16色

タイドミノーランス140S

120Sと同様に安定した飛距離を生み出す。ラインナップで選択に迷ったらコレ。北海道のアングラーにとってはこのサイズがど真ん中のはず。波やウネリで水面がざわついている状況もカバーする

●サイズ：140mm25.5g　●フック：#4
●タイプ：重心移動・シンキング　●リング：ラインアイなし・フックアイ#3
●レンジ：0.5〜1m　●カラー：全17色

タイドミノーランス160S

オオナゴを意識した160mm。ビッグフィッシュには大きめのルアーが効果的というアングラーは多い。近年はベイトがオオナゴからマイワシやニシンに変容したように思われるなか、160Sはもはやスタンダードといってもよいかもしれない

●サイズ：160mm28g　●フック：#4
●タイプ：重心移動・シンキング　●リング：ラインアイなし・フックアイ#3
●レンジ：0.5〜1.5m　●カラー：全17色

タイドミノーランス110S

ベイトが小さい時期や、スレた大型魚に対応するモデル。サイズを抑えながらも、その飛距離はランス（＝槍）の名に恥じない性能をキープ。「なんでもいいからとにかく釣りたい！」という追い詰められた状況にも◎

●サイズ：110mm14g　●フック：#7
●タイプ：重心移動・シンキング　●リング：ラインアイなし・フックアイ#1.5
●レンジ：0.3〜1m　●カラー：全13色

タイドミノーランス150F

唯一のフローティングモデル。サーフはもちろん、これまでボトムノックが不安だったポイントを積極的に探ることが可能。アクションレスポンスのよさはフローティングミノーならでは。シンキングモデルとの使い分けで、さらに選択の幅が広がる

●サイズ：150mm26.5g　●フック：#4
●タイプ：重心移動・フローティング　●リング：ラインアイなし・フックアイ#3.5
●レンジ：0〜1m　●カラー：全11色

ナップの仲間入りを果たし、盤石の布陣がそろった。

同シリーズは海サクラ・海アメに的を絞った専用設計のNEWボディーを採用し、『タイドミノースリム』に比べると少しワイド。遠投性能と艶めかしいベイトフィッシュのような泳ぎを追求し、細すぎないボディーに重心移動システムを実装している。その結果、飛行姿勢が安定し、向かい風のなかでもブッ飛んでいく。アクションは小魚を思わせるウオブンロール。末尾に「S」の付いた4機種はシンキングタイプとはいえ、トゥイッチやジャークに素早く反応する点も見逃せない。

選択基準は？

【タイドミノーランス120S／140S】

基本的には、魚が捕食しているベイトに合わせる。メインとなるのは「120S」と「140S」だろう。この2つはシーンを選ばないため、自分のキャスティング技量やタックルに合わせて選択すればよい。少し細かくみる場合、波やウネリで水面がざわついている状況であればボリュームのある「140S」。海面が穏やかなら、ロッドアクションでの操作が容易でダート幅の広い「120S」といった選択方法もグッド。

【タイドミノーランス 160S】

近年におけるマイワシやニシンの台頭、つまりベイトの大型化により定番となりつつあるのが「160S」。アピール力の高さはいわずもがな、遠くの魚を寄せるにはこのサイズが一番だ。また、潜行深度がシリーズ中で最も深く（0・5〜1・5m）、探れる範囲が広いのもメリット。

【タイドミノーランス 110S】

明らかにカタクチやサケ稚魚などの小魚が食われているシチュエーションでは、「110S」に手が伸びる。あるいはスレた大型魚を攻略するうえでも役に立つ。ボディーサイズを抑えながらも、その飛距離はランス（＝槍）の名に恥じない性能を有している。

【タイドミノーランス 150F】

「150F」はシャローエリアを釣るときに最適なモデル。多少バルキーな設計になっており、シンキングタイプ並みに遠投が可能で、スローなアプローチにも向く。サーフはもちろん、磯場で根周りをタイトに探ることができるのはフローティングタイプの特権。余談だが、編集部は「150F」で6kg超のサクラマスを射止めている（P6参照）。

サイズやタイプでのローテーションに加え、ミノーはほかのルアーに比べアクションの速度域が広く、水中で止められるという絶対的な利点があるため、これを活かすことも大切。速めのタダ巻きでチェイスがあっても食わない場合は、途中で1秒ほどストップを入れてみる。または超スローで巻きながらジャークやトゥイッチを繰り返すなど、ミノーならではの工夫を試みたい。

プレスベイト メタルカムイ Z35

遠浅のサーフや根掛かりが心配なゴロタ場では、亜鉛ボディーで比重の小さい「Z35」が有利。リフト&フォールやスローリトリーブにも対応する。後方重心設計により飛距離も抜群だ

●サイズ：105mm35g（亜鉛）
●フック：アシストフック#15（2本）
●リング：ラインアイなし・フックアイ#3
●カラー：全9色

プレスベイト メタルカムイ50

ラフコンディション、あるいは魚が遠い場面に強い。現在は専用ロッドのラインナップが増え、50g前後のジグを快適に振れる機種も珍しくないため、「50」はそんな時代の潮流にマッチしているともいえる

●サイズ：105mm50g
●カラー：全9色

プレスベイト メタルカムイ

適材適所で2種類を使い分けて

磯場のように回遊ルートが近く、射程圏内に魚がいるのであれば、アピール力の高いミノーの優位性は揺るがない。しかし、サーフや初めて訪れる釣り場ではそういうわけにもいかず、遠投性能にすぐれ、広範囲を手早くサーチ可能なジグの必要性が生じる。あまつさえ昨今はアングラーが激増し、誰もが思い思いの磯場にエントリーできるとは限らない。ジグは海アメの草創期から選ばれていたルアーだが、ここにきて再び大きな脚光を浴びている背景には、多かれ少なかれ上記の流れがあると考えられる。

ベリー（腹部）の「サポートフック専用アイ」が目を引く『プレスベイトメタルカムイ』は、ランス同様に北海道限定。全長105㎜の35gと50gがあり、前者は亜鉛ボディーで、後者は高純度の鉛を採用している。どちらも後方重心設計によって風の影響を受けにくく、抜群の飛距離を生み出せるのが特徴。また、ともにステンレス製の貫通ワイヤーを内蔵することにより、モンスタークラスが掛かっても安心だ。なお、先ほどの話とは少し逆行するが、磯場でガンガン使うのにも適している。

使い分けに関しては、やはりフィールドおよび海の状況しだい。遠浅のサーフや根掛かりが心配なゴロタ場では比重の小さい「Z35」が有利で、リフト&フォールやスローリトリーブにも対応する。一方の「50」はラフコンディション、あるいは魚が遠い場面に強い。現在は専用ロッドのラインナップが増え、5g前後のジグを快適に振れる機種も珍しくないため、「50」はそんな時代の潮流にマッチしているともいえよう。

オオナゴやイワシ、ピンク系に赤金など、カラーはさすが北海道限定というバリエーション。ところで海サクラ・海アメ専用設計ではあるものの、ショアヒラメでも結果をだしているようだ。これはメタルカムイがフラットフィッシュ用ジグ『ビーチウォーカー フリッパー』と同じ理屈で作られているので当然といえば当然だが、魚種を問わず魅力的なルアーであることに変わりはない。

総じて『プレスベイト メタルカムイ』は、その遠投性能、安定したスイムバランス、リアルなカラーリング、そして多様なターゲットへの対応力により、北海道のショア用ジグでは欠かせない存在として高い評価を得ている。

ブラックバックイワシ

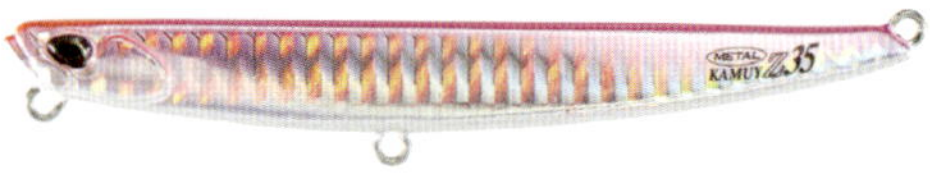

ピンクバックシルバー

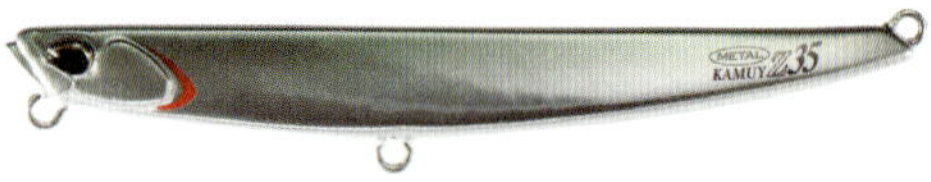

HKI

グリーンゴールドRB

リアルオオナゴ

グリーンバックシルバー

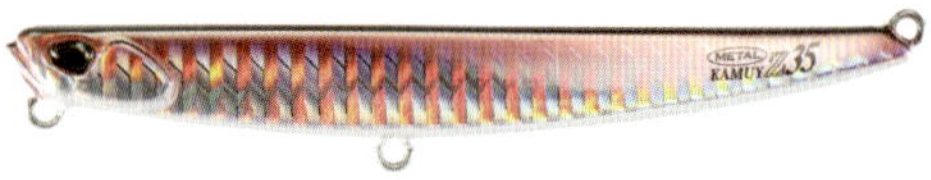

オオナゴ

リアルカタクチ

ダブルアカキン

D-3カスタムルアーズ代表の福士知之さんは、テスト時に『クレイバー』を結んだ1投目でサクラマスを掛けている。その縁起のよさから、細かな調整こそあれども、ベース（基本仕様）は当初のままだそう
※写真のジグはプロトタイプ

クレイバー

DUO×D-3 "北海道の海鱒を狙い撃つ"

見出しはデュオとD-3カスタムルアーズ共同開発ジグ『クレイバー』のキャッチコピーである。最大の特徴は、一般的なキャスティングジグではあまり耳にしない"フラッタリングアクション"。「ヒラ打ち」とも呼べる大きめなアクションはD-3代表の福士知之さんによる要望で、度重なるブラッシュアップを経て、2025年に満を持して発売された。ちなみにテスト時、福士さんは同ジグ40gのプロトを結んだ1投目でサクラマスをキャッチしている。その縁起のよさから、細かな調整こそあれども、ベース（基本仕様）は当初のままだそう。なおサイズ展開は85㎜30gと100㎜40gの2種類。

ジグは遠投したい場面で重宝するが、飛距離を代償に動き（泳ぎ）を疎かにしてしまっては意味がない。海サクラ・海アメはアクションに敏感で、ジグをよく見切る魚だからだ。その点クレイバーのフラッタリング（リトリーブ時）は、従来のウオブリングにスレた海マスたちをねらう際に効果を発揮することだろう。

ほかにも、高いボディー強度を実現させるステンレス製貫通ワイヤーや、膜厚の2ディップコーティングが施されており、とことん"使い込める"仕様になっている。これは国内に自社工場を持つデュオだからこそ成せる品質管理といってもよい。

また、ヴァンフック社製『チューンドパーチ ダブルアシスト』（30gは#S、40gは#M）が標準装備であることに注目。なにかと悩みがちなフック選択も心配ご無用。パッケージから取り出してすぐに使えるのもうれしい。むろん、ハリを交換する際にルアーとのバランスを考えなくて済む。

カラーはベイトフィッシュライクなものからブラック系、アワビ貼りにいたるまで、トレンドが考慮されたラインナップ。思わずアングラーがバイトしてしまうような仕上がりだ。

クレイバー30

●サイズ：85㎜ 30g
●フック：ヴァンフック『TPD-30F』#S
●リング：ラインアイなし・フックアイ #2.5
●カラー：全8色

クレイバー

デュオとD-3カスタムルアーズの共同開発で誕生したメタルジグ。広大なショアから海サクラ・海アメをねらう際、抜群の飛距離で広範囲をカバーできるジグの優位性はいうまでもない。そして厳寒期特有の強風、および波が高いときに求められるのはアピール力。『クレイバー』は北海道の海マスに有効なフラッタリングアクションを武器に、徹底した自社生産管理によって高い品質とデザイン性を兼ね備えている

クレイバー40

●サイズ：100㎜ 40g
●フック：ヴァンフック『TPD-30F』#M
●リング：ラインアイなし・フックアイ #2.5
●カラー：全8色

赤金

オオナゴ

カタクチ

オイルブラック

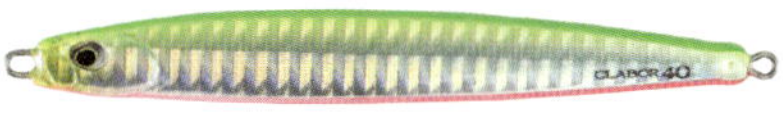

グリーンシルバーピンク

ピンクシルバー

ピンクシルバー腹ピンク（アワビ仕様）

赤金腹赤（アワビ仕様）

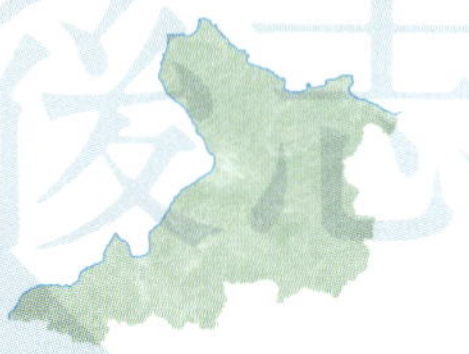

【後志】

4月上旬、見事にサクラマスを射止めた工藤さん。45gのジグを遠投し、潮の利いているスポットを集中的に探ってヒットに結びつけた

GW前後に満開 メッカ・積丹半島の今昔

船のサクラマス釣りでも人気の高い、積丹半島を要する後志エリアは、古くから海アメのポイント開拓が進んだ結果、海サクラの便りも早くから聞かれた。全道屈指のショアのフィールドで、30年以上釣りを楽しむベテランが、初開花から釣果アップのヒントまで紹介。

文＝工藤清栄（余市町）
Text by Kiyoe Kudo
Photo by Takanori Nakagawa

海サクラは3月から

島牧と並んで海アメ釣りのメッカとして、これまでたくさんのドラマを生んできた積丹半島。その後、海サクラでも脚光を浴びたのは周知の事実だが、道南の津軽海峡でサクラマスが釣れだすと、いても立ってもいられなくなる方は少なくないだろう。毎年3～4月、土の匂いがする頃にハイシーズン前半戦が始まり、5～6月の後半戦は3kgオーバーや4kgクラスがロッドを絞り込む。

現在はタックルの進化やタクティクスの確立、SNSなどでのタイムリーな情報共有のおかげで、一尾に出会うのは容易になったと思うが、〝海サクラ草創期〟はどんな時代だったのか。今、ベテランといわれるアングラーは、いかにしてサクラマスの攻略法を確立させたのか。私が見聞きし、体験したことを交えて紹介したい。では、30年前にタイムスリップ！

ヘビータックル全盛期

30年ほど前、海のサクラマスといえば、三角バケを用いる船釣りが主流で、ショアからアプローチするという概念はなかった。一方、同じマス属であるアメマスはショアでブームになり、積丹半島のサーフやゴロタ場、磯にはたくさんのアングラーが押し寄せた。そして磯ザオやトラウト用、シーバス用ロッドを流用し、冬の日本海の荒波に立ち向かった。

そんな流れから海アメなくして海サクラは語れない。昔から海アメ釣りのスペシャルゲストとしてサクラマスがあがったという話しは、島牧のみならず積丹半島全域でもよく耳にした。つまり、海アメ釣りが始まったと同時にサクラマスも釣れていたことになる。「もしかすると、ねらって釣れるのでは？」と考えるのは当然だろう。

しかし、かつて海アメはヘビータックルが全盛。波高2m以上の海を前にして、80g前後のジグをフルキャストするのが人気だった。とてもサクラマスを釣るようなスタイルではない。それに岸寄りしたサクラマスは積極的にエサを取らないと思われていたことも、今ひとつ海サクラが盛り上がらなかった原因かもしれない。

また、当時の海アメシーズンは3月下旬までで、4月になると多くのアングラーはショアのポイントから姿を消した。「何でだろう？」と思

船のサクラマス釣りから接岸のヒントを得られる。タナが20mほどになったらチャンス到来。また、カマイルカが来遊すると一気に岸寄りする

入舸漁港近くから撮影。周辺には磯場が広がりポイントが点在するが、入れる人数は限られている。譲り合いの精神で楽しみたい

ったら、ほとんどの方は別の釣り、別の魚種にシフトしていた。船のサクラマス、カレイ、ヒラメ、磯のホッケ、川や湖のトラウトフィッシング等々。友人に「海サクラ？　そったらのねらってやって釣れるわけねーべや」と一蹴されたのを覚えている。

初サクラは94年

ときは1994年3月下旬、場所は野塚キャンプ場右側のサーフ。いつものように海アメ釣りをしていると、岸近くでサクラマスが跳ねているのに気づいた。しばらくようすを観察していると、同じ場所で跳ねているではないか。そこで、20gのジグスプーン『トビス』をキャスト。ちなみにロッドはUFMウエダ『ソルティープラッガー』、リールはマミヤオーピーの3000番、ラインは12ポンドのナイロン。

砂地に根が点在するポイントで、海アメねらいの定番であるジャーク&フォールを繰り返す。が、反応はない。そんなことを数回繰り返していると根掛かりしそうになり、ストレートの速巻きで回収中、カケアガリ付近をルアーが通過すると「ドッカーン」ときた。ファイトはアメマスとは全く異なり、とにかくパワーが違った。ロッドはバットから曲がり、何度ものされた。

ランディングしたのは59㎝／2・8㎏。これが私にとって、積丹半島で初めて釣りあげたサクラマスだった。しばらく放心状態に陥り、ただただ銀色に輝く魚体を眺めていたと記憶している。

それからというもの海サクラは確信に変わった。ほかのアングラーと情報交換するとサーフだけでなく、水深のある磯でも釣れるという。しばらく釣りをせずデータ集めにいそしむと、積丹半島全域でねらって釣れることが分かり、おおよその回遊コースやポイントをつかむことができた。

回遊コースは磯もサーフも岸寄りのカケアガリ。海況は比較的穏やかなほうがよく、天候は荒れなければよし。潮回りは潮の上げ下げさえあれば何でもよし。しばらくして「マス波」という言葉が聞かれるようになったが、たしかに緩いウネリは好条件といえた。ところが、時代は草創期。なかなか釣果は上がらず、「やっぱり船のバケ釣りにはかなわないのか……」と自暴自棄になりかけたこともある。

それでもジグやスプーンの誘い方はタダ巻きをベースにストップ&ゴー、トゥイッチ、ファーストリトリーブと、徐々に反応のよいパターンが分かってきた。とはいえ、水深のある磯ではイマイチ……。飛距離を稼げたとしても、いかんせんジグだとシルエットが小さく、アピール力が足りなかったようだ。磯でミノーを使いだしたアングラーもいたが、当時、国産メーカーのミノーは飛行姿勢が安定せず、飛ばないものが多かった。

そんななか1997年、じわじわと浸透してきたミノーイングに革命を起こすルアーが現われた。今や知らぬ者のいない、デュオ『タイドミノースリム120』だ。シーバス用だったが、その頃はロッドもシーバス用が普通。何の迷いもなく購入して投げてみると、飛行姿勢のよさと遠投性能の高さに驚いた。このミノーの登場によりサクラマスの釣果が上がり、タクティクスを含めて大きく進化したといっても過言ではない。

海アメも含めて草創期から実績の高い、野塚キャンプ場～浜西河のサーフ。しかしこの日は波が高く、厳しい状況を強いられた

ハンドメイド&リメイク

その後、他メーカーからも同じようなスペックのミノーがリリースされ、現在に続くミノーのタクティクスが構築されていく。昨今、釣具店に行くとミノーやジグ売り場は煌びやかで、まさに選り取り見取り。それでも少なからず自作、ハンドメイドにこだわりをもっているアングラーもいる。従来品にない泳ぎ、アクション、色味、光の反射などを追求したライブ感たっぷりのルアーを、ケースに隠し持っている方もいるのでは？

それは昔も変わらず、30年以上前からハンドメイドルアーは静かなブームだった。やはり当時もアワビ貼りは流行していて、私もせっせとジグやスプーンにアワビを貼ったが、リメイクしたルアーで魚が釣れるとうれしさはひとしお。達成感と優越感に浸れた。

ミノーのボディーに板鉛を貼ってウエイトを稼ぎ、飛距離アップをねらうアングラーもいた。私も試したがバランスを取るのは難しく、逆に泳ぎが悪くなった。試行錯誤の末、イト鉛を各トレブルフックのシャンク部分に同回数巻くと、泳ぎを維持しながら飛距離アップを実現できた。とにかく昔は「ないなら作ってしまえ！」という風潮があり、フロンティアスピリットをもって競い合うことで、より釣りが面白く、そして奥深くなった。

毎シーズンのようにXデーが訪れる余別海岸。ポイントは広く、変化に富んでいてラン&ガンする価値が大いにある

河口規制は北海道水産林務部発行の『フィッシングルール』に載っているが、釣り場では標柱を確認したい

00年前後～エリアの拡大

しばらくすると自分しかいなかったサーフに、徐々にアングラーが増えてきた。サーフだけでなくゴロタ場、磯にも……。少しずつ春の海岸がにぎやかになるが、ネットはおろか情報誌も少なかった時代だけに、おそらく口伝えだけで広まったのだろう。

不思議なのは当時、積丹半島の河口やサーフで跳ねをあまり見なかったこと。気合いを入れてキャストを繰り返しても魚がいるのかいないのか分からず、さながら雲をつかむ

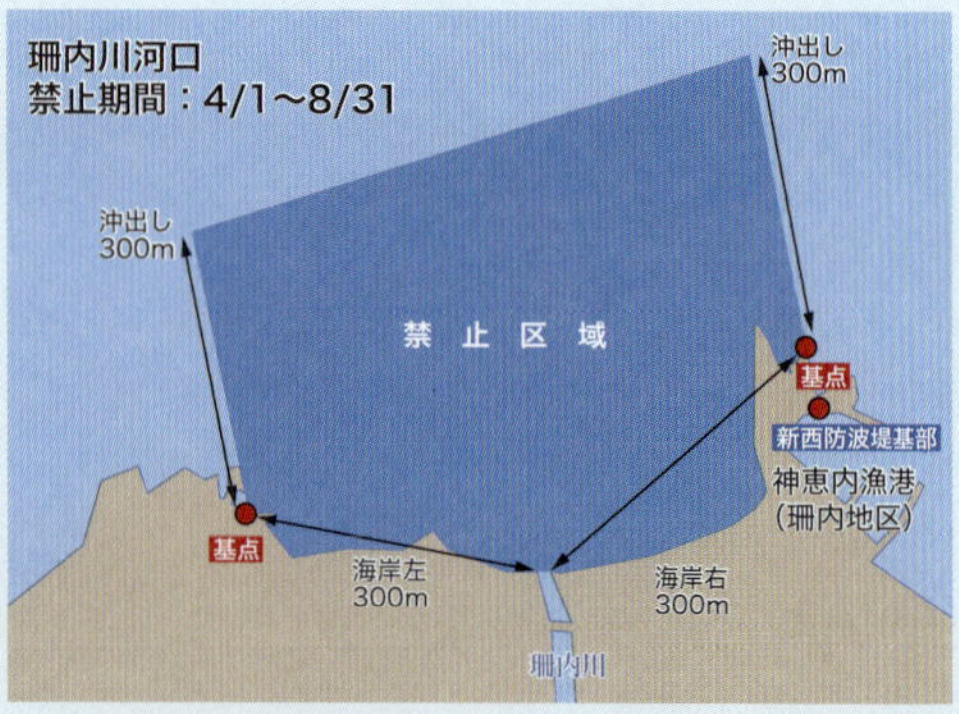

2022年から積丹半島に設定された禁止区域及び期間

積丹半島には大小の漁港が点在する。タイミングにより海アメ&海サクラが港内を回遊するので、ほかの場所がダメならのぞいてみよう（写真右）
遠浅のサーフが続く、堀株川河口周辺。ウエーディングしてねらう。ヒラメの好ポイントとしても知られ、大勢のアングラーが並ぶ（写真左）

ような釣りだった。確信がもてず疑心暗鬼になり、心をへし折られて帰ってしまうアングラーが大半。釣り人は増えてもそれほど釣果は出なかったようだ。

そうして5シーズンを終えた1999年、積丹半島のサーフは変貌した。足もとから水深のあったところがほとんどなくなり浅くなったのだ。遠浅でカケアガリは遥か沖になり、干潮時は50mほど沖へ歩いて行けた。シケると全体が真っ白なサラシになり、しかも海藻だらけというひどい状態。サクラマスが回遊してきそうな黒々とした根は砂に埋もれ、海藻が生えずエサになっていたであろう甲殻類、小魚の隠れ家がなくなってしまった。

「今年はさらに厳しい釣りを強いられる……」とがっかりしたものだが、その年、何と跳ねが頻繁に見られた。なぜ急に跳ねが増えたのか。水深が関係している？　それとも潮の流れが変わった？　未だに分からないが、1999年は広範囲にわたってサクラマスの釣果が聞かれたのはたしかだ。

積丹半島は1996年、珊内〜川白間の未開通区間が開通した。おかげでポイントが多くなり、グルッと回って岩内、寿都、島牧方面までラン&ガンしやすくなった。道路が整備され、快適に移動できるようになった反面、代償も大きかった。昔はどこからでも海に降りて行けたのだが、護岸が整備されると海岸は消波ブロックの林に変わってしまった。トンネルも新しくなると立入禁止エリアが増え、トンネル脇からアプローチすることができなくなった。私のホームグラウンドである東積丹も例外ではなく、何度もエキサイティングな釣りを体験させてくれたワリシリ岬も立ち入ることができなくなっている。

それでも年を追うごとに海サクラ熱は高まり、神恵内村の古宇川河口〜竜神岬などは大ブレイクした。次から、わずかでも駐車スペースのある場所に限定し、いくつか有望なポイントを記したい。

各ポイントの概要

●積丹川河口右岸〜入舸漁港

荒い根が続く磯で、海サクラシーズンは魚が溜まる場所が広範囲に数ヵ所あるようだ。連発した話もよく聞く。足もとからかなり水深があり、ミノーやジグで遠投すると気持ちがよい。サクラマス以外にもロックフィッシュ、ブリをねらうアングラーもいる。

●野塚漁港〜浜西河

いわずもがな東積丹を代表する有名スポット。サーフと根が入り混じる起伏に富んだ海底が続き、潮通しがよく、潮の流れが頻繁に変わる。とくに期待できるのはゴロタ場やサーフとの境目。浜西河だと小河川の河口周辺になるが、根とコンブが多く、攻略するには少々ウデが必要になる。

●浜西河〜余別海岸

周辺はほとんどがゴロタ場と磯。西河トンネル下や幌内府川河口、武威岬、余別漁港、余別海岸とポイントの宝庫だ。余別海岸はシーズン中、何度か爆発的に釣れる。サクラマスが溜まるスポットが数ヵ所あるようだ。

●草内海岸〜神岬〜サルワン

草内海岸の『食堂うしお』横の平盤はホッケ釣りの名所で、シーズン中は連日釣り人がいる。サクラマスの実績もあるものの釣り場は狭く、先行者がいると入るのは難しいだろう。神岬漁港は船揚場のスロープから降りてワンド内をねらうとよい。旧道によい平盤があったが、現在は立入禁止。

●珊内川河口周辺

サクラマスフリークなら誰もが入ったことのあるポイントに違いない。珊内漁港の左側のワンドと右側のゴロタ場が有望で、タイミングが合えば連続ヒットも望める。2022年より4月1日から河口規制が設定されているので注意。

●二ノ目川河口周辺

見落としてしまいそうな小さな川で、近くに「キス熊岩」がある。ちょっとした平盤や小規模な突き出た岩からキャストして探りたい。竜神

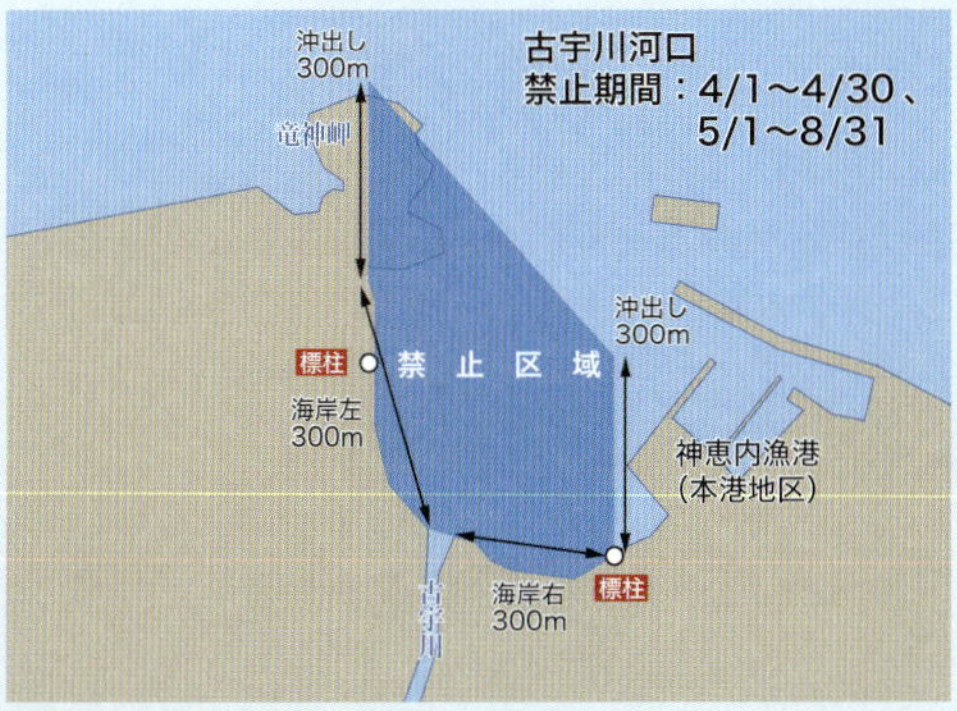

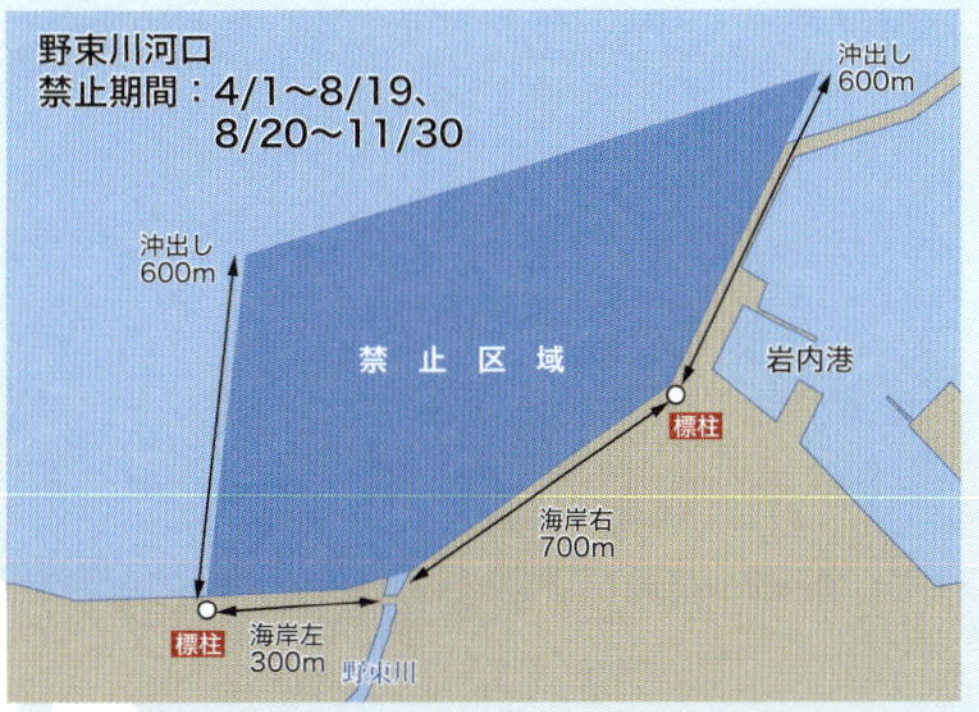

後志

【後志】

岬が近く、期待感が大きい。

●堀株川河口周辺

堀株海水浴場は遠浅でウエーディングしての釣りになる。正面に消波ブロック帯があり、魚の回遊してくる頻度は高いと考えられる。サクラマスとアメマスだけでなく良型のヒラメも釣れる。

釣り場でのマナー違反やトラブルが社会問題になっている昨今、好ポイントが立入禁止にならないようルールは厳守したい。次世代に釣りの楽しさを伝えるべく、釣り人一人一人が意識してフィールドを守っていきたい。

シーズンと好条件の目安

積丹半島のサクラマスシーズンは船が2～5月、ショアは3～6月。なお、アメマスは12月から釣れる。ショアから大型の海サクラがあがるのはゴールデンウイーク前後だ。

価値ある一尾を射止めるカギは、岸寄りのタイミングをどう読むかにある。これについては船釣りの釣果が参考になり、サクラマスが釣れたタナの深さによりある程度判断できる。たとえば3月頃は30m、4月頃は15m、5月は10mというように、遡上が近くなると徐々にタナが上がってくる。20mくらいになったらフィールドに足しげく通うことを勧めたい。

それ以外に天候、波高、潮回り、濁りなどが関係してくる。まず天候は荒れない限り問題ない。海サクラ釣りといえば、快晴の夜明けとベタナギの海を思い浮かべる方もいるだろうが、必ずしも静まり返ったサーフが釣れるとはいえない。これまでの経験では、それなりに波風があるとよく、雨が降る状況で連発したことが何度もある。

潮回りは前述したように、干満の上げ下げがあればOK、私はあまり気にしていない。河口周辺の雪代の濁りはササ濁り程度ならよくても、あまりキツいと芳しくない。ただ、釣れないとはいい切れない。

ベイトの動きにも影響される。4～5月はコウナゴやカタクチイワシ、マイワシ、稚アユ、オキアミの動きを注視したい。私は地元の漁師さんに話しかけて情報収集をしている。ベイトはカラーも関係するだろうが、一番大事なのはサイズ感ではないか。

現在市販されているジグやミノーは性能がよく、泳ぎはルアー任せでよいだろう。それでも、〝自分だけのリズムの変化〟を意識し、周りのアングラーと一味違う誘い方を追求するのも面白い。定石どおりではない誘いは、シーズン終盤のスレたサクラマスに効くこともある。ぜひ、自分なりの方法を模索してみよう。

ルアーはジグなら20～45g、ミノーなら140㎜クラスがおすすめ。ロッドは9～11フィートのM～MHクラス、リールは3000～C5000番、ラインはPE1～1・5号、リーダーは20～25ポンドが標準。

SNSの普及で毎日いろいろな情報が飛び交うが、振り回されてはいけない。ポイントは数多くあるのに、気づいていない方が多い気がする。わざわざ激混みのところに入り、窮屈な釣りをしても楽しくないし疲れるだけ。自分の脚を使ってポイントを開拓してほしいが、危険な場所はもちろん躊躇する場所には絶対に入らないこと。釣りは何よりも安全第一で！

磯でのヒットシーン。小場所の多い積丹半島は一カ所で粘らず、状況に応じてサーフ、ゴロタ場、磯をラン＆ガンするのが釣果を得るコツ

暴れるようすが見て取れる磯でのやり取りはスリリング。ランディングネットは必需品だ

3kgアップが望めるのはGW頃から。2022年から人気ポイントに河口規制が新設、あるいは変更された場所がある。事前に期間と範囲を知っておきたい。駐車マナーに配慮することも忘れなく

●場所＝寿都町の磯
●時間＝15時15分
●全長＝54cm
●ヒットルアー＝ジャクソン『アスリート 14SS』CKI

まぶしい銀鱗を手にした日は気分がよく、つい振り返ることを怠ってしまうのは私だけ……？ タイドグラフを見ると面白い発見があった

タイドグラフと海サクラ

釣れた日を振り返る

釣れなかった日は言い訳を探すけれど、釣れた日は反省を怠ってしまう。そんな意識が高くない記者の4月の釣果を、客観的に振り返ってみた。はたして、釣れた日のタイドグラフ上に共通点は見つかるのだろうか？

定説は本当？

海の釣りは往々にして「満潮からの下げ」や「上げ七分の下げ三分」がチャンスになりやすいとされている。いわれてみれば、そんな気もする……。しかし、釣れた・釣れなかったに一喜一憂するのみで、いつも振り返りを怠ってしまう記者（以下、私）には、実際のところが分からない。潮回りしだいで、本当に顕著な差は表われるのだろうか？ ある年4月の道央日本海における海サクラ釣行で、釣果（同行者含む）があった日のタイドグラフから、なにかしらの共通項を見出せたらと思う。

4月2日 釣果：2尾

4月2日

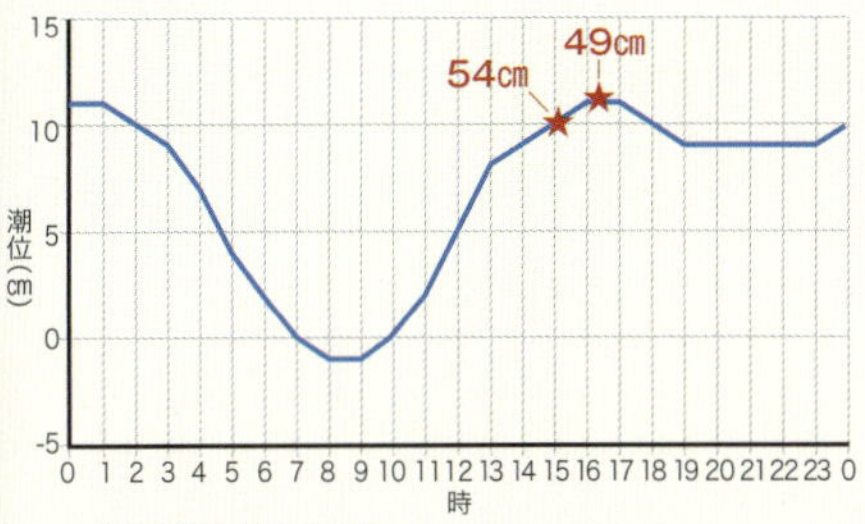

中潮（月齢11.2）
天気：曇のち晴
気温：最低4.8℃／最高8.7℃

幸先よく「2尾」などと見出しを付けたが、同行した友人の釣果である。この日は日曜日ということで、混雑が予想される朝マヅメは避け、午後の満潮前後に照準を合わせて釣行。寿都町の平磯に到着したのは13時すぎ。波風が穏やかで、釣りはしやすい状況だった。

1尾目は15時15分にシンキングミノーでヒットした、54cmのサクラマス（写真①）。「やや速巻きのワンピッチジャークです。しばらくアタリがなくて萎えていたときにヒットしました」と友人は振り返る。ほどなくして周囲でもサクラマスが釣れ始め、時合に入ったように感じられた。

友人が2尾目の49cmを釣りあげたのは、満潮を迎えた16時20分。ヒットパターンは1尾目と同様だった。その後も日没間際までねばったが、アタリはなくなり納竿した。

●場所＝寿都町の磯
●時間＝15時10分
●全長＝50cm
●ヒットルアー＝ポジドライブガレージ『ジグザグベイト 80S』トウゴロウ

4月3日

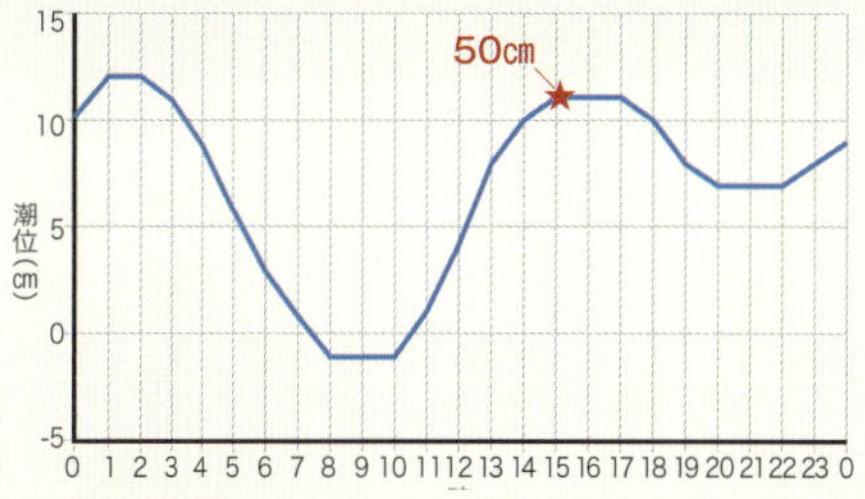

中潮（月齢12.2）
天気：晴
気温：最低0.8℃／最高9.3℃

4月3日 釣果：1尾

前日のリベンジを果たすべく、張り切って釣り場に降りたのは13時頃。メタルジグ、ジグミノー、ヘビーシンキングペンシルなどで広範囲を探るもアタリはない。

変化があったのは、この日も15時すぎから。隣の磯にいた釣り人が魚を掛けたと思えば、そのあとすぐ私にもヒット。15時10分、リップレス・シンキングミノーのストップ&ゴーに反応したのは、50cmのサクラマス（写真②）だった。

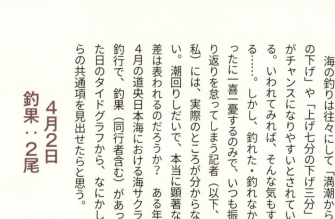

●場所＝積丹町の磯
●時間＝7時
●全長＝58㎝
●ヒットルアー＝ジャクソン『アスリート 14SS』CKI

③

4月5日 釣果：1尾

早朝4時から東積丹エリアのゴロタ浜に入った。

回遊ルートが遠いと聞いたことがあるポイントだったので、40gのタングステンジグを遠投して探る。薄明るくなってきた5時前から、沖でサクラマスが跳ねているのが見えた。

時刻は5時20分。70～80ｍの沖合でモジリがあり、すかさずキャストして速巻きで引いてくる。すると、モジリの地点よりもだいぶ手前でヒット。水面を滑るように、すんなりと寄ってきた。サクラマスではないと思ったが、あげてみると40㎝ほどの本命だった。

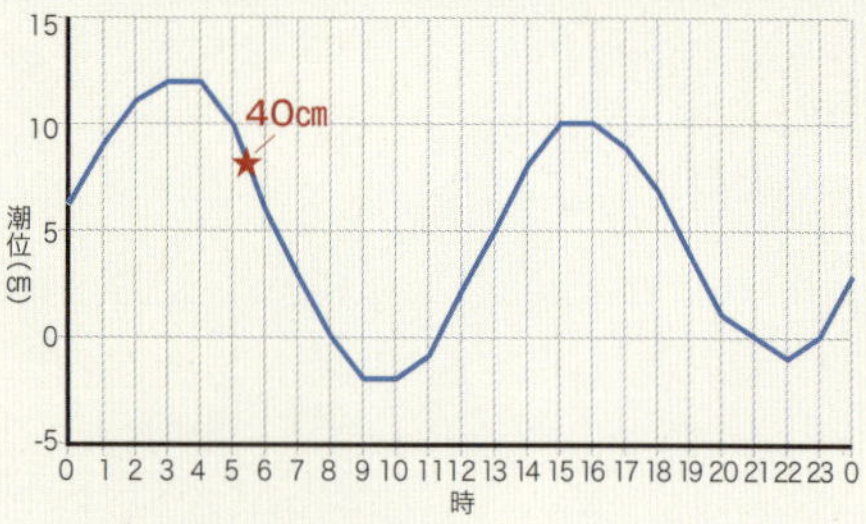

大潮（月齢14.2）
天気：曇
気温：最低7.6℃／最高13.8℃

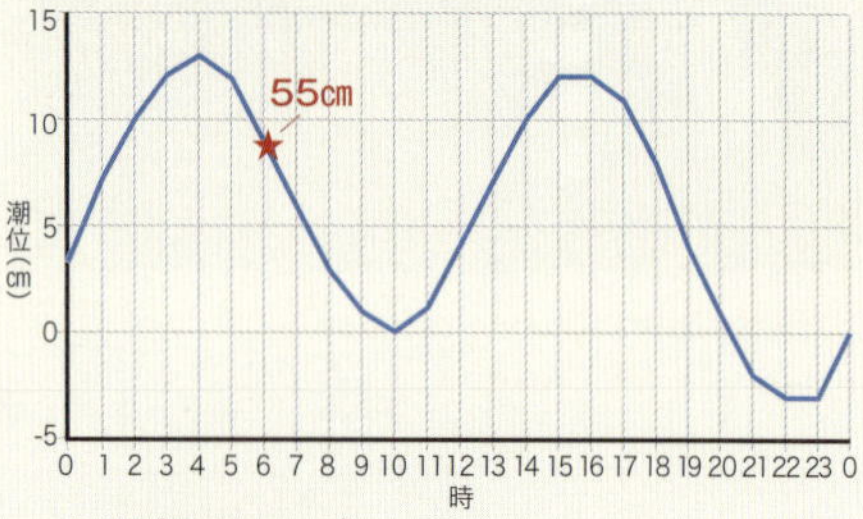

大潮（月齢15.2）
天気：曇のち雨
気温：最低9.6℃／最高12.1℃

4月6日 釣果：1尾

あいにくの雨降りではあったが、よい潮回りなので西積丹エリアの磯へ向かった。潮通しのよさそうな磯の先端に立つことができたものの、少し波が高く、ウネリをともなっていた。アピール力を高めるべく、釣り開始から160㎜のシンキングミノーで探る。

ファーストヒットは5時50分。スローリトリーブ主体の、ごくたまにトゥイッチを入れるようなアクションで誘っているとガツン！ と当たった。水面にギラリと姿を現わしたのは、なかなかの大ものだった……が、タモ入れに失敗してオートリリース。

気を取り直して同様の釣り方を続けていると、6時10分に再びヒット。今度は隣で釣りをしていた方に手伝っていただき、無事ランディング。55㎝のサクラマスだった。

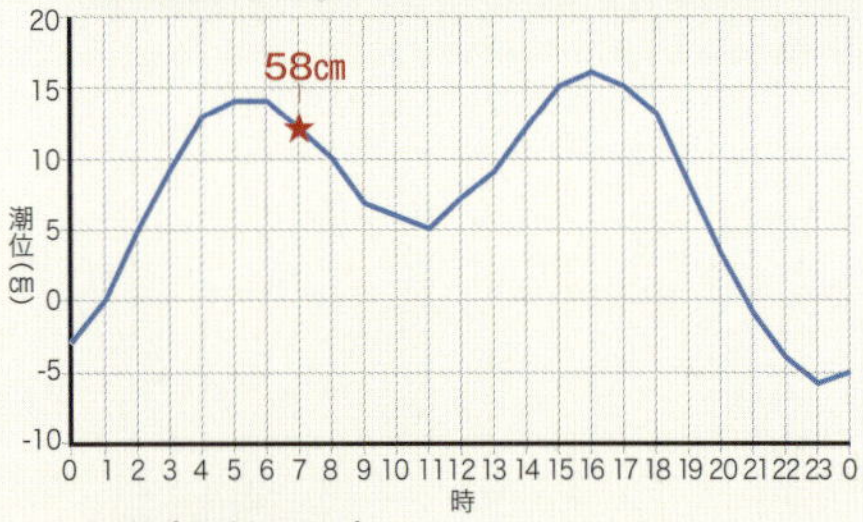

中潮（月齢17.2）
天気：曇のち雨
気温：最低5.0℃／最高9.8℃

●場所＝泊村のサーフ
●時間＝6時15分
●全長＝45㎝
●ヒットルアー＝岡クラフト『岡ジグ LT-35』ピンクゴールドシェル

④

4月8日 釣果：1尾

4月6日の釣行から可能性を感じ、友人とともに再び西積丹の磯に向かった。この日も波とウネリがあり、私は160㎜、友人は140㎜のシンキングミノーのジャーキングでアピール。前回よかった「下げ三分」に期待しながらサオを振り続けた。

序盤から友人にはアタリが多かったが、正体はすべてアメマス。「アメマスが釣れる日は、個人的にはサクラマスの調子がよくないんですよね」とぼやく。そん

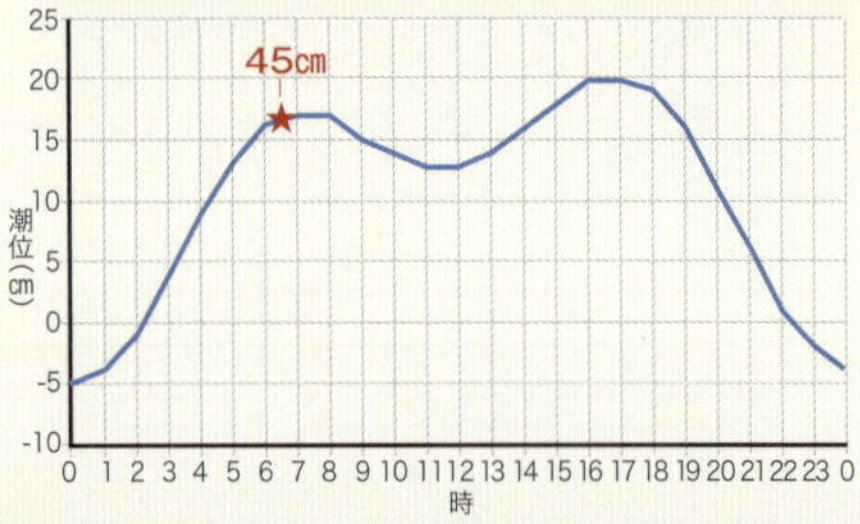

4月10日

中潮（月齢19.2）
天気：晴
気温：最低2.0℃／最高16.8℃

●場所＝積丹町の磯
●時間＝6時30分
●全長＝65㎝
●ヒットルアー＝デュオ『タイドミノーランス 140S』オオナゴ

⑥

●場所＝積丹町の磯
●時間＝6時
●全長＝54㎝
●ヒットルアー＝ジャクソン『アスリート 14SS』IBサケ稚魚

⑤

なフラグになるようなことはいわないでくれよ……と思ったが、なんとかツキには見放されずに済んだ。

待望のヒットは7時。友人が140㎜シンキングミノーのスロージャークで掛けたのは、美しい58㎝のサクラマス（写真③）だった。これもまた「下げ三分」の恩恵なのだろうか。

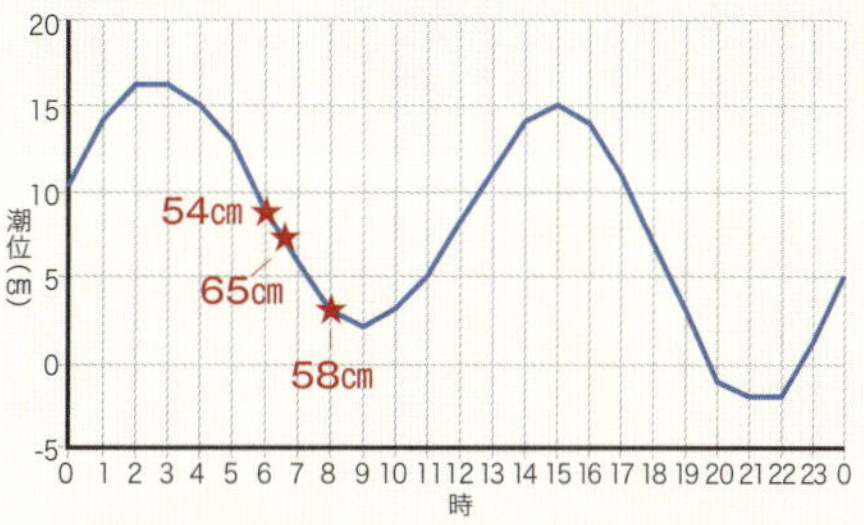

大潮（月齢28.2）
天気：晴のち曇
気温：最低1.2℃／最高13.3℃

4月10日 釣果：1尾

前日のシケによる影響が各所に残っていたが、なんとか釣りになりそうだった泊村のサーフへ向かった。沖まで立ち込めそうなサンドバーを見つけ、波に気を付けながら35gのジグを振り続けること2時間。遠投した先からゆっくり巻いてくると、沖のほうでグンッと当たった。

じつはこの前にボラとウグイを釣っていたので、ファイト中は半信半疑。寄せ波でランディングし、45㎝の本命（写真④）を確認したのは6時15分のことであった。

4月19日 釣果：3尾

これまでに何度か登場している「友人」と西積丹の磯に入った。何日かシケが続き、落ち着いたタイミングに大潮が重なったので、否が応でも期待は高まる。

薄明るくなってきた段階ではまだウネリが残っており、2人とも140㎜のシンキングミノーをチョイス。神経を研ぎ澄まし、日の出間際のゴールデンタイムを過ごした。

友人が1尾目・54㎝のサクラマス（写真⑤）をキャッチしたのは6時頃。高速のワンピッチジャークで食ったという。負けじと私も、自身の常套手段である「スローリトリーブ＋トゥイッチ」で探る。

時刻は6時30分。ピックアップ寸前、意図せずにミノーのレンジが上がったと同時に銀鱗が反転。あまりの体高に、魚が水中で抵抗している時点では「短い」と勘違いしていた。しかし、無事にランディングし終えて計測すると65㎝4・7㎏（写真⑥）。素晴らしい魚体を前に、充足感で釣りを終了。

友人がその日の2尾目を釣りあげたのは8時頃。58㎝のサクラマス（写真⑦）のヒットパターンは、またしても140㎜シンキングミノーのワンピッチジャークだったようだ。

●場所＝積丹町の磯
●時間＝8時
●全長＝58㎝
●ヒットルアー＝ジャクソン『アスリート 14SS』IBサケ稚魚

⑦

総括

4月19日を除き、ほとんどの釣果が潮位の高い時間帯に偏った。満潮前後めがけて釣行していたことも要因かもしれないが、このタイミングがチャンスであることは間違いなさそうだ。なお、今回は〝釣果があった日〟のみを振り返っている。ここに挙げたタイドグラフが大潮と中潮だけという点も見逃せない。

厳密には、水温や一日をとおしての釣果記録など、より詳しい情報が必要なのは確かだ。しかし、タイドグラフひとつで大まかな傾向がつかめたことは収穫であった。

スタッフに聞いた
Sammysショアルアーの操作法

保存版 タダ巻きだけじゃない! 喰わせるジグの使い方

『MOSA＋F(モサプラスエフ)』や『無双(ムソウ)』を筆頭に船のサクラマス向けのジグをリリースし、全道各地で好釣果を上げ、青ものやマグロ用のウッドプラグ『rhythm(リズム)』も展開するなど、近年はオフショアのイメージが強いサミーズ。しかし同社の原点はショアの釣りにあり、今もそのルーツを大切にしているという。海サクラ、海アメを語るうえで欠かせないサミーズ・ルアーたちを今一度掘り下げるべく、開発者、製作者、フィールドテスターを取材。さまざまなヒントをまとめた。

『無双ミニ(仮)』のプロトでキャッチした63cm/2,660gの海アメ。「釣れた」ではなく「釣った」を実感できるサミーズ・ショアルアーの使い方とは?

食わせるためのリトリーブ
～見切られるのは速いか遅いかではない～

ショアの海マス釣りでも基本となる「タダ巻き」ですが、一定のスピードや同じ動きばかりでは魚に見切られ、追ってきてもルアーに食いつくまでには至らないもの。そのため、サミーズはどのジグも潮流やちょっとした波の変化に反応してロールアクションが入る、あるいは回転するなど、自動的にイレギュラーアクションが発生するように設計しています。この動きが魚に口を使わせるためのスイッチとなるのです。

左の図のように、それぞれの最適スピードを補うよう使い分ければ、タダ巻きだけでも充分に魚を魅了するよう設計をしています。一方、あえて最適スピードを外し、動きを崩して使うのもテクニックの一つ。キャストごとにスピードを変えて反応のよい速度を探るのはもちろん、1回のキャスト&リトリーブの中で③→⑤→③→①のように変化をつけるのも大いにアリです!

食わせるためのアクション
～積極的に〝間〟を入れて「釣れた」から「釣った」へ～

フィールドテスターたちに聞くとタダ巻き+積極的にアクションを入れ、魚が「掛かった(釣れた)」ではなく「掛けた、掛けにいく」ことを意識しているようです。

これは、そのほうが釣れるからというだけではなく、フィールドテスターの立場上、ユーザーへ「どのように釣ったか」を伝える場面も多く、「再現性のある釣り方」を日々模索しているからにほかなりません。テクニックの一端をご紹介しますが、組み合わせることでパターンは何通りにもなります。

自然（生きもの）を相手とした「魚釣り」は波、風、潮や魚の活性などに「同じような日」はあっても「同じ日」は二度と訪れないもの。使い方の自由さがジグの釣りの面白い（楽しい）ところです。こうしなければ釣れない、何か一つのことだけしかできないルアーではなく、皆さんのアイディアに対応可能なポテンシャルを持ったルアーたちだと、自信を持ってリリースしています。なのでタダ巻きだけではなく、自らアクションを加えて「釣った!」の喜びを味わっていただけたらと思います。

Sammysショアルアーの最適スピードとは?

それぞれのルアーで違う最適なリトリーブスピード。下記を参考にしていただければ、使いたいシチュエーションが見えてくるはず!

ゆっくりが得意 ⟷ 速巻きが得意

無双ミニ ①② ＞ 亜鉛(Zn) ①②③ ＞ ディープストリーム ②③ ＞ PHAT ②③④ ＞ サーフトリップ ③④⑤

★ゆっくりが得意＝泳ぎだしが速い＝浮き上がりが速いルアーともいえます。シチュエーションでいうと①～③は表層や水深の浅い場所を得意とし、③～⑤は水深の深い場所、ボトム（底）付近をねらうのに適しています

※補足※
現在よく使われているXGやHGのリール（巻取り長90～100cm）の使用を前提として「1 秒間にリールのハンドル 1 回転」を中間（基本）の③とした場合、下記のように 5 段階のスピードに分けることができます

①：遅い［2 秒にハンドル 1 回転］
②：やや遅い［3 秒にハンドル 2 回転（約 0.67 回転 / 秒）］
③：基本スピード［1 秒にハンドル 1 回転］
④：やや速い［2 秒にハンドル 3 回転（1.5 回転 / 秒）］
⑤：速い［1 秒にハンドル 2 回転］

Sammysショアルアーの“食わせる”アクション

ストップ&ゴー（タダ巻き中に巻くのをピタッと止めて、また巻き始める）
A：一瞬だけ止める⇒左右に動いていたルアーが止まりかけて食わせの間を作る
B：0.5秒ほど止める⇒止まったルアーがフラっと落ちかけることで動きの変化をつけて食わせの間を作る
C：1～2秒止める⇒止まったルアーがキラキラっとフォールでアピールしたのち、リトリーブに戻ることで上下にも動きの変化が発生。リアクションバイトねらい

トゥイッチ
ロッドの先端を小さく動かすトゥイッチでイレギュラーな動きを積極的に与え、魚に口を使わせるためのスイッチを入れる

ジャーク（ロッド全体を使ってルアーを大きく動かす）
A：ロングジャーク（フォール食わせる）⇒ロッドを正面から真上近くまで縦方向に動かしてルアーを引っ張り（ジャークする、シャクるともいう）、ルアーを上下に大きく移動させる。その後ロッドを正面へと戻しながらリールを巻いて、フォール中のアタリに備えながらイトフケを回収する。そのときの巻き取り量はハンドル 2 回転分ほど。フォールから再度ジャークやリトリーブする瞬間にアタリがある場合が多い
B：ショートジャーク（追わせて食わせる）⇒ロングジャークと同じように縦方向が基本となり、ハンドル 0.5～1 回転のイトフケ回収量になるよう、ロッドの振り幅は少なく調整する
※ワンジャーク＋ハンドル 1 回転がいわゆる「ワンピッチジャーク」。縦方向だけではなく、脇にロッドを挟んだ状態で斜め方向にジャークしてもいいし（楽なので）、横方向へのジャークでもOK!

サミーズ・ショアルアー それぞれの使い所

サーフトリップ

サミーズ誕生のきっかけとなったのが『サーフトリップ』。ジャーク＆フォールが得意なので海アメ用？ といわれますが、実はタダ巻きでリトリーブスピードによってロール量が変化。派手ではない動きが逆にスレた海サクラや大型個体を誘う玄人好みの一本

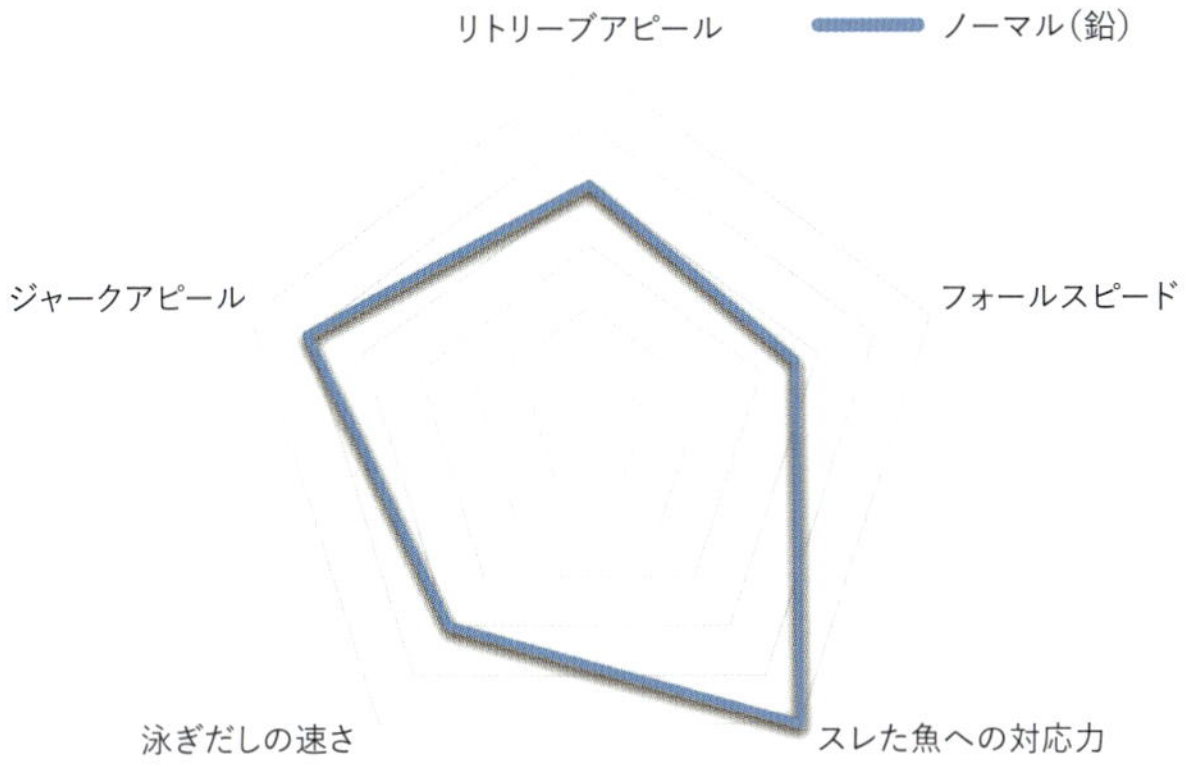

●得意な泳層：中〜低層（ボトム）
●リトリーブアクション：ウオブリング6：ロール4（30gは8：2）
●フォールアクション：水平フォールからスライドフォールへ移行
●重心：センターバランス
●サイズ：85㎜30g、100㎜40g、110㎜50g、120㎜60g

PHAT（ファット）

今ではサミーズの看板ショアルアー。オールマイティーですが、実はちょっとフォールが苦手……。泳ぎだしを速く、フォールスピードを遅くした「Zn（低比重合金）」タイプも開発中！

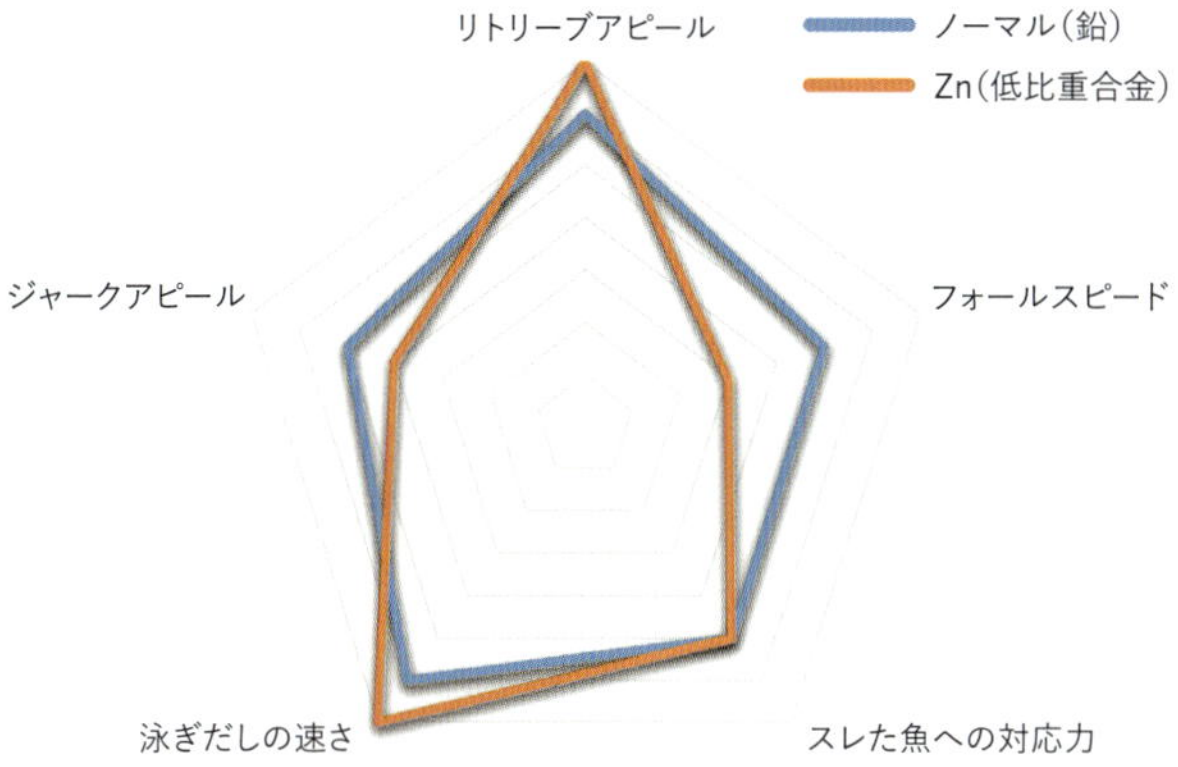

●得意な泳層：表〜中層
●リトリーブアクション：ウオブリング7：ロール3
●フォールアクション：ランダムフォール
●重心：やや後方でベリー寄り
●サイズ：85㎜35g、92㎜45g、102㎜45g前後（Zn）
※Znは開発中（プロト）につきサイズ変更の可能性あり

無双ミニ（仮）

オフショア用ジグの流れをくむ新作『無双ミニ（仮）』。サクラマスジギングと同様にショアでもショートジャークで縦の誘いが可能。また、リトリーブの釣りでも使いやすいように最適化しました

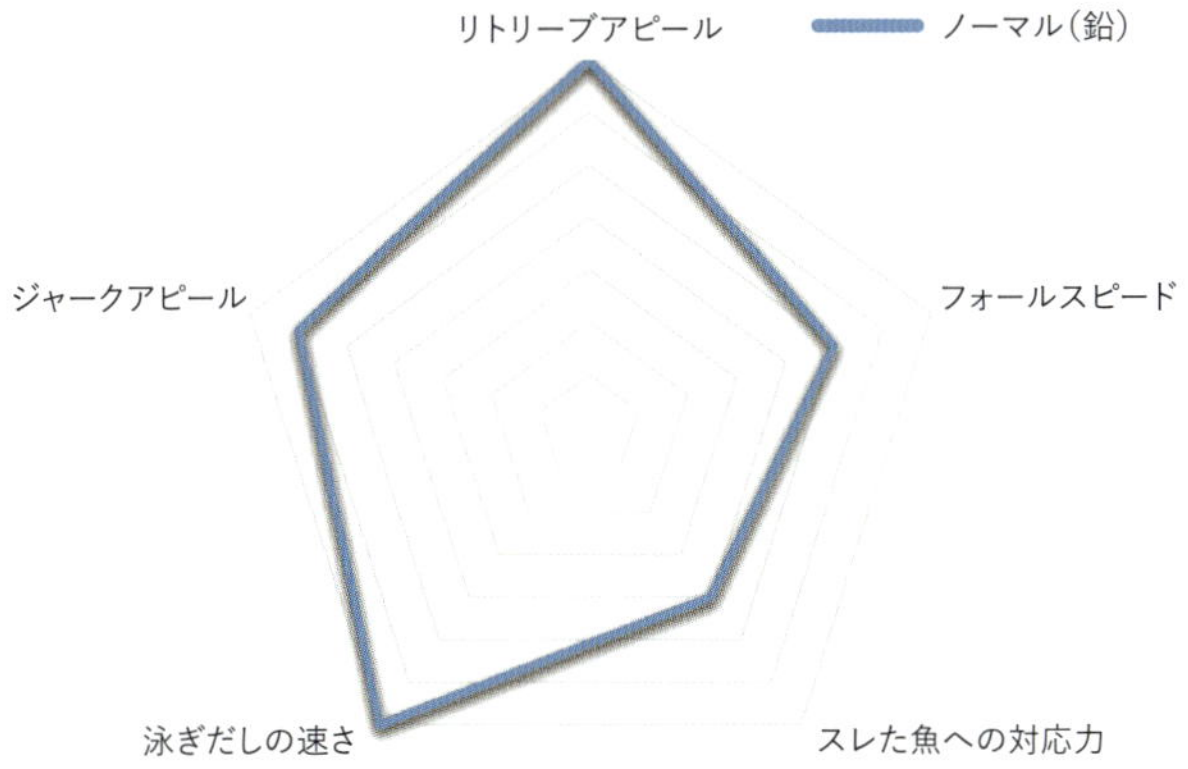

●得意な泳層：表層
●リトリーブアクション：ウオブリング8：ロール2
●フォールアクション：ストレートフォール
●重心：後方
●サイズ：74㎜30g、81㎜40g、88㎜50g
※開発中（プロト）につきサイズ変更の可能性あり

DEEP STREAM

ヒラメ用ルアー？ いえいえ、これがサミーズの原点。聖地・島牧の海アメを攻略すべく、波の1枚下を引いてこられるよう、優れたレンジキープ力と北風に負けない飛距離を有する『DEEP STREAM（ディープストリーム）』。60gをベースとした「Zn38g」を2024年に販売し好評を得ています

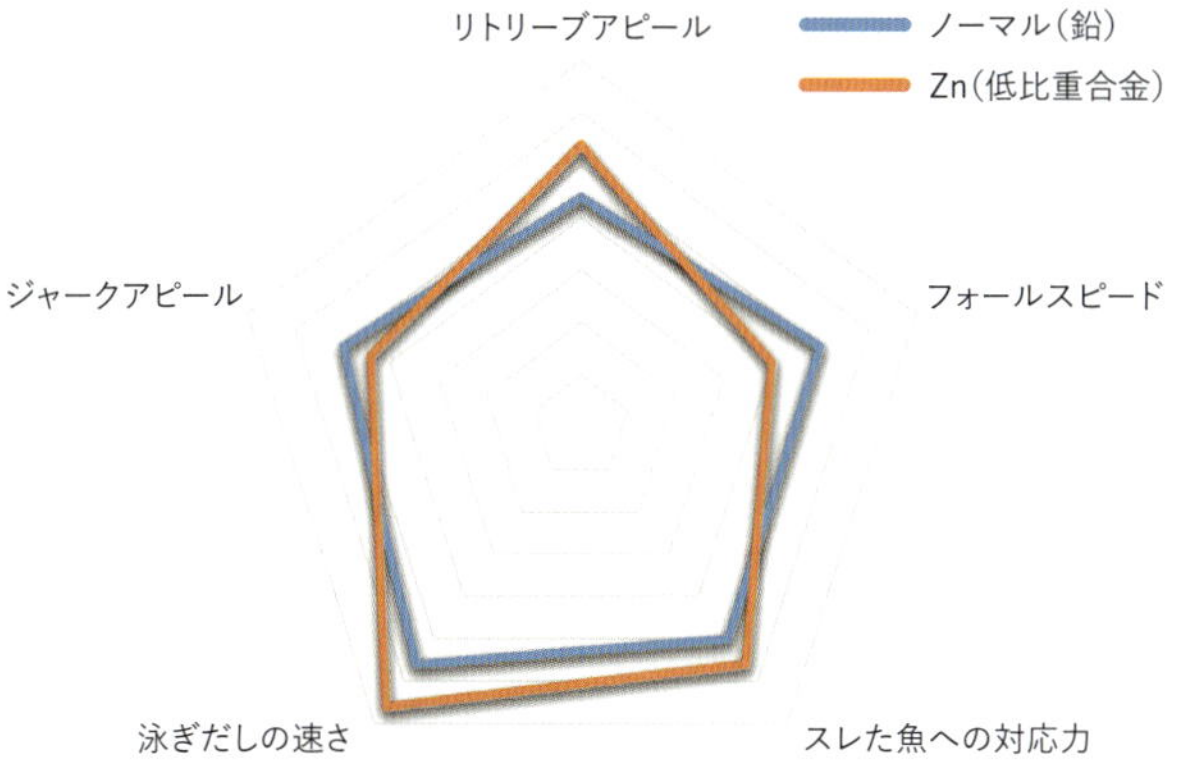

●得意な泳層：中〜低層（ボトム）
●リトリーブアクション：ウオブリング6：ロール4
●フォールアクション：スライドフォール
（テンションフォール時はヒラヒラと木の葉のように沈下）
●重心：やや後方
●サイズ：85㎜30g、95㎜40g、107㎜60g、107㎜38g（Zn）

無双ミニを深掘り

　オフショアのサクラマスジギングで定評のある『無双（ムソウ）』。そのロッドアクションに対してのレスポンスのよさ、スイミングアクションを見たフィールドテスターから「これをショアの釣りでも使ってみたい」という声が上がり、開発が始まったのが『無双ミニ（仮）』です。オリジナルをベースに、ショアの釣りに必要になる立ち上がりの速さ、飛距離、魚が反応しやすいレンジキープなど、微調整を加えフィールドテストを行ない最適な形状へとブラッシュアップしました。

　アクションはワイドなウオブリングにロールが交じり、時折回転が入って左右にふらつくことでオートマチックに食わせの間が入れられます。また、本家から受け継いだロッドワークへのレスポンスに関しては、近年プレッシャーが高くなってきている海アメの釣りで多用されるショートピッチジャークなどを行なってもバランスのよいフォールでフック絡みを抑制してくれます。さらに、横風を受ける状況でも適度なラインテンションが維持しやすく、長時間の釣りでも疲れにくい適度な引き抵抗にもこだわりました。サクラマスをターゲットとしたタダ巻きでの釣りはもちろん、テクニカルなロッドアクションにも対応するため、海アメやヒラメなど幅広く活躍します。

サミーズ・フィールドテスターの荒道俊さん（右）と北島正貴さん（左）による『無双ミニ（仮）』テスト釣行時のようす

テスト釣行レポート

『無双ミニ（仮）』のテスト釣行で、海アメをねらって島牧村へ。

　釣り場の状況としては魚の寄りはよくなく、食い渋っている個体が多い中でのテストとなりました。

　まずは40gを結び、沖のブレイク付近から探ってきます。しかし、タダ巻きでは反応がなく、ワンピッチのショートジャークでリアクションバイトを誘い、着水から数回アクションをつけたところで45cm程度のアメマスがヒットしてくれました。

　当初の計画どおり、オリジナル（オフショアジグ）の特徴を活かし、タダ巻きのアピールはもちろん、フック絡みが起きやすいショートジャークでもエビにならず効率的に釣りができ、幅広い釣りに対応可能であることを確認しました。（フィールドテスター・北島正貴）

オートマチックに食わせの間が！ 無双ミニ（仮）

オリジナルの『無双（ムソウ）』から受け継いだロッドワークへのレスポンスのよさに加え、海アメねらいで多用されるショートピッチジャークなどでも好バランスのフォールでフック絡みを抑制。横風を受ける状況でもラインテンションを維持しやすく、長時間の釣りでも疲れにくい適度な引き抵抗にもこだわった
<操作>：サクラマスをターゲットとしたタダ巻きでの誘いはもちろん、テクニカルなロッドアクションにも幅広く対応

88mm50g

81mm40g

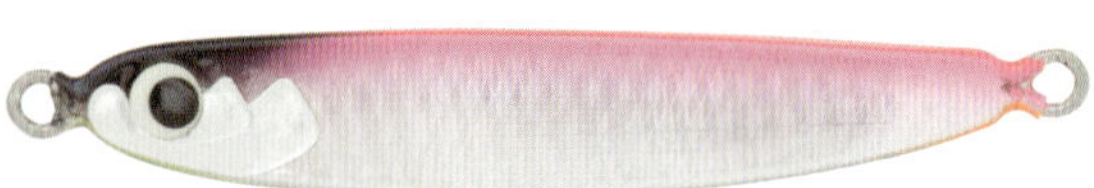

74mm30g

上／釣り場の状況としては魚の寄りはよくなく、食い渋っている個体が多い中でのテストとなった　下／タダ巻きでは反応がなく、ワンピッチのショートジャークでリアクションバイトを誘い、着水から数回アクションをつけたところで45cmほどのアメマスがヒット

可能性を広げる低比重ジグ　亜鉛PHAT 45g

鉛素材版『PHAT（ファット）』のタダ巻きをさらに進化させたジグ。遠くに飛ばしたい、でもゆっくり巻きたい。そんな相反する要望を叶える低比重マテリアルを使用。亜鉛シリーズはすでに『DEEP STREAM Zn38ｇ』が先行リリースされ、その効果は実証済み
<操作>：存在感抜群のボディーで、タダ巻きでもハイアピール。フォール時間が稼げるため食わせの間を演出しやすく、軽いストップを入れたリトリーブやスロージャークでの使用もおすすめ。また、表層をキープしやすいのでの水深の浅いポイントでも活躍する

～食わせるためのヒント～
テスター陣の「鱒に“マスト”な一本」

佐々木元史

サクラマスは『PHAT 35g』マジョーラブラックが最高！　あと、この写真の釣果をあげたトゥクシシ（通販でサミーズのルアーを販売している『ルアー屋さん』のオリカラ）も信頼している。サミーズのルアーを買いたくても転売価格に困っているアングラーは、ルアー屋さんで予約するといいよ。納期はかなりかかるから、来シーズン分を早めに予約しておくと定価と送料だけで購入可能なのでおすすめ

北島正貴

今後は『無双ミニ（仮）』になるかと思います！　すでに完成度が高いです。あと僕は『サーフトリップ40g』ですね。ミノルさんと最初にコラボしたカラーとルアーなので。たしか2008年、『オープニングダイワカップ』というダービーの前哨戦で、自分が3年連続で優勝したのを記念して、「チャンピオンカラー」で発売してくれたのがサーフトリップのオリカラでして、今は海が浅くなって使用頻度は減りましたが、好きなルアーです

小島渉

ディープ（DEEP STREAM 40g）もファット（PHAT 35g）もアルミマイワシ（カラー名称＝イワシ）っすね！　これを信じて使い続けて、釣れちゃう。俺はルアーチェンジしないほう。状況にもよるけど、タダ巻きよりはアクションを加えたほうが効果があると思っているので、今日はこのルアーと決めたらそれを根気よく、いろいろなアクションを加えて誘うタイプ。それで何回もいい思いをしているので

荒道俊

この写真は『PHAT 35g』のプロトタイプで『あめますダービー』5位入賞時のものなのでPHATにも思い入れはあります。ですがやはり、サミーズのルアーを初めて手にしたのが『サーフトリップ40g』で、海サクラの大会で優勝に導いてくれたのもサーフトリップのグリーンゴールドなので一番思い入れがあります。多用するカラーはアルミシェル、グリーンゴールド、マジョーラブラック

小林亮

『PHAT 35g』マジョーラブラックまたはブラックシェルですね！　何よりベイトが溜まりそうな場所を見極めることが重要。具体的には若干の濁りのあるところ、沈み根、潮目、ワンド、カケアガリなどがねらい目です。表層を探るときは、基本はタダ巻き。それで反応がない場合はアクションを入れて変化を持たせます。渋い状況ほど、大きな波動で魚へアピール。また、ボトムをねらう際は底を取ってからにしています。あと、地元せたなの『ゑびすや釣具店』さんと私が初コラボしたPHAT 35gのケイムラアルミ背黒エンボスパーマークは、高実績のオリジナルカラー！　ぜひ使ってみてください

海桜は冬から舞う

ラン&ガンしたくなる名所

檜山

後志や渡島海域と並んで、たくさんの釣り人でにぎわうのが檜山エリアだ。釣り場は枚挙にいとまがないほどだが、せたな、江差、上ノ国の3町はとくに人気が高い。全道でいち早く釣果が聞かれ、大ものを追う夢もある日本海を代表する海サクラの名所といえよう。それぞれの有望ポイントを見ていこう。

2024年のシーズン初期、当該エリアにはカタクチイワシの大群が接岸し、ホッケやサバ交じりで海サクラがよく釣れた

筋肉質な海サクラを導いたロッドは、ヤマガブランクス『アーリー109MMHフォーサーフ』。適合ルアーは8～50g。サーフで40g前後のジグを力いっぱい遠投できる。それでいてキャストスペースの限られる小磯でも使いやすい1本だ

【せたな町】サーフだけでなく磯も

●北檜山区

道南の大河・後志利別川が流れ込むせたな町は、同川河口から一部保護水面に指定されている太櫓川河口までの約4・5kmのサーフが主なポイントになる。どちらも4月1日から河口規制が入る。現地に立つ標柱などで規制範囲を確認したい。

一帯は後述する五厘沢海岸に比べると岸近くから水深があり、ヒットゾーンは岸から沖めまで広範囲に及ぶ。ラン&ガンしながら連続する小ワンドを撃っていくのが、当エリアの基本スタイル。ワンドの中ほどは水深がある一方、端は岬状になり手前は浅く、その先にカケアガリが形成される。後者の場合、ヒットゾーンは沖めになることが多い。

ジグをメインにするなら、20～40gまで各サイズを携帯するのが

潮目を伝ってベイトとターゲットは岸寄りする。釣り場では広い視野を持つことが大事

たとえ凍って海に流れだしていなくても、沢筋の前は魚が溜まりやすい。必ずねらうべき

おすすめ。ナギの日は30g程度でこと足りるが、やや荒れたときや沖めねらいなら40gが必要。また、春先のサケ稚魚の時期は、20g前後のコンパクトなジグに好反応を示すことがある。

太櫓川河口の先に延びる鷹ノ巣岬も人気が高い。広い駐車スペースが道路脇にあり、ここから釣り場までは至近。シーズン中は混雑するもののエントリーしやすい。底は砂地がメインでルアーのタイプは問わない。磯はミノーを振る人が多いが、ボトム付近を回遊しているならジグを遠投して深いレンジを探りたい。

●大成区

保護水面の臼別川が流れ込み、左岸は一本防波堤、右岸は宮野漁港に囲まれ、海サクラの回遊が多いポイント。道の駅『てっくいランド大成』前に広がるサーフは、大勢のアングラーを受け入れるキャパシティーがあり、草創期からファンに愛されている。道の駅の右岸は沖にバラ根が点在し、手前はサンドバーを形成。飛距離が求められるポイントだ。

左岸は浅いワンド状になっているが、沖で海サクラの跳ねがよく見られる。ヒットゾーンが近い場所もあるとはいえ、当エリアで釣果を上げるにはジグの遠投がカギを握る。ウエイトは35g程度をメインに40g以上まで用意したい。

道の駅から北上して道道740号を進むと磯場が多く、ポイント開拓の余地はある。上浦漁港周辺などは実績が高い。

【江差町】健脚者におすすめ

●五厘沢海岸

夏はアユ釣りで有名な厚沢部川河口の右岸に位置し、道南日本海でも早場として知られるのが五厘沢海岸。厚沢部川の流れ込みまでエントリーできるルートはなく、その区間は距離にして約2km。河口規制が入るのは8月20日からで、海サクラねらいに支障はなく、ラン&ガンした分だけ期待感が高まるポイントだ。

車は墓地近くの駐車スペースに停める。近くに小さな川が流れ込み、左岸の風車前は根がある。この辺りに海サクラが溜まりやすい。全

後志利別川～太櫓川河口のサーフ。両河川とも4月1日から河口規制が入るとはいえ、規制外のエリアでも釣果は期待できる

道の駅『てっくいランド大成』前のサーフ。サンドバーに立ち込んでねらうのは、このポイントならでは。飛距離がカギを握る

体的に水深の浅いサーフで、ジグは30g前後を使用する。

●かもめ島

もう1つ、忘れてならないのが、周囲2・6㎞のかもめ島。2024年は大挙して押し寄せたイワシを追い、厳寒期から海サクラが接岸。巨大な磯場ゆえに魚が居付きやすく、長期にわたって広範囲で好釣果が伝えられた。しかし、たくさんのアングラーが駆けつけた結果、釣った魚の内臓やゴミを捨てる行為が問題となり、冬季に行なわれる天然岩ノリ漁への影響も指摘されている。この釣り場に限ったことではないが、今一度、マナーを見直したい。

【上ノ国町】小場所も見逃せない

●大崎〜寅ノ沢川

メインとなるポイントは寅ノ沢海岸。檜山管内は遠浅のサーフが目立つなか、足もとから水深があるのが一番の特徴。大崎の左岸は根が多いが、寅ノ沢川河口域は少なめ。両者の中間に位置する沢の流れ込みも有望で、ラン&ガンするのが楽しくなる。

ただし、水深が深いだけに離岸流は発生しにくい。トリの動きや潮目を見ながら斜めにキャストを繰り返してねらうとよい。大崎から左岸の大安在川河口までは約3・5㎞。沖めから波打ち際まで、ヒットゾーンは広い。ジグは30〜40gが適している。

●汐吹〜長内川

南下するとサーフ、ゴロタ場、ガケ下といった変化に富んだポイントが続く。駐車スペースに困らないのは、汐吹地区と長内川河口周辺。長内川河口から羽根差に向かって釣り歩くと、全域に根が多いのが分かる。ここは海サクラのほか、良型の海アメもねらえる。根掛かりしやすく、ルアーはジグミノーやミノーが好適。さらに北上すると沢の流れ込みがいくつかあり、バラ根混じりの好スポットが見られる。

せたな、江差、上ノ国町、いずれもラン&ガンするたびに新しい発見のあるポイントばかり。サーフ、ゴロタ場、磯と、釣り場のシチュエーションも多彩で、いつ訪れても飽きることがないだろう。

五厘沢海岸の風車前に並ぶアングラー。釣り人が少なければ、斜めにキャストしながらラン&ガンすると効率よく探れるだろう

寅ノ沢海岸。写真のポイントは右岸で、根が点在している。一帯は檜山管内でも随一の水深のあるサーフ。手前でもヒットする

長内川河口の右岸。小ワンドが連続する根の多いエリアで、ジグミノーやミノーが好適。大型の海アメもロッドを絞る

「かもめ島」の全景。2024年シーズンは好釣果に沸き、一躍冬の人気ポイントになったが、釣り人のマナーが問題視されている

抜群のアピール、カラー長持ち
HIT MAN

水深や足場の高低にかかわらず、海サクラ&海アメねらいでオールマイティーに使えるのはジグだろう。誰でも容易に遠くへ飛ばせ、カウントダウンにより表層から底層まで、あらゆるレンジを探れる。昔も今もジグの愛用者が多いのは当然といえる。

『HIT MAN』はボディー側面全体に溝を施す「グルーブ加工」を採用した個性派ジグ。溝の効果で水噛みがよくなり、リトリーブスピードを問わずハイピッチのウオブンロールアクションでアピールする。その仕様からフラッシング効果も高く、遠くにいるターゲットも引き寄せてくれそうだ。動きと外観、どちらでも強烈な存在感を放つ。また構造上、凹面の塗装が剥がれにくく、長期にわたって輝きを維持するのもうれしい。

ウエイトは35gのみの設定。釣り場では30gだと軽く、40gだと重いと感じることもある。その中間をとったウエイトだけに、パイロットルアーとしても適している。市販時は、強度の高いオリジナルのスイミングフックを前後に1本ずつ装着。海サクラをタダ巻きでねらうならヘッド部のフックを外したり、フッキング重視でテール部に2本付けるのもアリ。なお、このフックはスレッド部に収縮チューブを被せており、プライヤーで魚を外す際にも傷付けにくく、耐久性が高いのも魅力だ。

後方重心でサイズは約80㎜。空気抵抗が少なく、軽くキャストしても飛距離を出しやすい。従来の7色のほか、ニューカラー3色がラインナップ。あらゆるベイトフィッシュをイメージさせるオールシルバー、潮が濁っているときに威力を発揮するピンクヘッドライム、朝夕のマヅメ時に欠かせないピンクゴールドグロー。各色を使い分け、ヒットを量産しよう。

●フジワラ

【檜山】

【渡島】

聖地と海峡に銀鱗を追う

海桜の見頃は5月中旬まで

対岸に青森県が控える津軽海峡は近年、船のサクラマスジギングが盛り上がるが、ショアの有望ポイントも多数ある。黎明期から釣行を重ねてきたベテランが、海サクラフィーバーの起点となった八雲町熊石のフィールドを振り返りつつ、津軽海峡側を中心に渡島エリアを詳解。

文＝齊藤淳一（函館市）
Text by Jyunichi Saito

最初の出会いは熊石

私がはじめてショアからサクラマスを釣りあげた日から、早35年以上が経過しようとしている。場所は旧熊石町（現八雲町）の見市川河口左岸から泊川河口にかけて連なる広大なサーフだった。通称「鮎川海岸」と呼ばれるこのポイントは数年前まで、春になると地元の方々のみならず、全道各地から釣り人が訪れていた。なかには65㎝／4㎏オーバー、はたまた5㎏近い魚体を手にするラッキーなアングラーもいた。

ところが、鮎川海岸のフィーバーを支えてきた見市川におけるサクラマススモルト放流事業の終了などに伴い、フィールド事情は変わってきた。周辺の平磯を含む同海域への大型サクラマスの回遊が目に見えて減少したのだ。アングラーもフィーバー時と比較すると本当に少なくなった。

私が35年以上前に釣ったのは大型の個体ではなく、35～40㎝の〝小ザクラ〟と呼ばれるサイズがほとんど。最初から小ザクラをねらっていたわけではなく、サクラマスを上回るサイズのネイティブ、アメマスのうれしい〝外道〟という存在だった。

小ザクラがたまにヒットする時代になると、すでに早春から春本番にかけ

4月、次男の遼が釣った良型。函館市内の磯で、サミーズ『ファット』35gの赤金でキャッチ

雪景色の頃から海サクラが釣れ始める函館市内。半年近くもの間、シーズンは続く

て搾餌や母川回帰のため沿岸を回遊する大型サクラマスをルアー、フライでねらう人が見られた。とはいえ、その数は昨今と比較すると、ごくわずか。少数のマニアック（失礼……）なアングラーだけが、ひっそりと華麗で眩しい魚体との出会いを楽しんでいた。海サクラをターゲットにするスタイルが定着したのは、ここ20年と少しくらいだろう。

それ以前にポピュラーな魚種だった海アメは、冬季から早春に沿岸域を広く回遊し、ルアー・フライでよく釣れていた。が、海サクラがブームになると存在感が薄くなったのは否めない。現在、津軽海峡で海アメと遭遇するのはけっこうレア。

この背景には冬季からイワシ類が大量接岸し、早くから海サクラの釣果が聞かれ、海アメシーズンと重なることがあるのかもしれない。

つい前置きが長くなってしまったが、こうした起源発祥を経て、地形や気候など各地域の特徴に合わせて海サクラはポピュラーとなった。

好釣の陰で課題も……

道南エリアと一口にいっても範囲は広い。地域によって釣期や実績ポイントに若干の違いが生じるのは、ある程度キャリアを重ねた方ならご存じのはず。前述したように、道南の海岸で海サクラを専門にねらう人が現われたのは20数年前。各ポイントに万べんなくアングラーが見られるようになってから、同じ鮭鱒属の一大ターゲットであるサケ（シロザケ）に比べると、それほ

5月、函館市東部の船揚場で釣った一尾を持った筆者。ダイワ『ショアラインシャイナーZ セットアッパー125S-DR』のキビナゴにて

桜が満開だった4月の福島町。この頃は海サクラも大輪が期待できる

ど長い時間は経っていない。

しかし昨今、SNSの急速な発達により、道南エリアのどこかで「サクラマス好漁」という情報が流れると、翌日そのポイントには函館ナンバーだけでなく、道央圏など全道各地のナンバーを付けた車が数多く停まる。そのよし悪しは別にして、20数年前と比較し、情報取得という観点で見れば格段に進歩したのは明らかだ。

道南における海サクラのポイントは、せたな町から松前町まで南北に広がる【日本海エリア】、松前町白神岬から函館市恵山岬を東西に貫き、海を挟んで青森県と向き合う【津軽海峡エリア】、函館市椴法華地区から順次沿岸を北上し、鹿部町、森町、八雲町を経て長万部町に至る【噴火湾エリア】の大きく3つに分けることができる。次から現在私が在住する津軽海峡エリアを中心に紹介したい。

シーズンの流れ

津軽海峡エリアは江差町や上ノ国町など檜山管内とほぼ同じく、12月下旬のクリスマス前後にシーズン最初の海サクラを見ることが多い。しかしながら2023年に関しては、旧函館市内の規模の小さな漁港や、大森浜などのサーフで12月10日前後から、小型ながらも釣果があった。これは筆者の知る限り、当エリアにおける最も早い海サクラの接岸時期だと思う。要因は種々推測できるが、2月に日本海エリアで十数年ぶりの小ザクラフィーバーをもたらしたカタクチイワシの大量発生、および回遊が関係しているのは間違いないだろう。

例年カタクチイワシなどのベイトが少なくなる2月、一旦魚影は少なくなり、あまり釣果は聞かれなくなる。この状態は3月初旬まで続くが、旧函館市内はここ数年、3月下旬の春分の日あたりから、船釣りのターゲットとして沖合を回遊していた魚群が徐々に接岸。磯場やサーフで釣果が聞かれることが増えている。このスタートは津軽海峡エリア西側に位置する福島町や知内町、木古内町もほぼ同じ。サーフ、ゴロタ場、磯、堤防などから大型の情報も届く。

北海道最南端を示す白神岬の碑。本州最北端の下北半島大間崎まで約15km。当記事ではここから東側、函館市東端までを紹介している

4月は津軽海峡エリアにおける海サクラのハイシーズンで、数、型とも最も期待が持てる。この状況は桜の開花時期を経て5月中旬まで継続するものの、中旬を過ぎると徐々に、そしてゆっくりと沿岸を回遊する魚が減ってくる。と同時に、接岸して時間の経った魚はナーバスになり、ヒットへのハードルが上がっていく。

6月も姿を見ることはできるものの、中旬以降は回帰河川の河口近くなどに限定される。7月に入り水温が上昇するとブリ（イナダ）が来遊し、入れ替わるように釣期が終わるのが例年のパターンだ。

津軽海峡エリアは渡島半島南部の函館市を中心とするなら、西側に延びた松前半島と東側に延びた亀田半島が津軽海峡に面した海岸に広がっている。東西で若干のズレはあるとはいえ、基本的に釣期にそれほど大きな差は生じない。私が本格的に海サクラフィッシングをはじめる以前、海アメねらいで釣行していた時代からの経験もふまえ、西側から順を追って綴っていこう。

各エリアの概要

●松前町～福島町

まずは日本海エリアとの境界に近い、松前町白神岬から福島町松浦にかけての磯場やゴロタ場について。中央部の函館市周辺と同様、年末から海アメやホッケに混じって小ザクラが釣れる。3月末から4月

4月、函館港内でキャッチした1尾。アムズデザイン『アイマ 魚道110MD』のカタクチを食ってきた

5月、知内町のサーフでヒット。シマノ『カーディフ ウインドリップ95S』のグリーンバックレッドベリー稚魚にて

1月、函館市のメジャーポイント、大森浜で釣った小ザクラ。ルアーは『トトジグ』32gのピンクシェル

福島町の松浦展望台下に広がる磯場。この一帯で早くから開拓が進んだ海サクラポイントの1つ

福島漁港から岩部の間の道路沿いには魅力的な磯場やゴロタ場が点在する。ただし、駐車スペースは少ない

知内町のイカリカイ公園下の磯。常にアングラーが見られるほど人気のある場所。周辺の磯もチャンスがある

上旬は、他エリアと同じように大型も望める。

さらに東へ進んで吉岡、白府、福島、浦和、岩部と続く各漁港の防波堤も回遊しだいで釣果が見込める。また、各漁港間に隣接する磯場も好ポイントで、とくに福島漁港から岩部漁港に向かう間の各磯は大型を含めて実績がある。

ただし、どのエリアにもいえることだが、磯場で立つことのできる人数、そして駐車スペースは限られている。先行者がいる状況での無理なアプローチは事故、トラブルの原因になるので気をつけたい。

●知内町

海岸部を車で進むコースは一旦終わり、山を越えて東進すると知内町に入る。ここも西側から順を追うと、岩部を越えた次のアクセス可能なポイントとして、矢越岬に向かう小谷石海岸が挙げられる。盛期は回遊が多く大型も期待できるが、すぐ裏に急峻な山が迫っている地形ゆえ、このエリアはズバリ……ヒグマの生息地。自らの命を守るため、爆竹を適切に活用するなどの自衛策が求められる。岩部海岸なども同様の条件と考えて行動したい。

小谷石漁港から東に進むと、すぐにイカリカイ展望台駐車場下に広がる磯がある。海況さえよければ絶えずアングラーが見られ、釣果も上がっている。さらに東進して涌元漁港までの各岬や、岬と岬の間のゴロタ場も好ポイントを形成している。各岬や磯場は盛期入りすると、早朝からアングラーがロッドを振っていて、なかなか入るチャンスを得るのは難しい。が、普段アングラーが見られない場所でも案外、海サクラは回遊している。ぜひ、トライしてみてほしい。

●木古内町～北斗市

涌元漁港を境に、磯場やゴロタ場は一旦終わりを告げ、今度は各漁港や堤防、各港や河川の間に連なる広大なサーフ、サーフ沿岸に投入された消波ブロック帯がポイントになる。私は20年ほど前、日本海エリアと並んでこのエリアへの釣行が多く、当時65cm／4kgオーバーを手にした思い出深いポイントの1つ。近年、釣行回数は減ったものの、以前に比べアングラーは倍増した。

高速道路の入り口となっている木古内の大平地区辺りまでのサーフは、回遊しだいでどこということなく海サクラに遭遇するチャンスはあると感じる。自分の目と脚を頼りに魚を探してほしい。

高速道路が開通したおかげで、木古内から半島中央部の函館・北斗・七飯にアクセスする時間は大幅に短縮された。それでも高速道路開通前の主要道路、海岸に沿って走る国道沿いの茂辺地矢不来までの区間は、今も海アメ混じりで海サクラがねらえることに変わりはない。

このエリアは秋、海サクラがポピュラーになる遥か以前からサケ釣りが盛ん。とくに茂辺地川河口両岸は有名だ。

ちなみに、茂辺地のサケ釣りは昔から遠浅の平盤に腰まで入り、ファイトをダイレクトに堪能する「立ち込み」スタイルが最大の特徴。右岸側に漁港が拡張して造られ、右岸の立ち込みポイントは少なくなったが、左岸では依然として40年以上前のスタイルが継続されている。秋にサケが釣れるポイントには海サクラも回遊するが、相応の準備と装備が必要になることを付け加えておきたい。

●函館市

さらに東進すると函館湾。ベイトの回遊に左右されるものの、ここも時期になると海サクラが接岸する。十数年前、北斗市の自宅からほど近い堤防で、連日大型の海サクラ、海アメのヒットに恵まれたのはよい思い出。昨今は当時ほどの回遊は見られないようだが、今もベイトしだいでチャンスはあるはず。旧函館市内の各埠頭や漁港防波堤、これらに隣接する磯も同じことがいえる。

3月末から4月上旬～中旬のハイシーズンは、各実績ポイントのいずれかで海サクラに出会えると思っている。函館市を中心とする渡島中央エリアに在住するアングラーにとって、自宅からほど近い場所で、あの美しい魚体が釣れるのはとてもありがたく幸せなこと。今後もトライしやすい状況が続くのを願うばかりだ。

函館湾から東側、俗に言う「下

海岸」に向かう国道に沿った各海岸や漁港防波堤も近年、盛期は必ず釣果が聞かれる。釣期およびポイントの目安として、沿岸から近い沖で、漁船がサクラマスをターゲットに通称「ヘラ曳き」を行なっていれば、どこでも可能性があると考えてよいだろう。

当エリアの釣期は比較的長く、3月末から6月初旬まで。終盤のヒットがほぼ見られなくなるタイミングで、入れ替わるようにハシリのブリ(イナダ)が釣れだすのもこの界隈ならではだ。

旧戸井町、旧恵山町に続く各河川に隣接するサーフや磯、シャローでも、時期になると盛んにジャンプを繰り返すサクラマスを目の当たりにする。ただし、このエリアの河口には規制が入っている場合がある。事前に必ず確認したい。

日本海エリアと隣接する津軽海峡エリア西部から順に釣期、ポイントなどを紹介したが、旧恵山町の各磯やサーフも比較的遅い時期まで海サクラの回遊が見られる。旧恵山町御崎地区が津軽海峡エリアの東端。このエリアと北側で隣接する旧椴法華村は、地域的には噴火湾エリアに含まれるが、旧恵山町と隣り合っていることもあり、同じような時期、ポイントでサクラマスの跳ねを見ることが多い。

秋、道南におけるサケ釣りのメッカとして有名な茂辺地川河口。春は海サクラねらいのアングラーでにぎわう

木古内町のサーフはシーズンになると大勢のアングラーが並ぶ。河口域や離岸流を探すのが釣果への近道

早い年は12月中旬から釣果情報が聞かれる大森浜。函館市街から近くても侮れないポイントだ

渡島エリア今昔

最後に、道南で海サクラマスフィッシングが確立された25年ほど前と比較し、若干変化している部分があるので補足しておきたい。

最初でも触れたが道南、いや全道における海サクラ釣りの聖地として知られ、アングラーがサーフを埋め尽くし、盛期には連日3桁に迫る釣果のあった熊石地区の鮎川海岸。ここ数年急激にサクラマスの来遊が減少し、それに伴いアングラーの姿も減っているのは冒頭で書いたとおり。そんななか2023年、隣接する通称「(鮎川)平盤」が盛期入りすると、勢いよくジャンプを繰り返すサクラマスが見られた。ある程度波をかぶる状況を前に、大型を求めてアングラーが駐車場に集結。3kgを超える魚体を複数尾持っている人もいた。しかしながら、平盤もかつてほど魚群は厚くない。隣の平田内川河口、それに続く熊石漁港までのゴロタ場でもソコソコ釣果は上がっていたが、やはり往事の面影には及ばないようだ。

津軽海峡エリアの話題に戻ると、急激にアングラーが増えたことが挙げられる。20年ほど前によく通った知内〜木古内町のサーフ、サーフに設置された消波ブロック帯、小堤防、小河川河口では、私がお邪魔するようになる以前から、ごく少数の地元アングラーが海アメやアイナメ混じりで海サクラとの豪快なファイトを楽しんでいた。

その後、SNSの発達に伴い、訪れるアングラーが増えた結果、新たなポイントなどの発見につながり、現在のような状況になったのは間違いない。ただし、これだけ人が増えると、かつて「穴場」として地元の方々を中心に、ある程度ゆとりをもってトライすることができたポイントにも、絶えずアングラーがいるのが現実。これが黎明期との大きな違いだと感じる。しかし、そんな状況でも人のいない場所を探してみてはいかがだろうか。

常識ある行動を

今は釣り方やポイントなどはSNSや各種印刷物を通じ、さまざまな情報が瞬時に届けられる。我々がかつて試行錯誤しながら妖艶で美しい海サクラとの出会いに一喜一憂していた時代に比べ、最初の一尾を手にするハードルは確実に下がったと思われる。

しかし、アングラーが増えたことで、漁獲量の大幅な減少が全道各地で問題になっているサケ釣りと同様、諸問題の発生からポイントの減少が危惧される段階に入ってきた。道南、とくに一世紀以上昔から、水産界との密接な関係により産業や社会を成立させてきた函館市および近郊では、ますますプレッシャーが高まる釣り場において、どのように釣りを楽しむかということが課題になっている。

ポイントやタックル、釣り方は確立し、成熟期に入ってきた。今後も海サクラフィッシングを永続的にエンジョイできるよう、今一度マナーを含む基本事項を確認し、自分なりのスタイルを追求したい。

仲間はもちろん、周りのアングラーとの情報交換も釣果を伸ばすコツ。挨拶も兼ねてフィールドでは積極的に話しかけたい

【釣り場の戦略】どこに立ち、どう誘う?

サーフ・磯・ゴロタ場

文＝荒道俊（札幌市）
Text by Michitoshi Ara
Photo by Takanori Nakagawa

海サクラ&海アメのポイントはサーフ、磯場、ゴロタ場と、大きく3つに分けられる。それぞれのシチュエーション別に立つ位置、キャスト方向、そして誘い方を名手がレクチャー。

まずは変化を探すことから

●サーフ

広大なサーフは一見、どこも同じように感じてしまうかもしれないが、必ず何かしらの「変化」はあるものだ。まずは「変化」を探すことから釣りを始めよう。

❶足もと：砂浜の中に一部だけ砂利が打ち上げられている場所や、砂浜の盛り上がりがほかよりも急な場所がある。その背景にあるのは水流の変化で、魚が回遊しやすい条件を示している。暗いうちからでも見つけられる有望ポイントの一つだ。

❷ワンド：サーフは一直線ではなく、大小さまざまな規模のワンドが連続して形成されていることがほとんど。たとえば規模の大きなワンドや、人のいない状況であれば、ワンド中央だけでなく左右からもキャストしてみたい。魚に対してルアーを見せる角度を変えるとヒットに結びつくことがよくある。この場合も、やはり水流の変化のある場所を探るとなおよい。

❸離岸流：大規模なワンドの中央付近にできやすい岸から沖に払い出す流れをいう。ベイトが離岸流に流されたり進行を阻害されるため、それをねらう海サクラ

サーフでは砂が周りより盛り上がっている場所、一部だけ砂利が溜っている場所に注目したい。そんなところは流れの変化があって有望だ

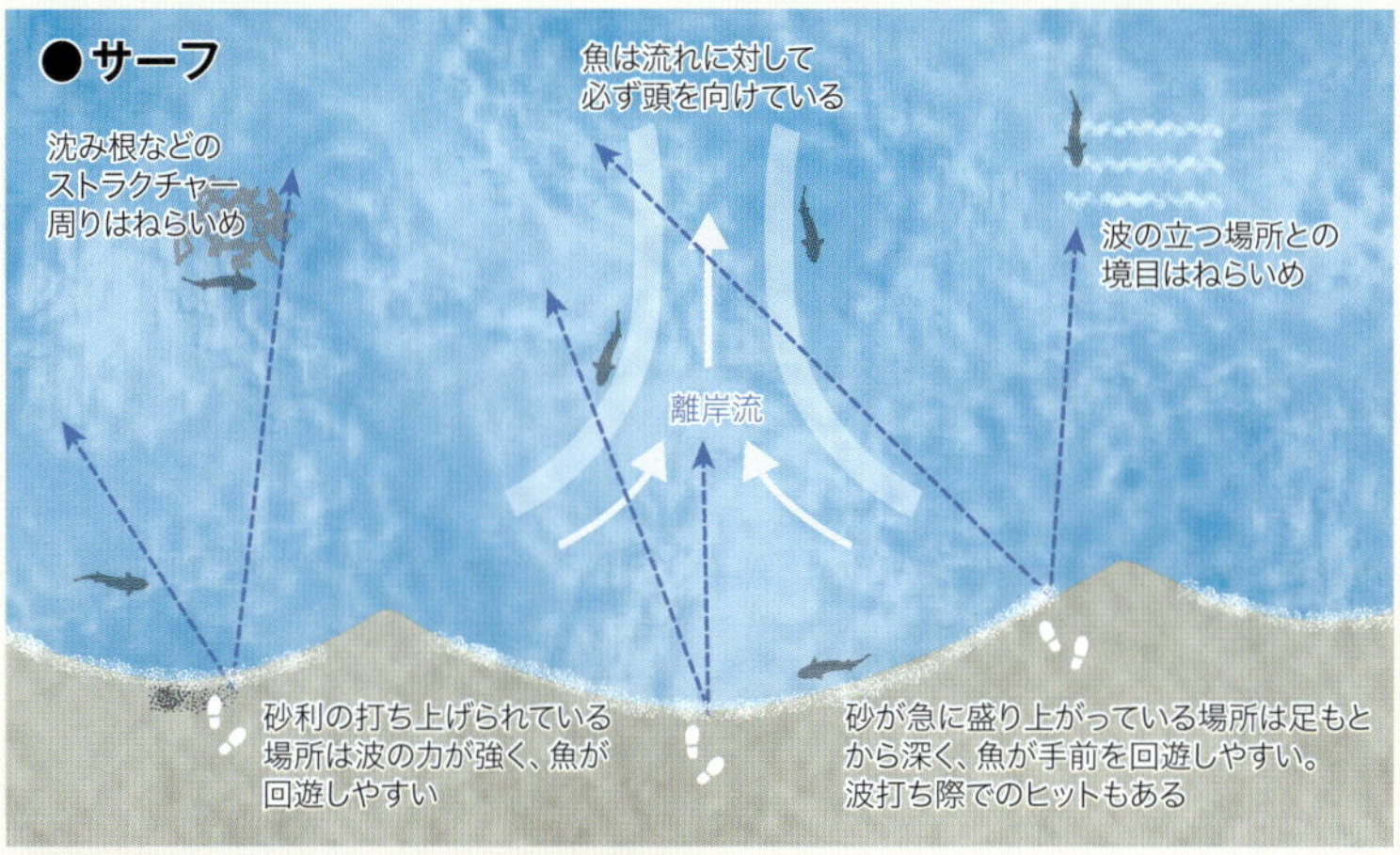
●サーフ
魚は流れに対して必ず頭を向けている
沈み根などのストラクチャー周りはねらいめ
波の立つ場所との境目はねらいめ
離岸流
砂利の打ち上げられている場所は波の力が強く、魚が回遊しやすい
砂が急に盛り上がっている場所は足もとから深く、魚が手前を回遊しやすい。波打ち際でのヒットもある

《サーフのヒット例》
サーフから50mほど沖にある岩礁に潮流がぶつかり、潮目が複雑に変化していたポイントで。立ち位置を変えながら丹念に探ると、最終的には複雑な潮目を何度も通るような45度くらいのキャスト方向でヒット。10人ほどいたアングラーが誰も釣れていないなか、小型ながらうれしい一尾だった
●ルアー：サミーズ『PHAT』45g

島牧ポイント解説❶ 中の川河口海岸

《特徴》
左側にコベチャナイ川、右側にワッカナイ川、歌島川が流れ込んでいる全長約2kmのサーフで、中の川はほぼ中間に位置する。国道に架かる橋のすぐ脇に数台停められる駐車スペースがありアクセスは容易

《攻略法》
中の川河口正面や、左岸のコベチャナイ川河口との中間にある大きめのワンドが人気。離岸流が見られるときはチャンス大！　離岸流の脇を丁寧に探りたい。また、朝イチや満潮時、ワンドとワンドの間の浅場にも回遊する。移動しながら撃つのも有効な手段

島牧ポイント解説❷
ワッカナイ川河口海岸

《特徴》
河口の目の前に大きな岩が飛び出している。右岸は根が点在するゴロタ場、左岸はワンドの連続するサーフ。中の川河口海岸へとつながる

《攻略法》
河口正面に見える岩の左右だけでなく、裏にも魚が付いていることが多い。斜めにキャストし、岩の裏にもルアーをとおしてみてほしい。また、右岸ゴロタ場の境目にある根にも魚は付く。左岸の波立つ浅い場所、波の立たない深い場所との境目は潮流が発生しやすく魚が溜まりやすい。いろいろな角度からキャストすると好釣果を得られるだろう

島牧ポイント解説❸
江ノ島海岸(通称:赤灯)

《特徴》
赤い灯台があるわけではなく、以前、道路に赤い回転灯があったことから「赤灯」と呼ばれている。右側は沖に人エリーフの沈んでいる通称「18番」、左側は「レストハウス前」と好ポイントが続く海アメのメッカ。海サクラの実績も高い。18番にはトイレのある駐車場が整備され、アクセスは非常に良好

《攻略法》
18番から道路側、盛土のある辺りまで手前に根が点在しているが、背後に道路まで見える位置まで行くと根掛かりは少なくなる。右側1.5kmほどに泊川、左側は1kmほどに千走川が流れ込み、全域がポイント。波の立つ場所と立たない場所、潮目のできる場所など変化のあるスポットを重点的にねらいたい

や海アメも付きやすい。

大きな離岸流であれば目視で分かるが、ルアーを通さないと判別しにくいこともある。この場合、前出のワンド攻略で述べたように流れを探って見つけたい。なお、表層の速巻きだけだと流れを強引に横切ってしまうだけで判断しにくい。ときにはゆっくり巻いて流れの変化を感じることが大切だ。

また、離岸流に対して正面に立つのではなく、左右どちらかにズレて離岸流を横切るようにルアーをとおすとよいだろう。

苦手な人が多いなら……
●ゴロタ場

大きな石や根が点在するエリアをいう。サクラマスは石や根の隙間を回遊したり、居付いていたりする。どうしても根掛かりしやすく、スルーするアングラーが多く見受けられる場所。だからこそ"サオ抜け"になりやすく、プレッシャーは低め。状況しだいでかなりホットといえる。

ただし、闇雲にルアーを投げると根掛かりしてロストするだけ。基本的に水深は浅いので表層に的を絞り、いろいろなコースをとおしたい。それで反応がなければ、重めのルアーでより遠投し、少し下のレンジを引くなど順を追って攻略するのがベター。ジグやジグミノー向きのポイントだ。

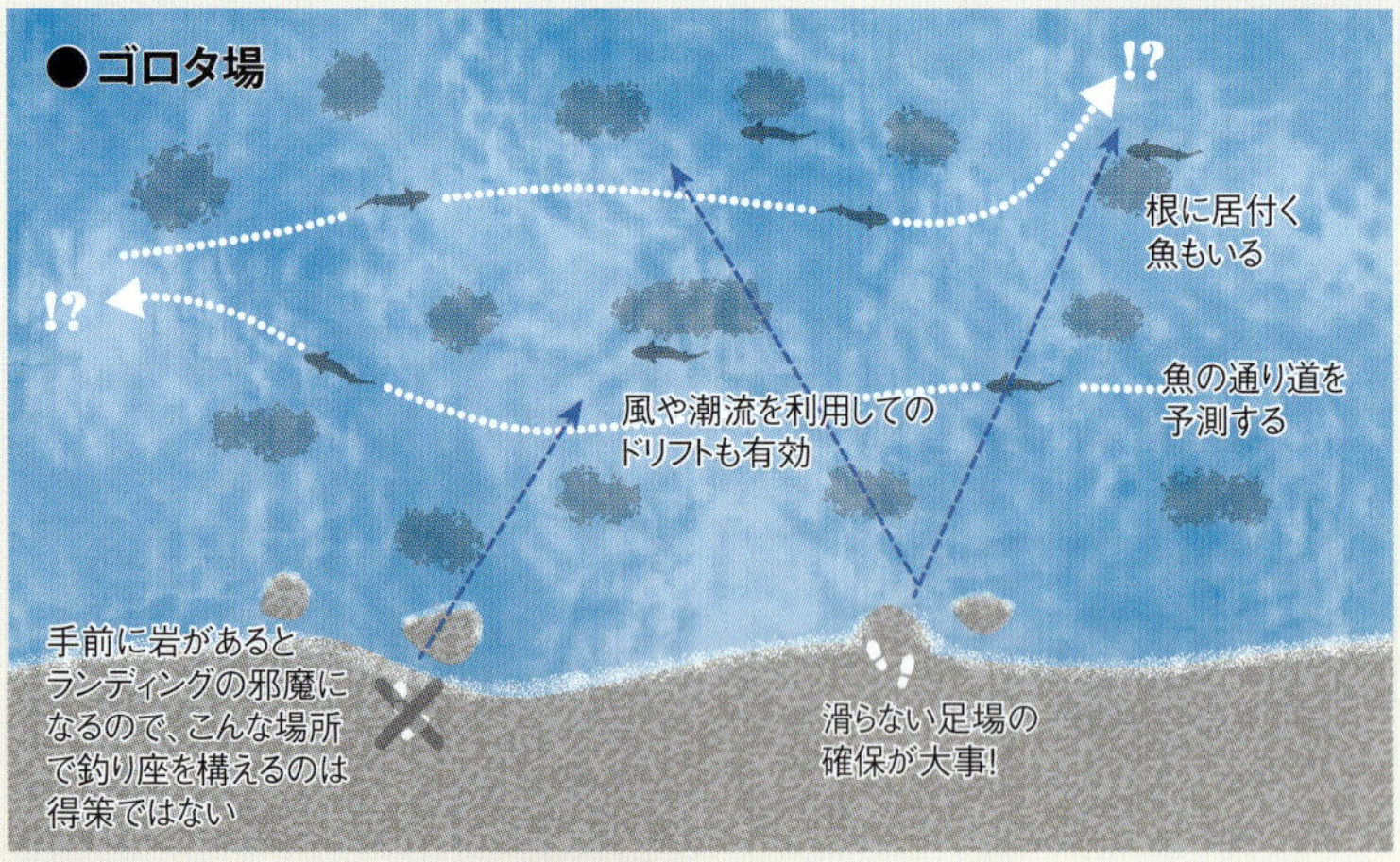
●ゴロタ場
!?
!?
根に居付く魚もいる
魚の通り道を予測する
風や潮流を利用してのドリフトも有効
手前に岩があるとランディングの邪魔になるので、こんな場所で釣り座を構えるのは得策ではない
滑らない足場の確保が大事!

とにかくゴロタ場は滑りやすい。足場が不安定なところでは絶対にキャストしないこと

実釣は安全を確認してから
●磯場

地形による水流の変化、根や岩礁の存在、これらによるベイトの溜まりやすさなど、さまざまな要素が複雑に絡み合う。小規模な水深のあまりない磯でも、海サクラねらいでは1級ポイントになりうる。情報だけにとらわれず、人がいなくても積極的にアプローチすることをすすめたい。

磯に着いたらすぐにでもキャストしたいところだが、まずは安全の確保から始めよう。いきなり磯際(水際)に立たず、海を広く見渡して急に大きな波が来ないかを観察。大丈夫と判断したら安全な立ち位置に釣り座を構え、魚が掛かってからあわてないようランディングポイント(魚を取り込む場所)も決めておく。

周辺にサクラマスのウロコが落ちていれば直近に釣れた証拠。タイドプール(磯溜まり)や磯際をのぞけばエサとなるベイトを見つけられることもある。また、沖に目を向けてトリの動きや潮目などから、ねらうべきスポットに目星をつけたい。

磯場に限ったことではないが、キャスト後は潮流の向きを注視したい。おおまかに左右どちらかに流れがある

島牧ポイント解説❹
歌島川河口海岸

《特徴》
歌島川河口正面のワンドもよいが、歌島川とワッカナイ川河口の中間にあるゴロタ場も魚の通り道になっている。ただし、ゴロタの石は海藻が付着して滑りやすく要注意!

《攻略法》
水門のある河口正面のワンドは、いろいろな位置からキャストするとよい。左岸のゴロタ場との境目は遠浅の砂地。ある程度はウエーディングして入って行けるため、沖めをねらうのもおすすめ。さらに左側、写真のゴロタ場は根が点在して釣りにくい面もあるが、根の隙間は魚の通り道。丁寧にルアーを通したい。遠投でのヒットが多いが、手前でもくる。足もとまでしっかり探りたい

だろうが、魚はほとんどの場合、潮上に頭を向けている。潮流の向きから魚に対してルアーをどう見せるかを意識しよう。なお、別項では島牧村のポイントをいくつか取り上げている。実釣時の参考にしてほしい。

　誤解を恐れずに言うと海サクラはどこにでもいる。キャストやレンジコントロールといった基本をおさえれば、釣ることはそれほど難しい魚ではない。だからこそ一大ブームとなって爆発的にアングラーが増えたのだと思う。私がこの釣りを始めた20年ほど前からみても、サクラマスは釣れやすくなったと感じる。

　その背景に先人たちのポイント開拓やタックルの進化もあるが、それだけでなくサケマス増殖事業により資源量（漁獲量）が増えていることも無視できない。ゆえにサケマス増殖事業に多くの出資をしている漁業者や、その地域に迷惑をかける行為は規制を増やし、釣り場を減らす行為だと声を大にして言いたい。「自由」であることと「自分勝手」は似て非なるもの。この釣りを末永く楽しむためにも節度を持って行動すべき。ライフジャケット&又紐の装着も忘れずに安全に楽しみたい。

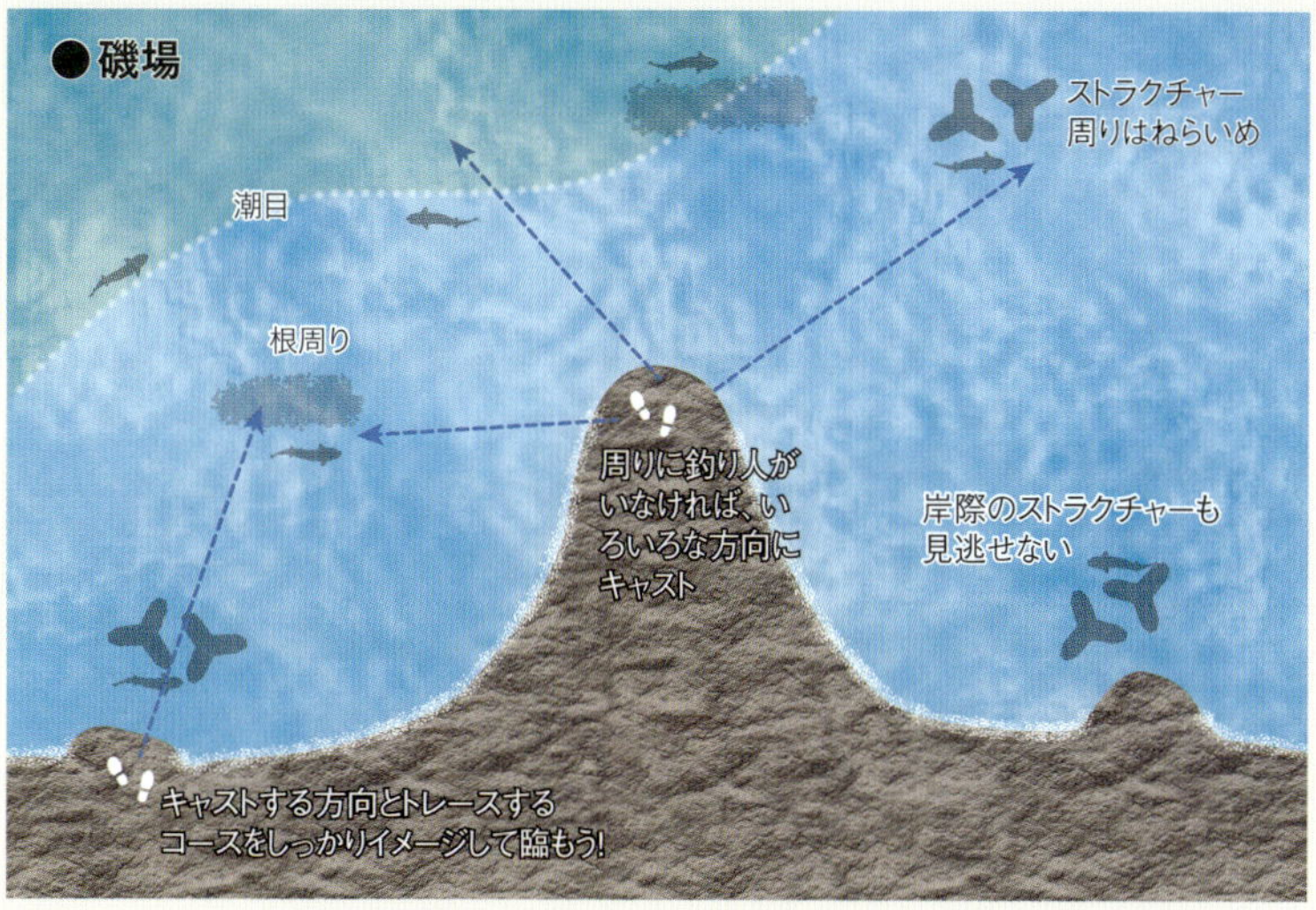
●磯場
ストラクチャー周りはねらいめ
潮目
根周り
周りに釣り人がいなければ、いろいろな方向にキャスト
岸際のストラクチャーも見逃せない
キャストする方向とトレースするコースをしっかりイメージして臨もう!

磯場では最も沖に突き出た水深の深い岬先端にアングラーが集まるが、浅い基部側でもアプローチしだいでチャンスは充分ある

《磯場のヒット例》
朝マヅメに『PHAT』35gと『サーフトリップ』30gで2尾キャッチしたが、この日はスローな動きが有効で、日が高くなるにつれ、その傾向はさらに顕著となった。ただ、ジグだとスローでは根掛かりしてしまい、ジグミノーにチェンジしてゲットした
●ルアー：シマノ『カーディフ ウインドリップ95S』

《磯場のヒット例》
磯の中間部付近からアプローチし、真横と基部方向で2ヒット。かなり潮が利いている状況下、サミーズ『PHAT』はアタリがあるものの乗らず、「フックが動きすぎてフッキングしないのでは?」と考え、このルアーに替えると思惑通りの結果を得られた
●ルアー：サミーズ『サーフトリップ』40g

海鱒の超定番 岡ジグ＆フック開発秘話

2005年の『AT-30』を皮切りに
人気の『LT』シリーズや専用フックと
約20年もの間、さまざまなアイテムを
リリースしてきた岡クラフト。
ここでは、代表の岡貞光さんに
とくに人気がある商品の開発エピソード、
使い方のコツなどを聞いた。

全道で使いやすい 岡ジグLINE UP

2005年

AT-30（80㎜30g）

2010年

LT-30（93㎜30g）

2011年

LT-35（95㎜35g）

2018年
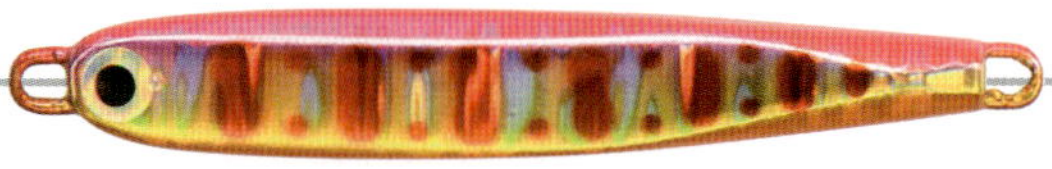
ATラビット23（63㎜23g）

2020年

LTラビット30（67㎜30g）

※写真は海サクラ＆海アメで多用されるモデルをピックアップ。このほか、2008年にAT-80（125㎜80g）とAT-40（100㎜40g）、2010年にLT-21（65㎜21g）、2011年にLT-12（50㎜12g）、2013年にLT-40（103㎜40g）とLT-50（105㎜50g）、2014年にソルトフラッパー（30g/35g）、2018年にLT-60（113㎜60g）をリリース

画期的な左右非対称ジグ【AT-30】

岡さんが岡クラフトを立ち上げ、初めてリリースしたジグは〝海サクラ専用〟とうたった『AT-30』。当時のショア用ジグとしては画期的な、左右非対称の形状が最大の特徴だ。

「実際にジグを使っていると、手もとに〝ブルンブルン〟と伝わるときや、逆に〝スーッ〟とくるときがある。でもサーフでは、その動きを確認することができない。そこでジグを試作しては港に行って動きを見る。そんなことを繰り返していたね」

2000年前後、自作ジグで挑戦していた海アメの時代を振り返りながら話す。

「何よりも遠投を第一に考えるので、バランスに関しては後方重心の一択。そこから形状を調整していくと、動きにどんな変化が出るのか？　そう思って上部を削ったり、あるいはふくらみをもたせたり、いろいろ試してきた。そのなかに片面を斜めに削った左右非対称のジグがあり、通常の後方重心タイプで釣れないときに効果を発揮した。非対称にすることにより、ジグの動きにイレギュラーなアクションが加わる。ちょっとしたロッドアクションの変化でも面白い動きが出る。フォール時はスパイラルアクションを発生するのもよかった。この頃、オフショア用はともかく、キャスティング用ジグで左右非対称はなかったと思う」

そうして2004年から、熊石などでテストを重ねて完成したのがAT-30。

「ちょうど海サクラが盛り上がり始めた頃で、ウエイトを30gに設定した。当時、40g以下のジグはあまり作ったことがなかったけど、重いと水深の浅いところでゆっくりと引けない。また、全長を長くするとテール下がりになりやすいのがネック。飛距離を出せて手前まで引けるということで30gに落ち

メーカーを立ち上げる当初、道南の各ポイントと釣具店を回ったという岡さん。「あの頃は何もかもが新鮮で楽しかった」と振り返る。それ以前は自作のジグを使い、島牧村の海アメ大会で入賞多数の実績を誇る。「アンジェリーナ」、「イボンヌ」、「ボッコジグ」と呼ばれるモデルはとくに活躍した

【LTとAT】

◎形状の違い

LT-30は一般的な後方重心タイプ（写真上）に対し、AT-30は背中側の片面をカットしてエッジを立て、テールを六角形にした左右非対称の形状が特徴だ（写真下）

◎泳ぎの質の違い

LTシリーズはゆったりしたローリングが入りながらウオブリングを発生。ダブルフラッシング仕様により、ローリング時のフラッシングが強い。ATはウオブリングのピッチがLTよりも大きい

着いた」

岡さんはAT-30に確かな手ごたえを感じていたが、当初、釣具店やユーザーからの反応は芳しくなかったという。

「"曲がっている"とか"形が歪んでいる"とか、そういう意見をよく聞いたね（笑）。あまり速く引くとバランスを崩すので、"クセがある"と言う人もいた。AT-30は低速で振り幅のピッチが大きいのが持ち味。自分のなかではジグミノーのように低速でウオブリングさせるイメージで作った」

オールラウンドに活躍すべく、サイズ（全長）にもこだわった。

「道南日本海では大きめのジグに反応がよいときがあって、これより短くすると食いが悪くなると感じる。80㎜ならどんな状況にも対応できる」

その後AT-30では、自身初となる4kgと5kg超えの海サクラをキャッチ。ちょうど各地でジグミノーが旋風を巻き起こしていた時期だが、AT-30は着実に実績を上げ、しだいに海アメから海サクラの岡ジグとして認知されるようになる。

フックとセットで開発【LT-30／35】

2007年から作り始めたのが『LT』シリーズ。30と35モデルは近年、海サクラの定番として全道で使われている。

「自分の経験上、海サクラはウオブリングの動きに反応がいい。スロー域に

【2025レギュラーカラー】

アピール系6色、ナチュラル系6色に分け、過去の実績カラーを中心にチョイスしている。LT-30/35にラインナップ

アピール系

アカキン
ピンク
ホロピンク
サケ稚魚アカキン
サケ稚魚ピンク
サケ稚魚PG

ナチュラル系

グリーンゴールド
グリーンピンク
オールベイト
ナチュラルベイト
サケ稚魚
赤ラメブラック

果てしなくサーフが続く、道北日本海でフルキャスト。道北は小型モデルが誕生するきっかけになったエリア

【2025限定カラー】

ホロピンクGPMはパーマークにグローを採用してマヅメ時の攻略に最適。グローチャートPPMは全体にグローを配し、よりアピール度が高い。ホロブラックGPMはパーマークに少しグローを入れ、日中でも濁っている状況で効く。LT-30/35にラインナップ

ホロピンクGPM

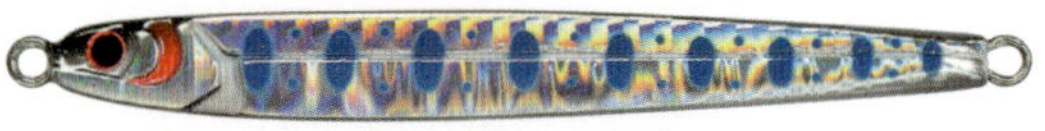

ホロブラックGPM

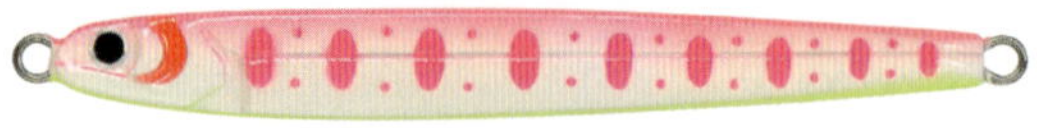

グローチャートPPM

対応するAT-30に対し、速めの速度でもウオブリングを出せるジグを作りたいと思って試作したのがLT。これは高速域でもバランスを崩さないよう、通常の後方重心に設定。また、以前からフックバランスでジグの動きが変わることに興味があって、オリジナルフックとセットで開発を進めた」

最初に着手したのは、AT-30より飛距離を伸ばすため、少し重たい35gモデル。ただ、この頃、道南のアングラーは1オンスクラスのロッドを使っている人が多かった。

「〝重い〟という声を聞いて、35gのボディー上下を削って30gにしてみた。でも、細身にすると動きを出すのが難しくて。結果的に回転を抑え、動きを出すのに35gモデルと違ったテーパーを採用した。30gモデルはフロント側の下部を斜めにカットしている。これで回転しにくくなり、泳ぎの姿勢が安定した」

そうしてリリースされたのがLT-30。翌年には同35も登場。LTシリーズに共通するのは、異なるタイプのホログラムを上下に貼り付けた、ダブルフラッシング・ホログラムシステムだ。

「想像でしかないけど、とくにジグが回転したとき、ダブルフラッシング仕様は効果があると思う。さらに凝った作りを目指し、頭部を彫り込んで赤いエラを入れた」

フックは今や海サクラの定番になったアジバリにいち早く着目。さらにシングルと段差、2タイプをリリースし

【岡クラフトフック】

オオアジバリを使ったフックを世に送り出したのは2010年。「掛けること」を重視すれば、その特性が最大限に活きる(写真左)。海サクラ&海アメの大型化が顕著になると、2023年に強度を追求した太軸のチヌバリタイプをリリース(写真右)。いずれもシングルと段差をラインナップ

新作のチヌバリタイプ。左から、シングルショートS、シングルロングS、シングルショートM、シングルロングM、ダブルS、ダブルMの6種類。シングルのみ、ショートとロング、ループ長の異なる2モデルをラインナップ。フックカラーはブラック1色

◎前作と新作の主な違い

- ループのカラー。新作はホワイト&ピンク
- ループは新作のほうが太く、強度が高い
- 前作はスレッドに銅線を巻き込んでいるが、新作は銅線なし(太軸で重量があり、銅線でバランスをとる必要がないため)

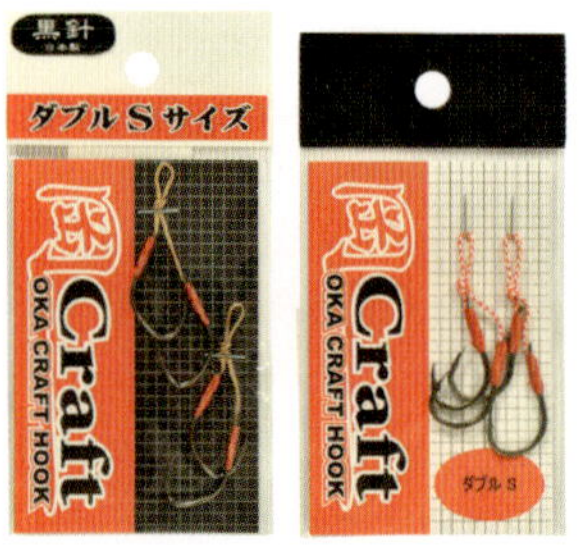

新旧パッケージ比較。左が前作、右が新作。なお、前作のラインナップはシングルS、シングルM、ダブルS、ダブルMの4種類。フックカラーはブラック、シルバー、レッドの3色

2023年4月、岡さんが釣った海サクラの最大魚5.3kg。場所は寿都町。ジグは『AT-30』ホロブラック、フックはオオアジタイプの段差Sサイズ

たのも、この頃としては斬新なアイデアだった。

「基本的に段差フックをセットすると、動きが安定してウオブリングがメインになる。シングルだとジグ本来の暴れた動きを伴う変化のあるアクションが加わる」

LT-30／35は道南に限らず、道北や道東でも愛用者を増やし、海サクラのヒットルアーとして誰もが知るところになった。その後はサケ稚魚パターンを意識した、小型モデルのLT-12／21をリリースした。

誰でも使いやすく【ATラビット23】

このジグはLT-21とほとんど同じ長さに設定されているが、動きは全く異なる。

「LT-21で釣果が上がり、小さいジグもけっこう使えると実感した。それで全長を決めたのだけど、LTがヒラヒラと動いてアピールにするのに対し、ATラビットはうるさいくらいブリブリ系のウオブリング。魚をいら立たせて食わせるイメージで作った」

小さいジグに傾倒したのは2010年以降、道北に遠征するようになったのが大きい。道北は遠浅の海岸が目立ち、岸近くまで魚を誘うにはより軽いジグが求められる。さらに遠浅のサーフは濁ると釣りにならず、追い風か無風、そしてベタナギが好条件。

「30gまでなくても充分釣りになることが分かった。終日30gを振り抜くのもけっこう大変だから、女性でも扱いやすいジグを目指し、このサイズと形状に行き着いた」

コンパクトジグの可能性【LTラビット30】

ATラビットの2年後、今度はLTラビットが登場。ATが23gと軽めだったので、LTは30gに設定した。

「ベイトがオオナゴ中心からイワシなどに変わってきたので、従来の細長い形状から幅広くしてみた。アクションはヒラヒラとしたウオブンロール」

全長はATラビットとそれほど変わらずにコンパクト。ショートタイプのジグは道東で好まれ、スプーン形状のソルトフラッパーを開発した経緯がある。スプーン形状はスイミングレンジを下げられる利点があったが、使っているうちにコンパクトなジグの可能性を感じ、両ラビットモデルの構想が生まれたという。

釣り人生の大半をジグに捧げたといってもよい岡さん。なぜ、これほどジグに魅せられるのだろうか。

「何といってもジグの楽しいところは、キャスト時に〝ガツン〟と芯が入ってルアーが飛んでいくところ。空気抵抗の大きいジグミノーやミノーだとこうはいかない。リリースのタイミングがしっかり合うと本当に気持ちよく飛んでいく。それが実に爽快で、ジグを使い続けている。あと、作る楽しさ。自分なりに綺麗なものに仕上げたいといつも思っている。満足いくものができて釣果にも結びつけば最高の気分。作って投げて釣る。この歳になっても飽きることがないね」

岡さんにとって、ダブルフラッシング・ホログラムシステムを採用し、オリジナルフックとともに開発を進めたLTシリーズは思い入れが深い

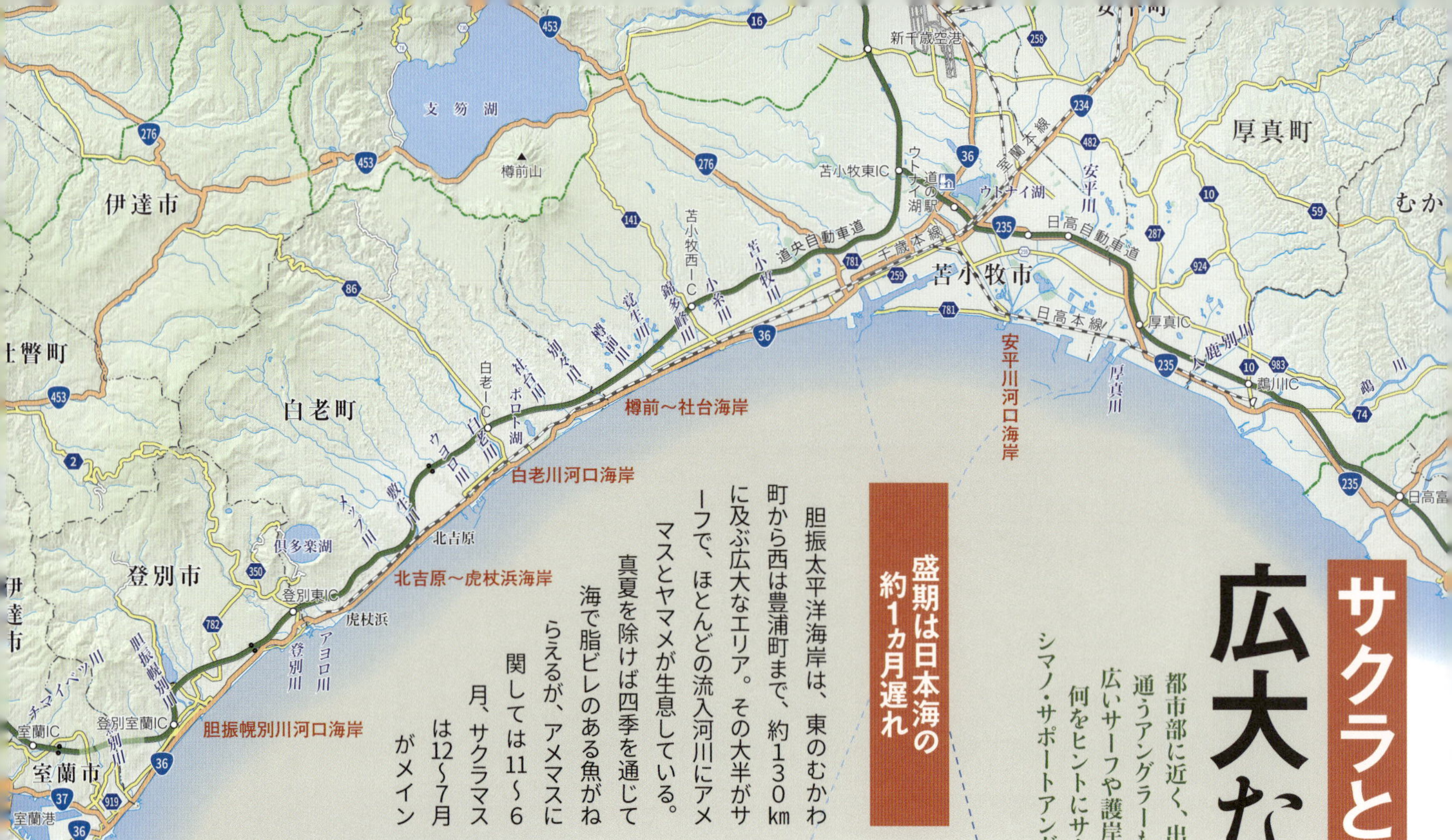

サクラとアメは縦横・緩急で釣り分け

広大なサーフを制する策戦

都市部に近く、出勤前後の朝夕に毎日のように通うアングラーも少なくない人気エリア・胆振。広いサーフや護岸がえんえんと続くポイントで、何をヒントにサクラマス、アメマスをねらうか。シマノ・サポートアングラーの矢野元基さんが解説。

写真・文＝矢野元基（苫小牧市）
Photo & Text by Motoki Yano

盛期は日本海の約1ヵ月遅れ

胆振太平洋海岸は、東のむかわ町から西は豊浦町まで、約130㎞に及ぶ広大なエリア。その大半がサーフで、ほとんどの流入河川にアメマスとヤマメが生息している。

真夏を除けば四季を通じて海で脂ビレのある魚がねらえるが、アメマスに関しては11～6月、サクラマスは12～7月がメインシーズン。冬季でも海水温の高い発電所排水のあるエリアは、例年11月頃からアメマスの便りが聞こえ、12月に入ると小型のサクラマスがあがりだす。

アメマスは12～1月に数釣りができ、2月に一度釣果は落ち着くものの、3月から再び上向いてくる。良型のピークはゴールデンウイーク前後で、70㎝以上をねらうことも可能だ。ちなみに私のこのエリアでのレコードは、安平川河口横のサーフで手にした84㎝。

サクラマスは海水温が5℃を超える4月に最盛期を迎え、アベレージサイズが50㎝を超える。そして5月以降は60㎝クラスが期待できるようになり、まれに70㎝アップの情報も耳にする。海水温の上昇は日本海に比べると遅く、ハイシーズンは日本海から約1ヵ月遅れるのが常だ。

人工障害物に注目

平坦で変化の少ないサーフを攻略する際に意識したいのは人工障害

遊泳力の高い大ものを引き寄せるべく、シマノ『カーディフ ウインドリップ95S ジェットブースト』で小ものが追えない超ファーストリトリーブ（3回転／秒）を実践。太平洋ではまずまずのサイズが食ってきた

【胆振】

アメマスは例年11〜6月がシーズン。12〜1月に数釣りができ、2月に一度釣果は落ち着くものの、3月から再び上向いてくる。魚影は苫小牧方面に多く、西へ行くにしたがって少なくなる印象

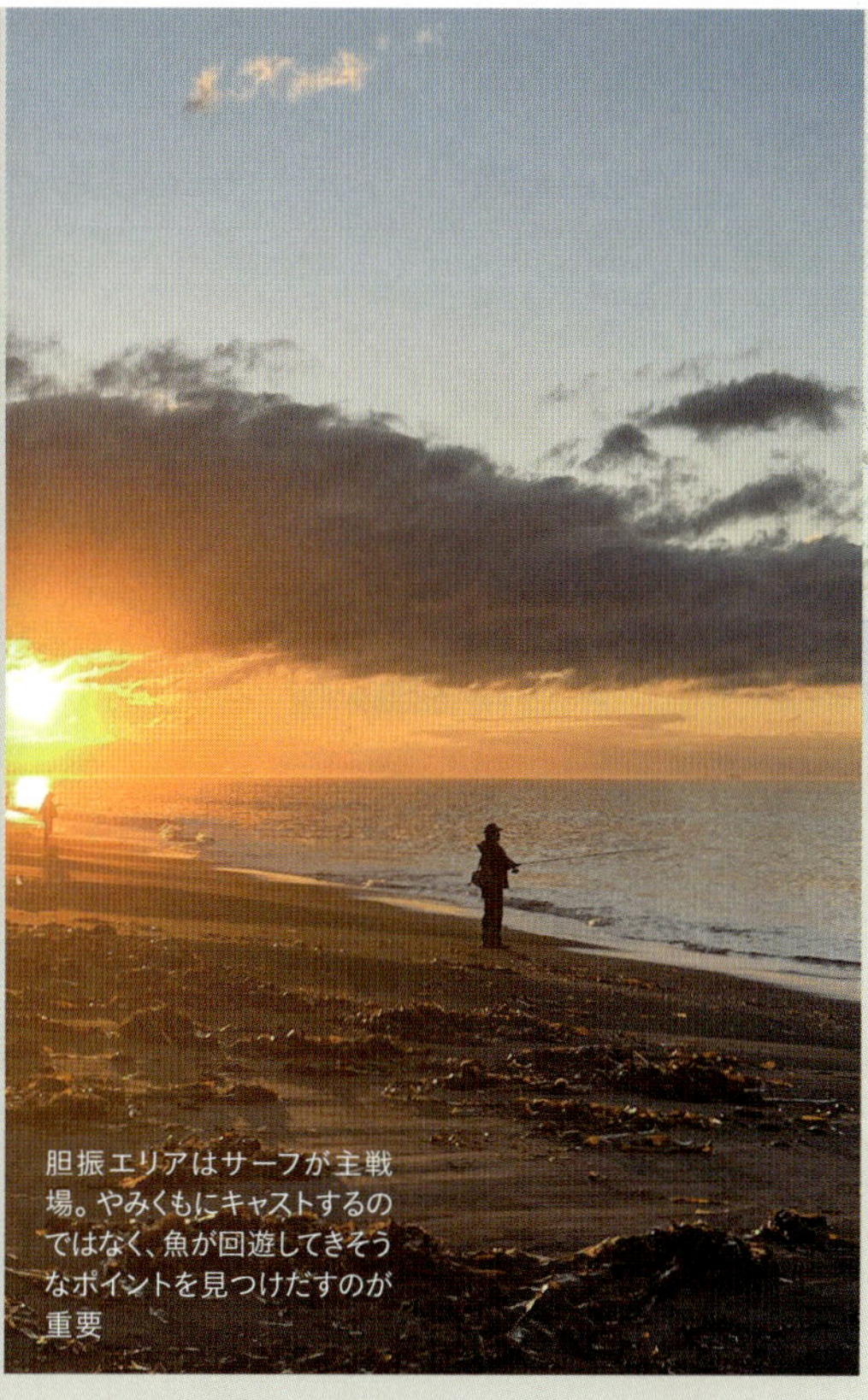

胆振エリアはサーフが主戦場。やみくもにキャストするのではなく、魚が回遊してきそうなポイントを見つけだすのが重要

害物だ。港湾、人工リーフ、傾斜護岸、河口周りの消波ブロックなどが分かりやすい。ベイトは波や潮流が打ち消され、海藻が茂りエサが豊富な人工障害物を棲み処にしている。

海が荒れて波が高いときや大潮のタイミングで、遊泳力の弱いベイトは消波ブロック周りや人工リーフの内側に入ってくる。一方、波が穏やかな日はベイトが散り、長大なサーフや護岸周りなど岸際を広く動き回っている。これまでの経験上、時合は朝マヅメと満潮からの「下げ」が重なるタイミング。そんな条件下では魚の活性が高い。

サケとサクラの関係

主なポイントは別項のマップに示したが、くれぐれも駐車マナーなどは守りたい。近くに住宅や施設がある場所では、夜間の出入りやアイドリングにも注意。混雑しているなら無理に停めず、ポイントを移動したい。なお、マップに記載したポイント以外でも、サケが釣れる場所はサクラマスも釣れる。アメマスは苫小牧方面に多く、西へ行くにしたがって少なくなる印象。とくに魚影が多いのは苫小牧の東港近辺だ。

ポイントの探し方

だだっ広いサーフや護岸が続くポイントでは、河口や消波ブロック周りが1級ポイント。離岸流の周りを探るのが最善のメソッドとはいえ、肉眼やルアーの引き抵抗で離岸流を見極められない場合、サーフでは砂地に砂利や小石、貝殻などが溜まっている場所を探したい。護岸では砂が溜まっている場所が見逃せない。

離岸流の痕跡を見つけるのが困難なら、背後や漂着物に着目。背後が丘や起伏の激しい場所はその形状が海底にも反映され、フラットな場所より海底に起伏の変化があるはず。漂着物や流木の集まる場所では、周囲に離岸流ができる可能性が高い。

肉眼で分かるヒントがない場合、ラン&ガンして砂が固い場所と柔らかい場所の境界をねらうのもよい。足裏の感触と足跡の深さで見極められる。柔らかい砂の部分は、沖から流れが入ってくる場所で、新鮮な砂が堆積される。一方、粘土質など固い地面の場所は、沖に流れが向かう離岸流の出やすいポイントになる。

サクラマスとアメマスでは、同じ離岸流でも定位する場所が異なる。サクラマスは流れの強い流心で、アメマスはその両サイドの緩い位置だ。とくにストラクチャーやサンドバーがある場合、アメマスはそこに寄り添って身を潜めている。川のヤマメとアメマスもそのような位置関係だと思う。そして、アメマスのほうが離岸流周りのサンドバーの裏に居付くなど定点に留まる時間が長く、サクラマスはさっさと移動していく傾向が強い印象。サクラマスは他魚種に対し攻撃的なのか、相当なプレッシャーを与える魚らしく、サクラマスが入ってきたらアメマスはぱたりと鳴りを潜める。好反応を示していたアメマスが急に反応しなくなったら、サクラマスが釣れ始めることがしばしば。

海況でターゲットを変える

離岸流を探るという点でサクラマスとアメマスに大きな違いはないが、海況でみると差があるように思う。サクラマスは波高が1m以下で、0・5m前後がベスト。加えて、水色が澄んでいるほうがよい。

良型のアメマスをねらうならゴールデンウイーク前後がピークで、70㎝オーバーも視野に入る。写真は2014年の釣果だが、撮影したのは4月末だった

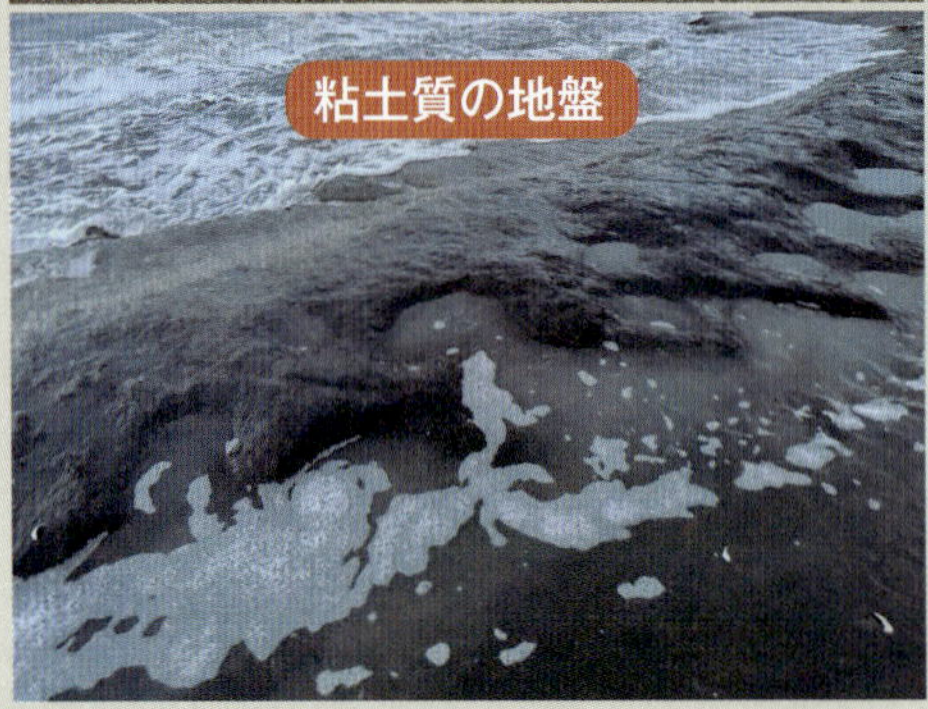

“人工障害物”と“変化”に注目!

平坦で変化の少ないサーフを攻略する際に意識したいのが人工障害物。ベイトはエサが豊富なこれらのストラクチャーを棲み処にしている。当然、アメマスやサクラマスはベイトを追い、その近くを回遊する。同じく重要なのが離岸流だが、目視できない場合は砂地に砂利や小石、貝殻などが溜まっている場所を探したい。また、ラン&ガンして砂が固い場所と柔らかい場所の境界をねらうのもよい。足裏の感触と足跡の深さで見極められる。柔らかい砂の部分は、沖から流れが入ってくる場所で、新鮮な砂が堆積される。一方、粘土質など固い地面の場所は、沖に流れが向かう離岸流の発生しやすいポイントになる

その日の潮流の向きによって、この地域の水色は大きく影響を受ける。とくに河口周辺は泥炭が堆積している場所が多く、雪代や降雨後は海底の泥が巻き上げられて濁りが発生しやすい。

また、荒れた後や底潮が速い場合も同様。たとえば海に向かって右側に河口があるとすると、潮の流れが右から左へ向かう上げ潮のときは濁りやすいので、そのようなポイントは避けるなどしてタイムリーに状況を見極めたい。

アメマスに関しては、多少の波と濁りがあったほうが好反応。泥濁りのような状況でなければねらえる。逆にナギでクリアな状況では少し難しくなる。

釣り方の違い

ルアーは120〜140㎜のミノー、ジグミノー28g前後、ジグ20〜35g、ジグスプーン18〜28g、スプーン14〜18gを多用する。サクラマスとアメマスで使い分けはあまり意識していないが、カラーに関しては、前者はブラックやシルバー系、後者はブルーやピンクに反応がよいイメージ。

釣り方には明確な違いがあり、サクラマスは「速く直線的な動き」、アメマスは「ゆっくりとした上下の動き」が有効。先述のとおり、サクラマスは離岸流の流心の表層1m以内、アメマスはその際や下に定位するからだ。

サクラマスは常に上を意識しているため、着水の瞬間から勝負は始まっている。“落ちパク”も多いことから、すぐに巻き始めるのが重要。ただしこのとき、派手な着水はNG。魚に警戒心を与えるだけでなく、ルアーが急激に沈んで見失われてしまう。ゆえにキャスト後は丁寧なフェザーリング（リールを巻くほうの手を軽くスプールに添え、ライン放出と落下速度を緩めること）が肝心となる。

弱ったベイトを模した動きは、連日ポイントに並んでいるアングラーが試みているせいか見切られる可能性が高い。そこで「速さで魅せて」、元気なベイトを演出する。1秒間にリールのハンドルを3回転以上の速巻きに、スレたサクラマスが興味を示すらしく、「見切る隙を与えずに騙せる」と考えている。凝ったアクションをするよりも実績が高く、ルアーの種類も問わないが、とくにジグミノーやジグスプーンなど、水の抵抗が少なめでシルエットの小さいルアーが速巻きでの誘いに適している。

さらに「速く直線的な動き」は、群れの中にいる大ものを引き出すこともできる。4000番のエキストラハイギアリールの場合、1秒3回転となるとルアーの移動距離は約3m／秒。遊泳力の高いサクラマスとはいえ、その速度で追いかけ続けるには限界があるのではないだろうか。追う過程で小〜中型魚は脱落し、遊泳力と持久力のある大型のヒット率が上がると考える。

アメマスについては着水後、底付近までルアーを沈め、遅めのリーリングで上下に派手なアクションをつけて誘いたい。とくにミノーのジャークやトウイッチ、ジグのリフト&

フォールは鉄板だ。

ミノーはベールに指を当てて、テンションをかけつつフォールさせ、底付近に到達したら素早く巻き上げてジャークやトゥイッチを行なう。ジャーク時はラインを一直線に張り、リール1回転ごとにロッドを真上または斜め45度に勢いよく煽り、その後ピタリと止める。ラインスラックを出して沈下させることで、ルアーが水中でジグザグに動くように調整し、フォール時のヒットを誘う。あるいはサンドバーにミノーを当て、砂を巻き上げて目立たせるのも効果的。ジグを使用する場合は、底を取った後、斜めにリフト&フォールさせて引いてくるとよい。

ヒット後のやり取りも重要だ。サクラマスもアメマスも、掛かった直後は強く巻きながら素早くロッドを立て、確実にアワセを入れたい。そしてすぐにドラグを緩め、暴れる動きに対応できるようにする。サクラマスはダッシュやローリング、はたまた頭を振ってルアーを外そうとするため、ドラグがきつすぎると口切れを起こしやすい。とくに太平洋側はウネリが強く、波打ち際での攻防では慎重な対応が必要。タイミングを見極め、押し波に乗せて一気にランディングするのが理想だ。引き波に乗せてしまうと走られてバラシのリスクが高まる。

口が硬いアメマスは多少強引なやり取りでも口切れの心配はあまりないが、無理に引き寄せるとフッキングした部分に負荷がかかりすぎるので注意。海と川を行き来し、何度も産卵を繰り返す魚であるため、リリースを前提とする場合はランディング後も丁寧な扱いを心掛けたい。

最後に、都市部に近く、出勤前後の朝夕に毎日のように通うアングラーも少なくない胆振エリア。そんな猛者の方々と交流すると群れの接岸情報や駐車場所、釣り場で控えてほしいことや暗黙のローカルルールを教えてくれるはず。フィールドでは積極的に話しかけることが無用なトラブルを防ぎ、かつ釣果も上がるテクニックのひとつだと思っている。

妻の愛実もシーズン中は海サクラ・海アメに夢中。好ポイントが自宅から近いので、釣行回数はとても多い

●速巻きは良型サクラマスが釣れる!?

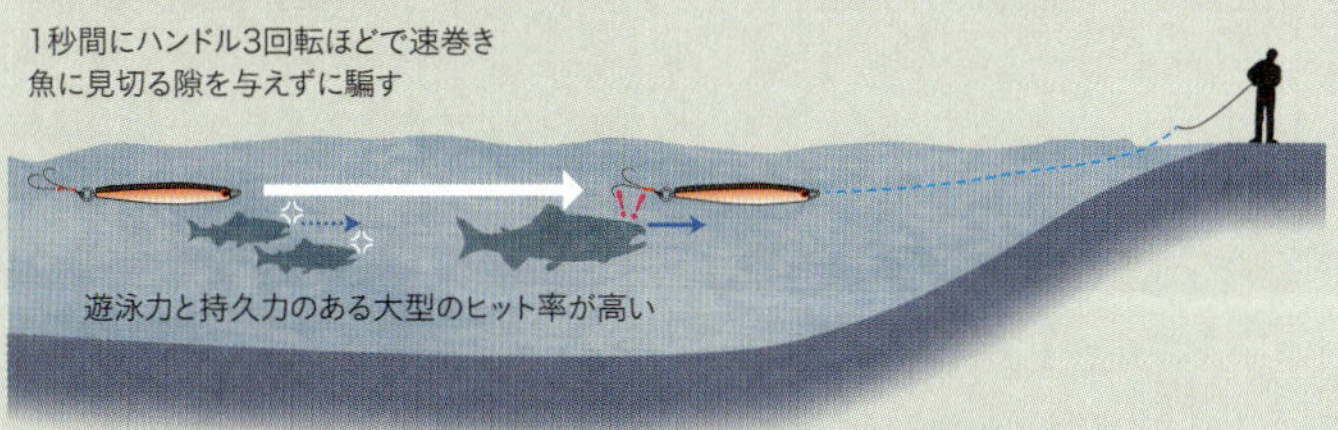
1秒間にハンドル3回転ほどで速巻き
魚に見切る隙を与えずに騙す
遊泳力と持久力のある大型のヒット率が高い

◉タックル
ロッド：シマノ『エクスセンス インフィニティS1000M』or 同『ディアルーナS106M』
リール：シマノ『ステラ4000XG』
ライン：シマノ『ハードブル8+』1号前後
リーダー：ナイロン16～20lbを1mほどFGノットで結束

◉推奨ルアー
カーディフ ウインドリップ85S ジェットブースト（シマノ）
北海道の広大なフィールドを攻略するうえで、ジグ並みに飛んでミノーのように泳ぐジグミノーは必須アイテム。ただでさえよく飛ぶ『ウインドリップ』だが、「もっと飛ばしたい」という思いに応え、重量は『同95S』と同じ28gのままダウンサイジング。これにより空気抵抗を抑えつつ、オリジナルを超える飛距離とスイングアクションを実現した。表～中層にイワシやニシンなどのベイトがいる場合は、表層の超高速巻きも有効
●サイズ：85mm28g ●タイプ：シンキング ●フック：オリジナルスイミングフックLサイズ
●カラー：11色

ウインドリップシリーズの形状比較。写真上から「95S（95mm28g）」、「85S」、「105S（105mm36g）」

リリースの際は岸にずりあげず、波打ち際でフックを外す

【胆振】

GLANDAGE《グランデージ》
NORTHERN LIGHTS《ノーザンライツ》
NOVA《ノヴァ》

専用ロッドの新星

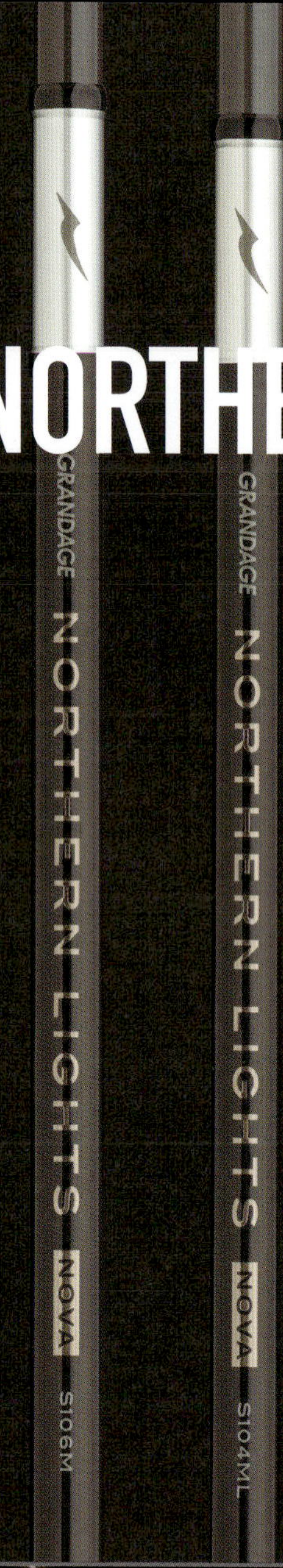

『グランデージ ノーザンライツ ノヴァ』は、ブランクに「第3世代カーボン」を使用。これまで技術的に難しいとされてきた強度と弾性率を高次元で両立している

◎協力＝株式会社アピア

監修者はアピア・プロスタッフの林準悟さん。『グランデージ ノーザンライツ』は2018年に誕生し、今作で3代目を迎える

口切れや身切れを起こしやすい海サクラ・海アメを掛け、確実にランディングするためには、パワーとしなやかさ、この相反する要素を兼ね備えたロッドが必要不可欠だ。アピアの出した答えは、「第3世代カーボン」であった。

完全なる海マスモデル

ショアのサクラマス、アメマス釣りでは、今なおシーバスロッドが流用されることが多い。しかしマス類はファイト時の「ローリング」や、「口切れ・身切れを起こしやすい」などといった独特の性質を持つ魚であり、かねてから専用ロッドが待ち望まれていた。そこにいち早く着目したのがアピアだ。

2018年、〝ジャークマン〟こと林準悟さん監修のもと、海サクラ・海アメ専用をうたう『グランデージ ノーザンライツ』が誕生。そして2022年の2代目を経て、2024年に『グランデージ ノーザンライツ ノヴァ』が登場。NOVA（新星）と名付けられた当モデルは、より海マス向けに特化したブランクが売りだという。

その最大の要因となるのが、東レが開発したトレカ®T1100Gおよびトレカ®M40Xである。これらは「第3世代カーボン」と呼ばれ、技術的に難しいとされてきた強さ（強度）と硬さ（弾性率）を高次元で両立した素材。ちなみに炭素繊維の強度と弾性率は、一方が高まればもう一方が下がる、いわばトレードオフの関係にある。要するに第3世代カーボンは、弱点を克服した最先端炭素繊維素材といえよう。

こと釣りザオに置き換えてみれば、とくに恩恵を受けやすいのは、林さんの代名詞でもあるジャーキング。収束の速い高弾性のブランクはラインスラックを発生させやすく、ルアーの動きを容易にコントロールできる。もちろん飛距離も抜群で、林さんいわく「ルアーが勝手に飛んでいくイメージ」。海サクラ・海アメで使うルアーに限っては、同社シーバスロッドのフラッグシップモデル『Foojin' Z』シリーズよりも飛ぶのだとか。

また、グリップの長さにも注目したい。「S104ML」のリールシート位置（リールフットの中央部からバットエ

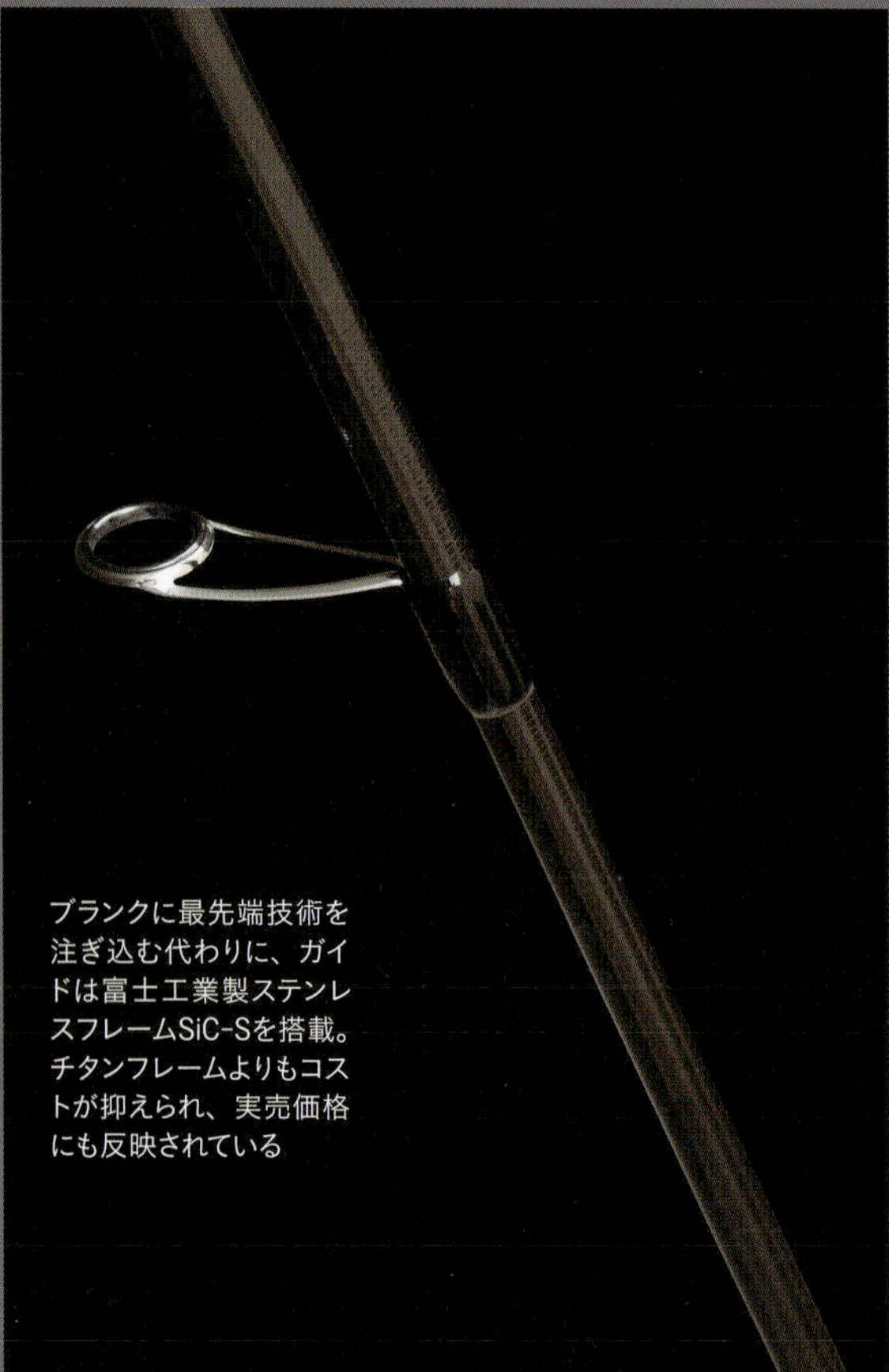

ブランクに最先端技術を注ぎ込む代わりに、ガイドは富士工業製ステンレスフレームSiC-Sを搭載。チタンフレームよりもコストが抑えられ、実売価格にも反映されている

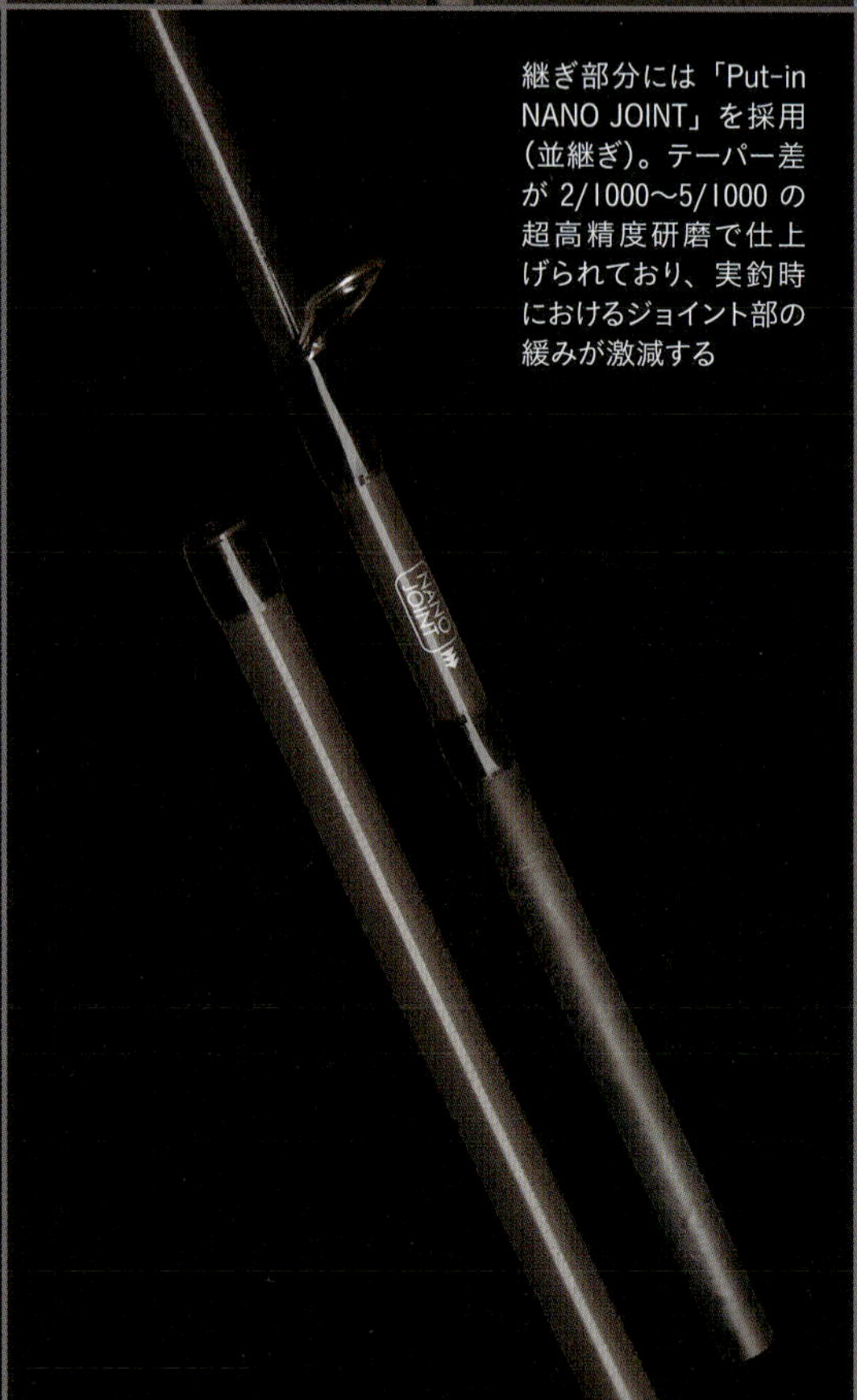

継ぎ部分には「Put-in NANO JOINT」を採用（並継ぎ）。テーパー差が2/1000〜5/1000の超高精度研磨で仕上げられており、実釣時におけるジョイント部の緩みが激減する

エンドキャップには「GD」のインレイが施されている。ちなみにGRANDAGEとは“GRAND STAGE”の略。専門性に特化したロッドに与えられる称号だ

グリップは背部を少し盛り上がらせることで、ほどよいフィット感が得られる。その名も「APIAパームグリップシステム」。無駄な力を加えずに、しっかり握り込める形状

ンドまでの長さ）は440㎜、「S106M」は455㎜となっている。これも林さんがこだわったポイントで、取り回しのよい長さに設定されている。たとえば右投げ右巻きの人がキャスト後に持ち替える際も、グリップが腕に引っ掛かることなく快適に操作できるはず。

最先端技術を融合

ところで、強くて硬いと聞いて気になるのが、バイトの弾きやすさだろう。こちらについては、第3世代カーボンと従来のカーボン素材を適材適所で組み合わせることによって解消されている。パワーがありながらもしなやかに曲がり、口切れや身切れを防ぐ。まさに海マス専用とうたわれるにふさわしいロッドだ。

フェルール部分には並継ぎの「Put-in NANO JOINT」を搭載。ご存じのとおり、釣りザオのジョイントには「並継ぎ」、「逆並継ぎ」、「印籠継ぎ」があるが、そのなかで並継ぎを採用した一番の理由は〝最も綺麗に曲がる〟から。さらに、強度が高く、持ち重りしにくい性質も決め手だったという。そこに東レのナノアロイ®技術が加わり、1ピースロッドに近いベンディングカーブを実現している。

「Put-in NANO JOINT」は、快適性の面でも重要な役割を果たす。テーパー差が2／1000～5／1000の超高精度研磨で仕上げられており、実釣時におけるジョイント部の緩みが激減。つまり継ぎ直すストレスから解放され、一日をとおして集中して振り続けられる。ストイックなアングラーの心強い相棒となってくれるに違いない。

2機種の特徴

林さんは「S104ML、S106Mともにコンセプトは同じで、カバーするルアーウエイトが違うだけ」と言うが、ざっくりと以下にそれぞれの得意分野を紹介しよう。

【グランデージ ノーザンライツ ノヴァ S104ML】

ミノーのジャーキングに特化したモデル。林さんが重視するのは、口切れ・身切れを起こしやすい海マスをいなすしなやかさと、キレのよいジャークを生み出す軽量感と反発力。収束の速い高弾性ブランクスによってラインスラックを発生させやすく、ミノーのアクションを自在にコントロールすることが可能。

【グランデージ ノーザンライツ ノヴァ S106M】

近年林さんが多用する、メタルジグを使った超遠投に適したモデル。単なるジグやジグミノーの遠投だけなら硬くて強いロッドでよいが、海サクラ・海アメねらいではパワーとしなやかさの両立が必須。それを、第3世代カーボンを使用したブランクによって実現させている。「S104ML」同様、ミノーのジャーキングにも対応する。

グランデージ ノーザンライツ ノヴァ

モデル	全長	継数	リールシート位置	自重	適合ルアー	適合ライン(PE)
S104ML	10'4"	2(並継ぎ)	440㎜	148g	8−40g	0.6−1.2号
S106M	10'6"	2(並継ぎ)	455㎜	168g	10−50g	0.8−1.5号

S104ML

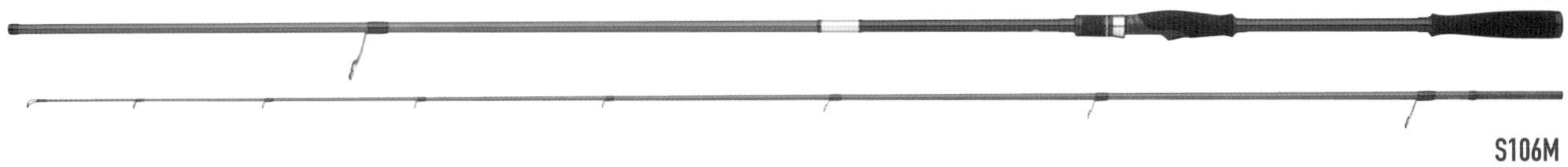

S106M

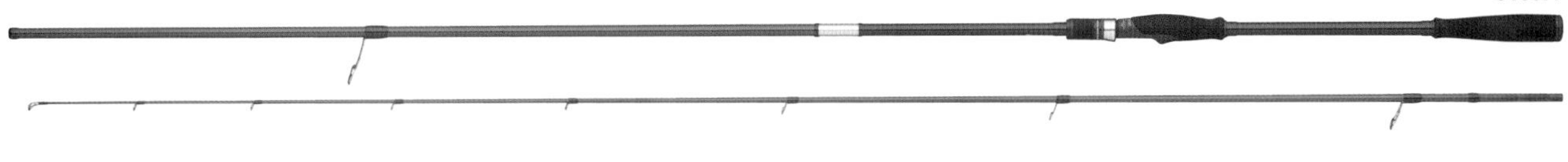

日高は全国からファンが訪れるサラブレッド銀座

堂々たる体躯の60㎝・3kgクラス。場所は新冠川河口。札幌から車で2時間圏内ながら、こんなグッドサイズにも出会える

ポイント開拓に期待

海鱒の潜在力も充分

日高は競馬ファンならずとも有名なサラブレッドの大地。雪が少なく温暖な地域として知られ、昭和の頃から冬の遡上魚ねらいが人気だ。サクラマス漁獲量が右肩上がりの近年、〝マス銀座〟になる日も遠くはない!?

三石川河口。左右500mに規制が入るが、左岸の規制外のエリアは有望。規制が解除される7月もねらいめ

布辻川河口。年中規制が入らず、新冠川河口と並んで釣り人を見ることが多い。右岸側の消波ブロック帯も面白いだろう

遡上魚の大地

日高は昭和の時代から、〝遡上マス〟の話題にこと欠かないエリアだった。その発信元になったのは、主に静内川と新冠川。どちらも川が舞台だが、大型のスティールヘッド（降海型ニジマス）とシートラウト（同ブラウントラウト）の釣果が早くから聞かれ、全道のルアー&フライフィッシャーに夢を抱かせた。

そして忠類川に次いで1997年、全国2番目となるサケ有効利用調査が実施されたのが元浦川。ピーク期には1万尾近い釣果があり、札幌から近いこともあって盛り上がった。その後は低迷して2007年、有効利用調査は休止となったが、遡上魚とのつながりが深いエリアであることを現わす。

日高は雪が少なく温暖な地域で、今も新冠川や静内川を始めとした河川のトラウトフィッシングが人気だが、海アメ&海サクラの注目度はそれほど高くない。それでも、漁獲量を見ると日高の大いなる可能性を感じずにはいられない。

桜並木が満開の頃

全道のサクラマス漁獲量をP120で紹介しているが、これを見ると日高は上昇傾向を示しているのが分かる。かたや、海サクラの主戦場としてにぎわう後志、檜山は減少傾向が著しい。漁獲量だけで判断することはできないが、海サクラのフィー

ルドとしてポテンシャルを秘めているのは間違いない。ちなみに新ひだか町は2023年、ふるさと納税寄付額が初めて5億円を超えたが、返礼品は毛ガニと並んでサクラマスが人気らしい。

背後を日高山脈に囲まれているだけに、昔から川の大小を問わずアメマスの魚影は多いことで定評がある。下流部の川相は穏やかでも、上流部は遡行が困難なうえ、ヒグマの楽園でもあることも幸いし古くから渓魚を守ってきた。保護水面は日高幌別川及び春別川本支流、ニカンベツ川本支流、歌別川本支流と、他エリアに比べると少ない印象を受けるものの、今もアメマスのフィールドとしては道内随一だろう。

日高管内の釣具店に聞いてみると、釣果は海アメ6～7に対し、海サクラ3～4。とはいえ、海サクラねらいのアングラーが多いという。海アメのサイズは大小さまざまだが、最大70cmほど。海サクラのアベレージサイズは40cm半ばくらいで、60cmを超えると大ものといえるようだ。

例年、日本海が一段落する4月から釣果情報が聞かれ、シーズンは6月まで続く。新ひだか町のシンボル、二十間道路の桜並木が満開になる5月、アングラーとターゲットの動きも活発になるようだ。

主なポイントは河口域で、西側から挙げると新冠川、布辻《ぶし》川、三石川、元浦川、日高幌別川、様似川などの中～大規模河川にアングラーが集まる。なお、河口規制については、沙流川、静内川、三石川、日高幌別川、ニカンベツ川、歌別川、猿留川が5月1日から入るが、新冠川は9月1日から。シーズン中に規制のない新冠川河口は、早くから開拓されてきた。

遠浅のポイントもあるが、駐車スペースがあって入りやすい場所はカケアガリが近めで、岸から20mほどで釣れることも多い。ルアーは道央日本海とそれほど違いはないが、日高南部はジグミノーがよく使われ、ミノーは日本海側の定番より一回り小ぶりな90～120mmが売れ線という。

元浦川河口。かつてサケの有効利用調査でにぎわった川だが、河口規制はないうえ、規模が大きく期待値は高い（写真上）

新冠川河口。規制が入るのは9月1日からで、海サクラ＆海アメシーズン中は気兼ねなく、どこでもロッドを振れる（写真下）

えりものイワシ大量接岸

しかしながら、海サクラの顔を拝むのはそれほど簡単ではないらしい。この背景には、海岸線はサーフが主体で魚の溜まる（付きやすい）磯場が少ないことが考えられる。ベイトの動きや海流により一時的に接岸しても、すぐに離れてしまうのかもしれない。

小魚に関しては、むかわ町特産のシシャモは2023～2024年と2年連続で休漁になるほど資源量が落ち込んでいる。チカも以前に比べると少ないらしく、イワシ、サバが主なベイトと思われる。

注目すべきベイトはイワシだろう。2024年5月、えりも港に大量のマイワシが漂着してニュースになったのは記憶に新しく、海流や海水温により今後も同じような現象が起きるかもしれない。襟裳岬を擁するえりも町は沖に突き出た地形からして面白く、ヤマメやアメマスの名川も流れている。そして、すぐ東は十勝エリア。えりも周辺は釣果情報が少ないが、開拓の余地は大いに残されているだろう。

誰よりも遠くを撃つために
11ft以上、MAX60g

**一般的な海サクラ&海アメロッドより
ややオーバースペックを好んで使う
余市町のアングラー、堀鉄弥さん。
その背景には飽くなき飛距離の追求がある。**

※記事内に出てくるロッドは、リップルフィッシャー

50gのジグがメイン

堀鉄弥さんはラインシステムにこだわり、「細イトを使いたいからスペーサーを入れる」と言う。この背景には「可能な限り、広範囲を探りたい」という飽くなき欲求がある。以前、使用頻度が高かったジグは40gだが、近年は50gがメイン。「実釣の際は8割くらい50gを振っています」と話す。

ロッドは『シルバーストリーム112ノーザン』と『アヴァリス110H／ナノ』の2本を使い分けている。前者は北海道の海サクラ&海アメ用に開発され、後者は磯のヒラスズキ用。ターゲットは違っても11フィート以上、ルアーMAX60gという点で共通する。

「最近の主流は10フィート6インチ前後のMまたはMHクラスだと思います。そんななか11フィート以上を選ぶのは、限られた時間のなかで風や波などの状況は選べないため。どんな条件でもある程度の飛距離を出し、魚がいそうな場所まで的確に投げ込んでいきたい。シケていても沖は波の周期で波高が下がるタイミングもある。波風を見ながらキャストを続けていれば、チャンスが巡ってくるはず」

軟らかくて軽めのルアーしか投げられないロッドは、対応できるシーンが限られるのは否めない。風波の影響で30gは厳しく、40gでも微妙、50gなら……という場面に遭遇することは少なくない。重めのルアーを背負えるのは、それだけで大きな武器といえるだろう。

上／素晴らしい体高のグッドコンディション。このサイズになるといなすより、ロッドパワーを活かすファイトが功を奏すこともあるようだ
左／ 2児のパパになってから、限られた時間のなかで効率よく釣りを楽しむため、現在のスタイルにたどり着いたという

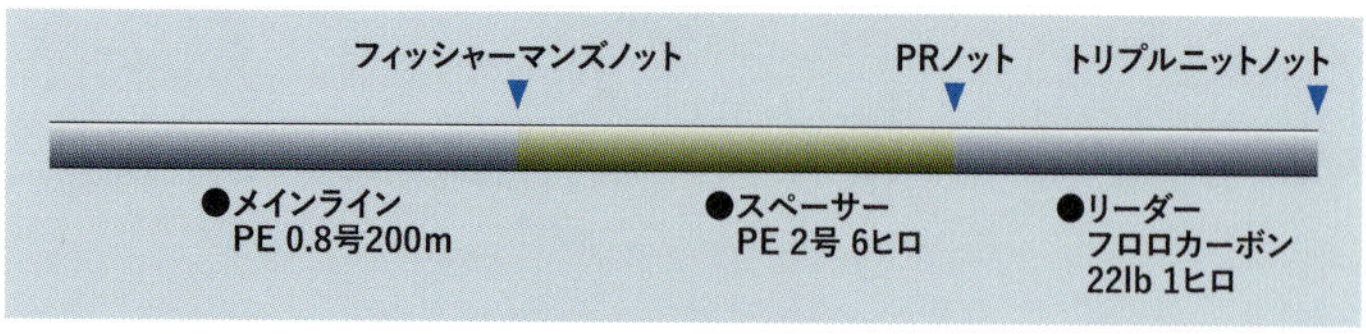

ラインシステム
トラブルを軽減すべく、キャスト時はガイドにリーダーを入れない。バックスペースが限られる場合は、リーダーの長さを調整して対処。スペーサーは振り切れ防止の目的で接続する。リーダーは張りやコシがあるほうが好みで、以前からフロロカーボンを選択している

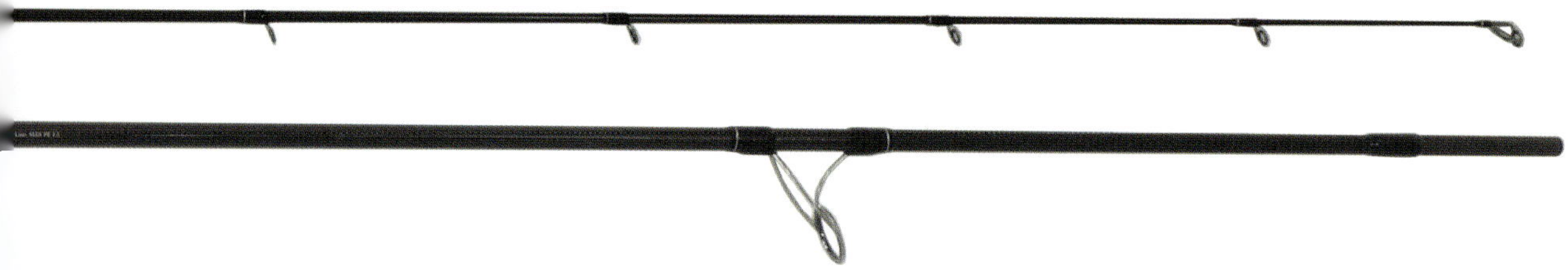

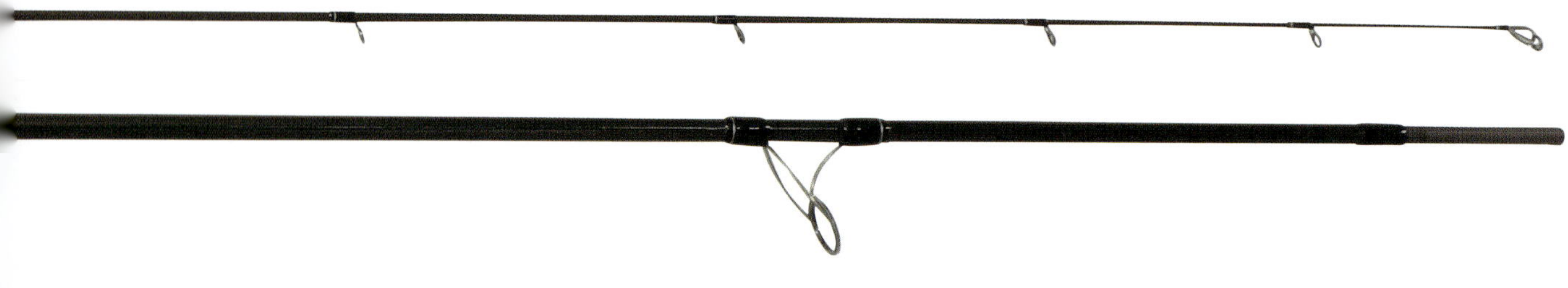

「いかなる状況でも釣りを成立させたいと考えたとき、僕的にはMHだと少し物足りなくて……。オーバースペック気味に感じるパワーを持ち、かつ長めのほうがいろいろな条件に対処しやすい」

そうして50gをしっかり乗せてフルキャスト&コントロールできるロッドにたどり着いた。

悪条件を克服するため

硬めのショア用ロッドとして、ブリなど青ものをターゲットにしたキャスティングロッドもあるが、ブランクスが太くなりハイパワーすぎるのもネック。その点、ヒラスズキ用は10フィート6インチから11フィート以上のモデルが中心で、ハイパワーすぎることもない。

堀さんはかつて、ダイコーがリリースしていた11フィートのヒラスズキ用を長く使っていた。が、メーカーが釣り事業から撤退することになり、新しい片腕を探す必要に迫られる。「当時ヒラスズキ用は少なく、見ることも触ることも難しかった時代」と振り返るが、限られたロッドのなかに『アヴァリス』や『シルバーストリーム』シリーズがあった。

「どちらもレギュラーファーストアクションで収束が早く、振り抜けもいい。最初にシルバーストリームノーザンを持ったときにグリップが長く、脇に構えたときの操作性が高いのが印象的でした。アヴァリスに比べると張りやパワーは抑えられているものの、しなやかさのなかに剛がある感じ」と、その特性を表現する。

一方、「アヴァリスは正直、海サクラにはオーバースペックですが、ヒラスズキ用だけに荒れたサラシの中で魚を掛けても主導権を渡さないポテンシャルを秘めています。それが悪条件で釣りを成立させたい僕のコンセプトに合っていました。ロッドのリーチとパワーを最大限に活かしながら繊細な操作も可能。本来はミノーやシンキングペンシルを駆使して磯を攻略するロッドだと思いますが、道内のフィールドでジグやジグミノー、ヘビーシンキングミノーも充分に使えます」と言う。

11フィート以上、MAX60gのロッドを振り抜くコツを聞くと、「ある程度のグラム数で負荷を掛け、身体全体をしっかり連動させること」と堀さん。また、セットするリールは「ロッドとのバランスを考えると、やや大きく、〝ちょっと重い〟と感じるくらいのモデルとのマッチングがいい」とのこと。ちなみに愛機はシマノ『ステラSW4000XG』。

PEラインは0・8号。1〜1・2号が定番のなか、細イトにこだわるのは悪条件を克服するためと、いろいろなルアーを使っても安定して飛距離を伸ばすため。

「何といっても風や水の抵抗が少ないのが魅力。潮の流れ、水噛みをダイレクトに感じとれる。そうするとロッドワークしだいで1投1投の操作性が格段に上がり、質のよい釣りができます」

寄せるイメージでファイト

ルアーの操作に関しては、次のように話す。

「ジグもミノーも基本的にタダ巻きはしません。1投ごとに感覚で誘いを入れ、ここでバイトしてほしいというタイミングで食わせの間を入れます。そこでドンときたときが最高に楽しい」

キャスティング時の注意点としては、「ルアーのタイプによって投げ方を変えていますが、いずれも極力ロッドを曲げられるだけ曲げます。中途半端なハーフキャスティングはトラブルの元。軽く投げるにしても手を抜かず、スムーズにロッドを曲げるのが大事」と強調する。

ファイトについては、「僕の場合、いなすというより寄せるイメージ。魚が相手なので絶対はありませんが、がっちり掛かっているという前提で、フッキングした瞬間、自分のほうに頭を向かせるようにします。ラインテンションが緩み、隙を与えてしまうと暴れたり走られてしまいがち。ローリングやヘッドシェイクを極力減らすため、フッキング時の勢いのままロッドパワーを利用し、リーリングワークでなるべく一直線に寄せる」ことを心がけている。

「軟らかいロッドは魚が抵抗するほど入ろうとしますが、硬く強いロッドはアングラーの入力しだいでパワーと粘りに変わり、さらに寄せられる、止められるといった強さがある。ファイトにおいても利点が多いと思います」

シルバーストリーム112ノーザン

●全長：11' 2"
●自重：255g
●継数：2本 / 逆並継
●ルアー：30-60g
●ライン：MAX PE 1.5号

全機種ランカークラスに対応するバットパワーを秘めたロッドシリーズ。『ノーザン（NT）』2機種は北海道仕様で、磯やサーフで海サクラ&海アメをねらうために開発。ジグやジグミノーに適した調子だ。キャスト時の張りは強めとはいえ、サクラマスのフッキングをサポートする軟らかさを追求してバランスを調整。SiCリングKガイド・チタンフレームを採用

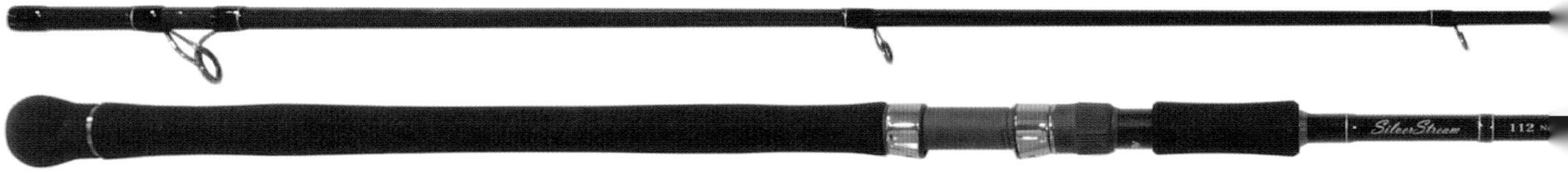

アヴァリス110H NANO

●全長：11'
●自重：253g
●継数：2本 / インロー継
●ルアー：MAX 60g
●ライン：MAX PE 2.5号

ヒラスズキ用のロッドシリーズ。ナノアロイ®技術を採用したブランクは振り抜けがよいうえ、ブレの収束も速く、負荷に対して瞬間的に曲がることで衝撃を吸収するのが特徴。足場の悪い磯において、大ものとやり取りする際、アングラーに大きなアドバンテージをもたらしてくれる。全機種インロー継ぎ、SiC-SチタンフレームKガイドを採用

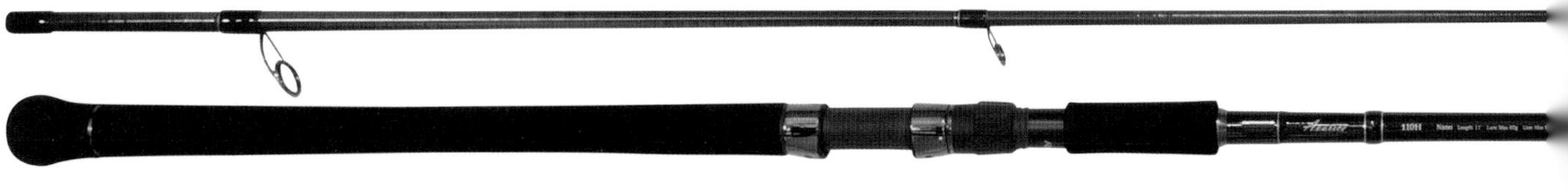

【十勝】

スプーンで丹念にねらう
近年好調！ 釣期はお盆まで

道東の大河、十勝川河口周辺から釣果が聞かれた後、初夏になると大樹～広尾の南部に舞台を移し、海サクラを中心に盛り上がる十勝エリア。年によっては8月中旬までシーズンが続き、文字どおりの熱い釣りが待っている。

写真・文＝熊谷陽介（帯広市）
Photo & Text by Yosuke Kumagai

『シーマス』での釣果。遠投後は浮き上がらないようにレンジを調整しながら、速めにリトリーブがおすすめ。ブリブリと泳いでいるのを感じながら巻くことが大事

北部は4月に開幕

海サクラシーズンに入ると午前2時に起床する寝不足の日々が待っている……。おそらく道内で最も遅い時期までサクラマスを追えるのが、私の通う「南十勝」と呼ばれるエリア。6月に入るとパラパラと釣果が聞かれ、6月中旬から7月後半まで盛期が続くが、長い年ならお盆まで楽しめることもある。その時季になると朝から日暮れまで半袖でOK。真っ赤に日焼けして釣るのが南十勝ならではといえる。

近年は十勝エリアの北部、十勝川河口近辺のサーフも盛り上がりを見せているが、岸寄りしたほとんどのサクラマスは流域の長い十勝川に遡上する。そのため、早期に開幕するものの終幕も早く、チャンスは4月

南十勝における定番スプーン、『デベロップシェル』で。カラーに悩んだ際は、蛍光ピンク／裏面クリアブルーに手が伸びる。この色に随分と救われてきた

中旬からゴールデンウィークの短期間に限られる。とはいえ、ちょうど十勝川から降海するアメマスも同じタイミングで釣れるので、春の肩慣らしにはもってこいだ。十勝エリアを主戦場にする海マスアングラーの多くは、十勝川河口近辺の釣果が一段落してから南十勝に舞台を移す。私もご多分に漏れず、その流れで南十勝に通い始める。

カケアガリが近い

私がよく行くのは紋別川河口、小紋別川河口、豊似川河口など大樹町のポイント。ただ、河口周辺の混雑は苦手で、ここ数年は人の多い場所を避け、潮目などを観察しながらポイントを求めてラン&ガンするスタイルで臨んでいる。大樹エリアのほとんどはカケアガリが近く、シーズン後半になるにつれ、かなり岸近くをサクラマスは回遊する。ときには手前の波1枚目の中で跳ねたり、背ビレを出して泳いでいたり、河口以外でも魚の存在を確認することもできる。

ちなみに、タックルは次のとおり。ロッドは10フィートのミディアムライトクラスのシーバス用、リールは4000番のハイギア、ラインシステムはPE1・2号+ナイロン25ポンド。

3種のスプーンが相棒

メインで使うルアーは、タイプの異なる3種類のスプーン。魚や潮目が遠いときや、ウネリが強いときは30gの細身タイプ。中~近距離をねらうときは水噛みのよい14~18gのコンパクトタイプ。近距離をデッドスローで引きたいときは13~17gのワイドタイプと状況に合わせてローテーションしている。

南十勝のサーフはウネリの強い日が少なくない。どのタイプを用いる場合でもカウントを取って沈めてから巻き始めるようにし、一定のレンジを意識することが重要だと感じる。

カラーに関してはアングラーの好みでよいと思う。「釣れる色=よく使う色」になりやすい傾向があるが、常に濁りのある南十勝の場合、ピンクやチャートグリーン系が威力を発揮する。よい釣りをした色や、「コレさえ投げておけば!」という

釣り人との間隔はできるだけ取り、トラブルを未然に防ぎたい。遮るものがほとんどないサーフだけに、歩きながらポイントを探そう

色があると迷う時間が減り、キャスト回数が増えることで必然的にヒット率が上がるはず。

フックはチヌバリの9号で統一。太軸ゆえに掛けてから身切れの心配が少ないと感じて以来、愛用し続けて5年以上になる。

シーズン後半、波打ち際を泳ぐ渋い魚には、フィールドハンター『ロージーZONE 80SS』が効果絶大。タダ巻きやストップ＆ゴーを駆使し、リアクションバイトに持ち込みたい

食わせの間を意識して

釣り方は、30gのスプーンを遠投するときはキャスト後に3カウント数え、ハンドル2回転／1秒の一定速度のタダ巻きが基本。ただし、ウネリがある場合は、途中でフォールを入れてレンジを調整する。そのほかのスプーンはキャスト後3～5カウント数え、ハンドル1回転／1秒が基本。引き波で少し浮いたと思ったら、ストップを入れてレンジを調整しながら巻く。

どのルアーも潮目の変わる部分や、手前の濁りに入るときは少し巻くスピードを緩めたり、あるいはフォールを入れるなど、魚が追っていることを前提に食わせの〝間〟を意識的に入れる。そうするとバイトの確率はグンと上がるだろう。シーズン後半、波打ち際のスレた群れに対しては、シンキングミノーを使ってみたい。細かなストップ＆ゴーで誘うか、タダ巻きで波動を出してリアクションバイトをねらうのも有効だ。

スプーンとミノーどちらの場合でも、なるべく濁りのないところを探しながら丁寧にアピールすることを心がけたい。ピックアップ寸前にストップなどの間を与えるだけでも、魚からのコンタクトはかなり増えるはずだ。

魚が多いとトラブルも

数年前の道東太平洋は赤潮の影響か、サクラマスの数は少なかったようだ。さらにハイシーズンに雨の日が続いたことで、どの河川も水量が多く、岸寄りした群れはすぐに遡上できる状況だった。そんな要素が重なり、全体の釣果は芳しくなかった。さらにシケが続いたことで、ほとんど釣りができなかったアングラーも大勢いた。

しかし、ここ数年は豊似川河口を中心に好調。6月最終週から7月1週目の期間は、南十勝に20年以上通うベテランアングラーをして、「こんなに魚がうじゃうじゃいるのは初めて見た」と驚くくらい。波間にびっしりとサクラマスが群れをなして押し寄せ、オホーツク海のカラフトマスやアキアジ釣り場の河口を

釣友の野呂洋平さんが釣った良型。ヒットルアーは『デベロップ シェル』18g。濁りの強い南十勝では、とくにピンクやチャートなどハイアピール系が効く

彷彿とさせる光景が広がった。

が、そのシーズンは、あちこちでスレ掛かりを散見した。魚の数が多いだけに、シングルフック1本でも引っ掛かってしまうことがある。ただ、トレブルフック3本が付いたミノーを群れの真ん中に沈め、過剰なスピードで巻く人も……。引っ掛かった魚が暴れ、周りの魚が逃げ惑った結果、ほかの人もスレ掛かりするなど、まともな釣りが成立しない場面も見られた。

このほか、ヒグマの出没が危惧される場所で、夜中から場所取りをする人もいた。さらに待機中、煌々とヘッドライトを海面に当てたり、終いには場所取りロープを張ったり……。自然のなかで遊ばせていただいている身としては、これからも末永く、沢山の人が楽しめるように考えていきたい。ちょっとした声かけでお互いに気持ちよく釣りができるはず。一人ひとりが、「よい釣り場をつくっていく」という意識を持つことが大事だと思う。

手前は濁っていることがほとんど。濁りの奥にルアーをキャストすると、澄んだ潮との境目に差しかかったときにヒットすることが多い。リーリング時は全集中したい

小紋別川河口。雨の少ない年は渇水により、河口が閉じている河川もある。そうなると河口の開いている場所に釣果は集中する

常にこれくらいのウネリがあるが、サクラマスは驚くほど岸寄りを回遊していることが少なくない。ルアーが1枚目の波にきてからも油断は禁物

【実績スプーン】

すべて、フィールドハンター

◎ロングタイプ

海サクラを仕留めるために開発された『シーマス』。同社『シー.ミッション』のDNAを受け継ぎ、安定した飛行姿勢を維持して遠投性能が高い。リーリング時は水面下50〜70㎝をキープしてヒラ打ちでアピール。サイズは72㎜22g・30gの2種類

◎コンパクトタイプ(写真左2本)

『デベロップ シェル』は川で瀬の攻略を得意とするスプーン。強く重い流れでも飛び出すことのない安定感はショアでも頼りになる。ハードコーティングが施され、岩にぶつけても耐久性が高い。サイズは主に54㎜14gと60㎜18gを使用する

◎ワイドタイプ(写真右2本)

幅広なボディーが目を引く『ルアーマン701』シリーズは、従来のスプーンでは泳ぎのキレが失われるスローリトリーブでも、小気味よいパワフルなウオブンロールアクションを生み出すのが特徴。サイズは主に57㎜13gと65㎜17gを使用

使用タックル。ロッドは10フィートのML、リールはシマノ『ツインパワー4000XG』、ラインはシマノ『ピットブル4』1.2号、リーダーはデュエル『カーボナイロンパワーリーダー』25lb

フローティングベストや簡易フローターなど、万一の備えはかなり浸透してきたが、帽子や偏光グラスの未着用は少なくない。混雑する釣り場では、自分は気をつけていても周りが……ということもある。頭部や目の保護のため着用することを徹底し、海サクラ&海アメフィッシングを満喫したい。

『シーマス』30gを遠投して着水後3カウント、巻き始めてすぐにきたのは3kgアップ。レンジを合わせることでヒット率は上がる

2007年、十勝川本流の千代田堰堤右岸に造られた千代田新水路により、サクラマスの遡上が増えているようだ。右岸に造られた『魚道観察室ととろーど』では、その姿を見ることができる(編集部)

【十勝】

遠投重視の今だから

時世に合った Tackle & Tactics

ルアーが沖の群れに届くことで、ヒット率は飛躍的に上がる。
それを実現させるために、まずはタックルバランスが肝心。
また、跳ねやモジリを見つけたときのアプローチも心得たい。
南十勝の海サクラをテーマに、佐藤博之さんがヒントを伝授。
※記事内に出てくるアイテムは、すべてダイワ

写真・文＝佐藤博之（北広島市）
Photo&Text by Hiroyuki Sato

南十勝はたいていウネリが強く、ナギの条件が少ない。必然的に遠投でのアプローチが主体になってくる。その際に最適なタックルおよび戦略とは？

メインはやはりジグだ。ルアーが一番よく泳ぐスピードのタダ巻きを基本とし、アクションに変化を与えるため、軽くトゥイッチを入れることもある

濁りがなければチャンスは充分

かねてより漁師の方から「サケやマスは濁りを嫌う」と聞いていたが、本当にそのとおりだと思う。たとえば天気の悪い日にダメもとで釣りに出掛け、濁っていない場所を探しながらサーフを歩いていると、ルアーの届かない澄み潮の沖ではサクラマスの跳ねが見えることも多い。つまり波が多少高くても、濁っていなければ釣れる可能性はある。そしてこれはどの海域でも同じことがいえる。むしろそんなときこそ、サクラマスはピンスポットに溜まっていると考えてよい。

以前、大雨が降った後に苫小牧の海岸線を走行していると、ひときわ澄んだポイントを見つけた。試しに釣り場へ降りてみると、なんとその場所だけサクラマスが跳ねまくっているではないか！　一見するとコンディションが悪いので、釣り人の姿はもちろん皆無。一人でオイシイ思いをしたのであった。厳しい状況で魚を見つけることができれば、釣りあげたときの感動は大きい。諦めるのではなく、逆境でも「釣れる理由」を考えて臨んだほうが、釣りの引き出しは増える。

ジグ&シンペンで広範囲をサーチ

数年前まで帯広に住んでいた私は、南十勝と呼ばれる太平洋に面した広尾～大樹のエリアがホームフィールドだった。この地域は海岸の変化が乏しく、広大なサーフがえんえんと続く。

基本的な釣りの流れとして、まずは状況を把握するため広く海を観察。サクラマスが跳ねて居場所を教えてくれたら、その場に誰よりも先にキャスト。サクラマスは群れで泳いでいることが多く、ルアーの届く範囲の沖に跳ねがあれば連続ヒットの可能性もある。

一方、十勝港から北のポイントは比較的カケアガリが近く、手前でヒットすることが少なくない。そのため遠投する必要はないと思われがちだが、沖からルアーを追ってヒットすることもある。ライバルが多くなった近年は、やはり遠投して広範囲を探るのがおすすめだ。また、沖にいるサクラマスのほうがルアーへの反応はよく、着水後の数巻きで食ってくることも多い。

逆に近くで跳ねが見られるのに反応がないときはロッドを立て気味にし、手前をじっくりスロー巻きで誘うと反応が得られる場合も。周りに人がいないときは斜めにキャストし、カケアガリ付近を丁寧に探るとヒットにつながりやすい。ただし、近くで跳ねているサクラマスはスレていると考えられる。このことからも、遠投による広範囲のサーチが有効だ。

ロングキャストがキーなだけに、私の使用頻度が高いのはジグで、ルアーが一番よく泳ぐ速さのタダ巻きを基本にねらっている。なお、サクラマスはどちらかというとナ

豊似川河口のようす。アングラーが多くプレッシャーの高い状況では、やはり飛距離が重要になってくる

チュラルよりもブリブリとした動きに反応がよいと感じる。ベタナギのときはジグにアクションの変化を与えるため、軽くトゥイッチを入れたりもする。とはいえ南十勝はウネリが強く、ナギの条件は少ない。ウネリが強いときは速く巻くとルアーが飛び出しやすくなるので、リーリングスピードの調整が大切だ。

ジグに反応がない場合、シンキングペンシルも有効。2024年に『Aiveスティック120S』が登場し、本来ジグでしか攻略できなかった沖のポイントを、シンキングペンシル特有のスローなアクションで探れるようになった。岸寄りして時間が経った個体に口を使わせやすいため、とくにシーズン終盤での活躍が見込める。

釣行時の潮回りを気にする人も多いが、私はそれほど重視していない。長潮や若潮で爆釣したことがあり、どの潮でもチャンスはあると思っている。ただ、サクラマスが背ビレを出しながら群れで押し寄せるタイミングは「大潮の満潮時」が多い。なお、断言こそできないが、南十勝のサクラマスは水温13℃が一気に岸寄りしてくるタイミングだと感じている。

ちなみに20年ほど前の釣果のピークは、6月中旬から下旬にかけてだった。しかし、現在は7月に入ってからがよく釣れている。これは以前に比べて水温が変化しているからだろうか……。

1.波足が長いのが南十勝サーフの特徴。ゆえに立ち込みすぎはNG。引き波も強いため、さらわれないように注意が必要　2.推奨ロッドは『カムイランケタム』シリーズ。50ｇ前後のジグを遠投する際は「109ML/M+ AGS」(写真上)が最適で、ミノーの使用あるいは女性アングラーには「106L+/M AGS」がおすすめ　3.「106L+/M　AGS」で軽快にキャスト！　力を入れなくても曲がり込み、ロッドが勝手にルアーを飛ばしてくれるイメージ(写真左)

適したタックルが肝心

私が南十勝で海サクラを始めた頃は、9・6フィートのトラウトロッドを使っていた。当時は周りにアングラーが少なく、魚も比較的近くにいるので遠投する必要があまりなかったのだ。ところが先述したようにアングラーが増えてプレッシャーも高まると、やはり飛距離が重要になってくる。

単に50gのタングステン製ジグをフルキャス

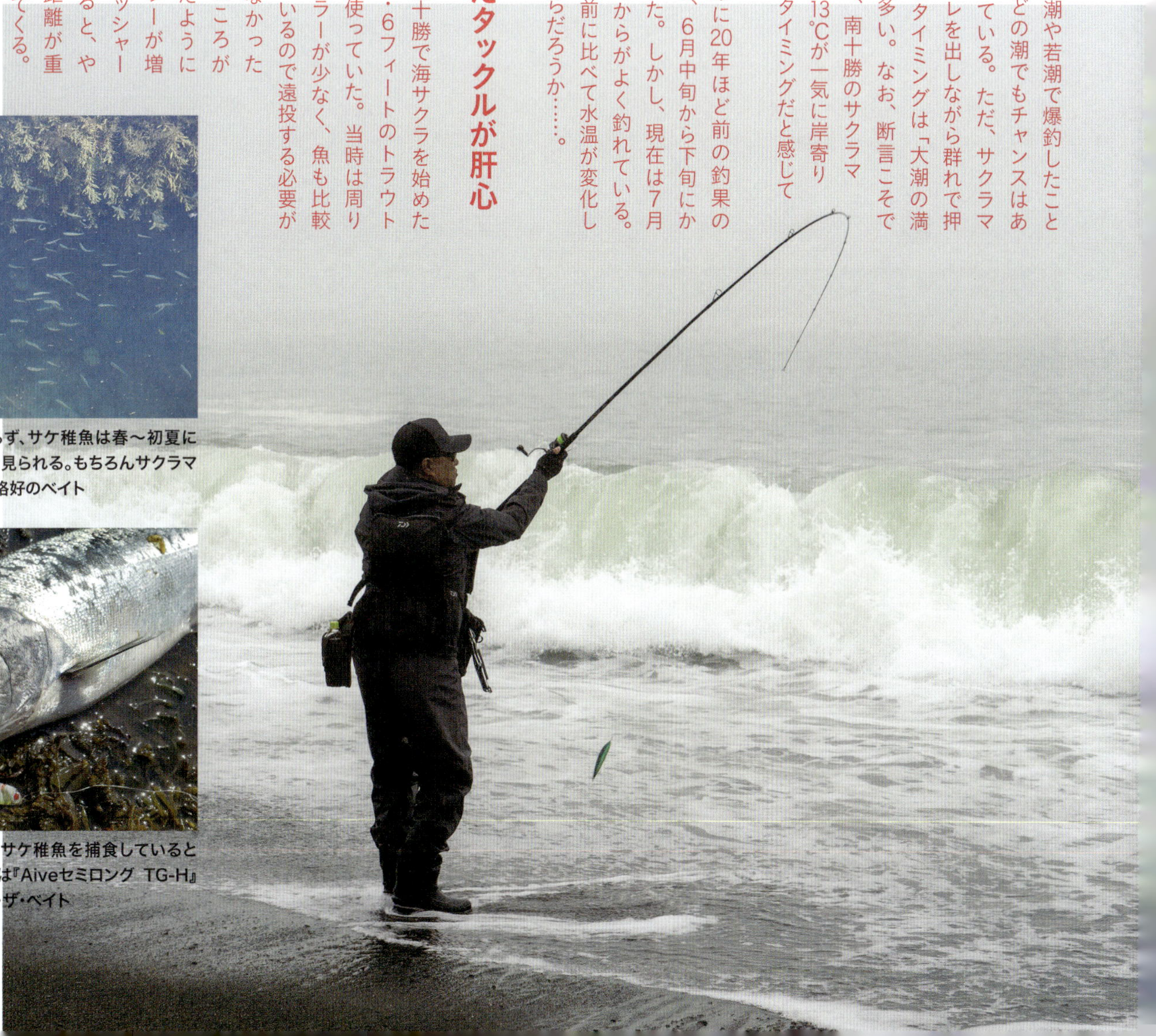

南十勝に限らず、サケ稚魚は春～初夏にかけて各地で見られる。もちろんサクラマスにとっては格好のベイト

サクラマスがサケ稚魚を捕食していると思われるときは『Aiveセミロング TG-H』がマッチング・ザ・ベイト

時世に合った Tackle & Tactics

注目ルアー

Aiveスティック120S

飛距離をとことん追求し、広範囲のサクラマスを誘う性能に磨きをかけたシンキングペンシル。独自の後方重心設計と凹凸のないボディー表面、そして極度に絞り込んだテール形状が、サオ抜けポイントを回遊するサクラマスへのアプローチを可能にした。タダ巻きで小気味よくスイングアクションを起こし、ジグやジグミノーを食わない魚に口を使わせる
●サイズ：120㎜36g　●カラー：全6色
●潜行深度：約30〜150㎝　●フック：#5トレブル×3本

シーズン終盤の南十勝でキャッチしたサクラマス。ゆっくり引けるシンキングペンシルは、とくにスレた個体に効果的だ

トするならMHクラスのロッドを使えばよいが、こと海サクラに関してはそういうわけにもいかない。サクラマスは口周りが柔らかく、掛かり所によっては張りの強いロッドだとバレやすくなるからだ。

そこで生まれたのが、2023年にリリースされた『カムイランケタム』。同シリーズの特徴は、しなやかさのなかにパワーがあること。

「109ML/M+AGS」は7〜50gのウエイト幅があり、海サクラで使用するルアー全般をカバー。50g前後のジグを投げる際もルアーの重さをロッドに乗せやすく、バットパワーがあるため安心してキャストできる。また、しなやかなティップがサクラマスの急な走りに追従し、バラシを軽減する。

とくに最近は女性アングラーが増えたが、「109ML/M+AGS」が扱いづらいと感じる場合は「106L+/M AGS」がおすすめ。こちらはミノーに特化したモデルではあるものの、適合ルアーは5〜40gと広い。実際にフィールドで妻の麻衣に使ってもらうと、「力を入れなくても曲がるから、ロッドが勝手に飛距離を出してくれる」と言い、『AiveセミロングTG-H』35gを軽快にキャストしていた。

そして、なんといっても忘れてはならないのがリールである。『セルテート』は2024年に生誕20周年を迎えた。私は「Rカスタム」の時代から愛用していて、巻き心地の軽さと力強さ、メタリックブルーのカラーリングに心躍ったものだ。数多くのサクラマスを釣りあげた思い入れのあるリールで、私の海サクラはセルテートとともに成長してきたといっても過言ではない。

『24セルテート』は、「エアドライブデザイン」によってローターから上が大幅に軽量化。ロッドに装着すると一層軽さが感じられ、操作性も向上している。とはいえ、初代から首尾一貫してタフなリールの代名詞であることに変わりはない。19年モデルから採用された「モノコックボディー」でリール本体にネジレの負荷がかかりにくく、パワーロスが発生しづらい。さらに、ドライブギアの強度も格段に上がっている。たとえば、一般的にハイギアは巻きが重いイメージがあるが、まったくそんなことはない。今までにないほどに軽く、滑らかな巻き心地を実現している。

『セルテート』は2024年で生誕20周年の節目を迎えた。写真左は2006年登場の「Rカスタム」（2500番のスプール＆ローターに3000番のボディーを融合したモデル）で、右は『24セルテート』。同シリーズは昔も今も佐藤さんの相棒だ（写真上）

『24セルテート』は、「エアドライブデザイン」によってローターから上が大幅に軽量化。ロッドに装着すると一層軽さが感じられ、操作性も向上している（写真下）

ところで、ダイワリールのユーザーから「ATD（オートマチックドラグシステム）はどれくらいで設定するのがよいですか？」と聞かれることがよくある。私の場合は、自分でも多少緩めだと思う程度に設定している。それでもヒットした際、一気にラインが出されることはない。サクラマスは近くまで寄せると突発的に走ることも多く、口切れを防ぐため、さらに少し緩めてからランディングするようにしている。

海サクラのアベレージサイズは50㎝前後とはいえ、独特な地形と強い波により、スピードとパワーを増幅させる。60㎝を超える良型になれば、その強さは推して知るべし

急深サーフを侮るべからず！
南十勝の

写真・文＝奥代直行（音更町）
Photo & Text by Naoyuki Okudai

「ランディングの難しさは全道イチ」初夏に盛期を迎える十勝南部について、そう語るアングラーはとても多い。また、有効なルアーに関しても道内の他エリアとは少し異なるようだ。地元名手のルアーとメソッドを拝見。

Tシャツ姿でラン&ガン

7月、桜の花はとっくに散り、木々の緑が深さを増していく十勝エリアに、待ちに待った〝海サクラ前線〟が北上してくる。私の地元では6月中旬から海サクラと海アメが釣れ始め、シーズンはおおむね7月いっぱい。すっかり気温が上がり日中は30℃を超えるような日もあり、Tシャツ姿でサーフに立つアングラーもいるくらいだ。

分厚い防寒着は着なくてよいものの、夏至付近が最盛期ということで日の出が早く、午前3時過ぎにはキャストできる状況。当然シーズン中は寝不足気味……。それでも夜中に目が覚め、海へ向けて車を走らせている自分にあきれてしまう。が、ひとたびポイントに着けば、すでに勤勉なアングラーが準備を始めている。頭が下がると同時に妙な仲間意識が芽生える。

ラストまで慎重に

私が海サクラ&海アメの主戦場としている十勝・太平洋のポイントは、道南日本海で見られる磯場はほぼなく、基本的にサーフが中心。大小を含めた海に注ぐ河川は十勝管内だけでも20以上あるが、本格シーズン中に河口規制のかかる河川は3本のみ（十勝川、歴舟川、広尾川。楽古川は8月20日から規制が入る）で、ポイントに困ることはない。

日本海やオホーツク海にない太平洋の特徴として海がシケやすく、普段から波が高いことが挙げられる。小さい頃から海といえば太平洋のイメージしかなかった私は子どもの頃、父親に初めて連れ

今も海岸に残る太平洋戦争の遺構、コンクリートの建造物であるトーチカ。これをはた目にキャストを繰り返すのは、南十勝ならでは

南十勝のローテーション

70㎝アップの海アメを持った奥代さん。ちなみに、海アメの最大魚は82㎝、海サクラは日本海であがるようなイタマス体型を地元で釣るのが夢という

て行ってもらったオホーツク海の穏やかなサーフを見て、「これ、湖?」と言ったのを覚えている。

通称「南十勝」と呼ばれるサーフで目を引くのは急深な地形だろう。波打ち際から急に深くなり、波の押し引きが非常に強い。すべてのサーフが急深なわけではないが、人気ポイントの数ヵ所はこれに該当する。

急深サーフの見分け方は、まず粒の細かい砂浜ではなく、だいたいが砂利か砂利混じりであること。もう1つは波が岸から近い場所で発生し、岸に強く当たっていること。逆に波が遠くで起き、岸に静かに当たるような場所は、遠浅か緩やかな地形だと判断できる。

急深サーフはすぐ手前で強い波の影響を受ける。これが原因で南十勝の海サクラと海アメは、道内で最もランディングの難易度が高いといわれている。せっかく寄せてきた魚を、あと一歩のところでバラす人が続出するのだ。本当に最後まで気を抜けない。むしろ最後が一番気を抜けない。私もご多分にもれず、何度も「あと一歩……」を経験している。

カギを握る110㎜ミノー

●30mでも釣れる

ランディングは難しいとはいえ、もちろん急深サーフ特有のメリットもある。一般的にサーフの海サクラ釣りといえばジグをフルキャストして速巻き、磯ならロングミノーのジャーキングというイメージが定着しつつある。

一方、急深サーフの場合、魚が波打ち際のブレイクライン(=カケアガリ)を回遊することが多く、たった30mほどの飛距離でも勝負(ヒット)できることもある。魚の溜まっている距離や回遊ルートを読み、ジグとミノーを使い分けることが南十勝における攻略のカギとなる。

●ミサゴジグ

ジグに関しては、私が監修している『ミサゴジグ』28gと38gの2サイズをローテーションする。まずは28gで広くサーチし、魚が遠かったりウネリのあるときは38gの出番だ。

2022年夏から製作に着手したが、こだわったのは水噛みをよくしてアクションを引き出し、高波でも飛び出さない操作性の高さ。そうしてたどり着いた形状は、背面から見ると頭部側が極めて薄く、尻部側は分厚く、極端な後方重心に見えるかもしれない。しかし、側面から見ると前方は体高が高く、後方は絞り込まれてスマート。結果として「実際はセンターに近い後方重心」となり、すぐれたアクションと操作性につながっている。

アクションはウオブリングで、幅広いリトリーブスピードに対応。ポーズを入れるとヒラヒラというより、尻側からジグザグに落ちてリアクションバイトを誘う。跳ねやモジリ、周りの反応などで魚が近いと確信したら、次から紹介するミノーに替える。

サーフで波打ち際を回遊していた海サクラを、『サラナMD110S』でねらい撃ちして仕留めた(写真右)

ウネリを伴う波の中に『D-コンタクト110』を沈め、トゥイッチを加えると反応してくれた(写真左)

●ハルカ

『ハルカ』シリーズは125㎜、145㎜、165㎜があり、それぞれフローティングとシンキングがラインナップされている。どのモデルも空気抵抗の少ないボディーと重心移動システムにより、綺麗な飛行姿勢を維持するのが特徴。魚が少し遠くても攻略することができる。なお、アクションはあまりつけないほうがよい。強いジャークを入れると手前の波の影響で、ラインスラックが出すぎてトラブルにつながることが多いため。ロッドティップをチョンと動かすくらいのアクションで充分だ。それだけでもアピール度は高く、引き抵抗の軽さも魅力的。

種類がありすぎて分からないという方には145Sモデルがおすすめ。たいていどこのショップにも置いてあり、カラーバリエーションも豊富。これで興味が湧いたらサイズ違いやフローティングを試してほしい。

●D-コンタクト110

誰もが知っている通称「ディーコン」。85㎜までしかサイズのなかった時代は手前の魚限定のルアーだったが、2020年ラインナップに加わった110㎜なら飛距離を充分に稼げる。

固定重心のヘビーシンキングで沈下速度は速く、立ち上がりの動きもよい。「ガーッ」という速巻きから「ビタッ」と止めたり、波の中に沈ませてチョンチョンとアクションをつけるのも効果的。タダ巻きで釣れる優秀なルアーだが、アクションしだいでさらに釣果は伸びる。ビギナーからベテランまで、主力ルアーになりうるポテンシャルを秘めているのは今さらいうまでもないだろう。星の数ほどあるルアーのなかで、ロングセラーなのには理由がある。ちなみに110㎜モデルの純正フックは#3。私はフッキング率を上げるため#4に交換している。

●サラナMD110S

もともとは本州のヒラメやタチウオをターゲットにしているルアーだが、南十勝のサーフに必要な要素を高いレベルで満たしており、しっかり実績も残しているお気に入りの一本。

飛距離は『ハルカ』シリーズや『D-コンタクト110』ほどではないものの、16・5gの自重を考えれば優秀な部類に入る。コンスタントに50〜60mは飛んでくれる印象だ。

MD110Sという名のとおり、ミディアムディープのシンキング。長めのリップが付いているが、この恩恵を受けて着水後、すぐに巻き始めても重心移動ウエイトがフロントに寄る。そのため、ルアーの立ち上がりが非常に早く、かつ安定している。

急深サーフの攻略で難関となる手前で大きくなる波の問題も、シンキングならではのカウントダウンとMDリップとの相乗効果により、手前まできっちりアピールすることが可能。アクションはタダ巻きでOK。しっかり波の下を通過させたい場合、止めて沈めることを忘れずに。ロッドアクションをつけても大きなリップの影響で移動距離が短く、その場でステイさせることができる。デメリットとしては、水深の浅いポイントでは潜行角度が邪魔をし、リップがボトムに刺さることくらい。海サクラを意識したカラーも加わり、道内での取扱店も増えたのがうれしい。

独特な地形と波により、難しいといわれる南十勝だが、本稿が皆さんの釣果の一助になれば幸いである。

最近十勝ではめっきり少なくなった海アメ。うれしいゲストであり、丁寧なリリースを心がけたい

●ロッドの特色

スイングスピードを早くしなくても、しっかり曲がるブランクと反発力のおかげで、軽い力でもスムーズなキャストが可能。その結果、長時間振り続けられる。海サクラ特有の口切れを防ぐしなやかなティップと、サーフにズリあげるためのタメの効く強靭なバットを備え、ベリー部はティップとバットをスムーズにつなげる

使用タックル

ロッドはスミス『パノラマシャフト　PNR-1063ML』、リールはシマノ『ツインパワー4000HG』、ラインシステムはPE 1.2号＋フロロカーボン20lbを1ヒロ

●アドバイス

ノットの結束部はガイドの外に出してキャストすると飛距離が伸びる。また、砂利の大きいポイントはリーダーを25lbに強度アップ。手前の波で水中に舞い上がる砂利により、ラインが傷みやすいため

有効ルアー①

『ミサゴジグ』。魚食性の高い猛禽類の名を冠し、ベイトに似せたリアルなシルエットと遠投性能の高さが魅力。フロント部分をギリギリまで薄く設計したことで水噛みがよく、幅広いリーリングスピードに対応する。操作の基本はタダ巻きで、たまにストップを入れてもよい

有効ルアー②

手前上段からロングミノーの『ハルカ165S』(33g)、同145F(19g)、同125S(15.5g)。奥上段からヘビーシンキングミノーの『D-コンタクト110』(26g)、同85(14.5g)。下2本はミディアムディープのシンキングミノー『サラナMD110S』(16.5g)　※ルアーはすべて、スミス

道東エリアの今昔
謎多きアメ、サクラは真夏も

かつて夏の海アメがブームとなり、釧路エリアは大いににぎわった。その後、海サクラが注目を集めると新たなポイントが続々と開拓され、近年はオホーツク海側も盛り上がる。釧路・根室管内の海マス事情を紹介。

文＝**佐々木大**（釧路市）
Text by Takashi Sasaki
Photo by Ryo Kobayashi

見事な体高を誇る海サクラ。ここ数年はオホーツク海のポイントでも好釣果が上がっている。日本海に負けない大型も釣れている

寒くない海アメ釣り

島牧村で海アメが盛んになった後、しばらくして道東太平洋が脚光を浴びた。60㎝、ときには80㎝オーバーが釣れると話題になり、全道各地からアングラーが訪れたのは二昔前。当時、海アメは冬のイメージが強かったが、道東の盛期は夏。天気がよければTシャツ姿で楽しめ、「寒くない海アメ釣り」は人気を博した。

しかし、よい状況は長く続かず、60～80㎝の良型だけでなく、40～50㎝のサイズすら数釣りするのが難しくなった。そうして道東太平洋の注目度は低くなるが、「どこか違う場所に魚が移動したのでは？」と、新規開拓に励むアングラーが多くなった。以前なら6月頃から開幕し、7～8月が最盛期といわれていたが、昨今は4月頃からサーフに立つアングラーも見られる。海アメに代わってショアの釣りを牽引してきた海サクラのおかげもあり、道東太平洋のサーフは再び盛り上がりを見せている。

次から、当該エリアの概要をお伝えするが、かつて道東の海アメといえば、メインフィールドは浦幌町厚内から白糠町にかけて。年を経るにつれて海サクラをメインに釣りを組み立てる方が多くなると、太平洋側のサーフは河口周辺にアングラーが集中する傾向が強くなった。

各ポイントの概要

●釧路市音別

昔は大型アメマスの遡上数が多かったこともあり、とくに音別川河口周辺はにぎわった。が、アメマスが激減したと同時に、サーフに立つ

最近は海アメの釣れる頻度が少しずつだが高くなり、魚影が回復傾向にあると感じる。

●白糠町

ここ数年、海サクラねらいのアングラーが増えたことで、サクラマスの遡上数が多いと思われる茶路川、庶路川河口の人気が高い。6月以降になると海サクラの釣果情報が増え、平日でも夜明け前からロッドを振るアングラーもいる。

このエリアはそれほど波が高くなくても、遠浅であることに加え、砂の粒子が細かいせいか非常に濁りやすい。遠征組や道東の海になじみがない方にとっては、「釣れる気がしない…」という濁りになることも。また、かなり遠投してもすぐに着底する範囲が広い。その水深の浅さからも、ルアーのチョイスが釣果を左右するだろう。

なお、周辺には漁業、農業関係の私有地が多い。早朝からの車の乗り入れや、駐車スペースに細心の注意を払わなければならないエリアであることも肝に銘じたい。

●釧路市近郊

釧路市内から20分も走らないで行けるポイントは、以前なら地元ア

アングラーも少なくなった。海アメは7～8月が盛期だったが、近年は海サクラシーズンの6～7月がにぎわう。足もとから深いサーフが続き、波打ち際でのヒット率も高い。飛距離に自信のないアングラーでも釣りやすい。

また、茶路川や庶路川河口よりサーフの砂が粗く、濁りが入りにくいのも特徴。朝は濁っていても数時間で綺麗な水質に変わることは珍しくない。ラン&ガンする際は濁りの状況を確認したい。

夏のサーフは乾いた砂浜にずりあげると、魚にとってダメージが大きい。リリース前提で楽しむ海アメは、なるべく水際で放してあげたい

ングラーが目立ったが、SNSなどで情報が飛び交うようになると急激に釣り人が増えた。市街地から近すぎるせいか、一昔前は情報も乏しかったが、釧路川や阿寒川などの大規模河川が流入していることもあり、普通に考えれば釣れないはずがない有望エリアといえる。

海サクラの時期になると雨の降る日が少なく、近年は渇水やダムの放流量の影響もあり、白糠や音別周辺は川と海がつながっていない場合がある。そうすると当然マスは川に遡上できず、河口周辺に魚が溜まり、数釣りしやすい。その点、釧路川や阿寒川はどんなに渇水になっても、河口がふさがることはない。とくに海サクラねらいでは、好調な日が長く続かない。遠征組からするとホテルから近く、濁りも入りにくくてよいのだが……。

注意したいのは港が近く、堤防など人工物の多いエリアなので、立入禁止区域を確認していただきたい。

●釧路市〜根室市

釧路川から厚岸方面に向かうまで、大きな流入河川はない。さらに、エリアの大半は断崖や道路が海岸線まで隣接しておらず、釣果情報は少ない。ただ、少ないながらも小さな沢や流入河川はある。開拓精神の旺盛な方は、ぜひチャレンジしてみては？

厚岸から浜中までの区間はサーフが点在しており、人混みを避けたいアングラーは海アメ釣りを楽しんでいるようだ。海サクラはたまにヒットする程度。

●根室市〜別海町

大小さまざまな流入河川の多いエリアで、近年、飛躍的に釣果情報が増えている。納沙布岬から北のオホーツク海側は、太平洋と違って波穏やかで、悪天候でも命の危険を感じるほど波が高い日は少ない。透明度も高く、エントリーしやすい。が、太平洋エリアに慣れている方にとっては、湖のように穏やかなので、かえって「釣れる気がしない……」という話も聞く。

1つだけ難点なのは、アマモというニラのような葉を持つ海草が群生していること。それがシケ後や海流によって海面を漂い、ルアーにゴッソリと絡んで釣りにならないこともある。そんなときは、海草の漂っていない場所を求めてラン&ガンする必要がある。

シーズンの流れ

道東のサーフは、北海道でも遅くまで海サクラがねらえる。サクラマスという名が付いた一説に、桜の開花時期に沿岸から河川に遡上することがあるが、ゴールデンウイーク前後から釣れた情報が聞かれ始め、徐々に右肩上がりとなってピークを迎えるのが6月。7月上旬から急激に釣果が落ちる傾向はあるが、道東は8月に入っても釣れるのは珍しくない。うっすらと婚姻色に身を染めた海サクラを見られるのも、道東サーフの特権といえるかもしれない。

一方のアメマスは近年、ほとんど年中、海で釣れるようになっている。川で越冬した個体は、サケ稚魚が海に旅立つのと一緒に降海するといわれてきたが、ここ数年は12月頃、海でよく釣れることがある。その理由は定かでないが、秋に産卵を終えた後、すぐに海へ下る個体が多くなったのでは？　と、私は思っている。昔ならたまに釣れる程度だったが、ここ数年は行けば釣れる感じ。海水温が最も下がる2月はやや低調とはいえ、本来は川にいる個体が多いとされる3〜4月でも良型が

釧路エリアのサーフ。音別川河口周辺は砂が粗く、茶路川河口などに比べると濁りが入りにくい。岸近くから深く、波打ち際でもヒットする

茶路川河口周辺は海サクラの人気ポイント。砂の細かい遠浅のサーフで、濁りが入りやすい。濁りの状況に加え、飛距離が釣果のカギを握る

釧路市街から近いサーフは、以前なら地元アングラーしか見られなかったが、近年は釣果情報が飛び交うと大勢のアングラーが並ぶ

別海町のサーフ。根室市の納沙布岬から北はオホーツク海に分類され、太平洋とは異なり波は穏やか。遠浅のポイントが目立つ

ポツポツ釣れる年もある。本当にアメマスという魚は謎である。

オホーツク海と太平洋側、それぞれで釣れる時期にけっこうなズレがあり、オホーツク海側のほうが多少時期を外しても海アメが釣れる時期は長いようだ。ただ、その年の降水量によっては、一気に遡上してしまうことも。「数日前までよかったのに、ぱったり釣れなくなった」ということもある。天気予報は釣行の1週間前から注視しておくとよいだろう。

意外と難しい？

住んでいると気づかないが、遠征アングラーと話すと「道東は難しい」と言う。「もっと簡単に釣れると思ったのにあまかった」との声も耳にする。「アメマスの60なんてポンと釣れちゃうもんだよ」と、一昔前の情報を頼りに来道し、痛い目に遭う方は少なくないようだ。

とくにアメマスはシーズンの流れをつかみにくい。初夏、ボートで海アメをねらうと、丸々と太った60～70㎝オーバーが追ってきて、「今年のサーフは期待できるね♪」と話していたのに、「あのデカいアメマスはどこに行ったのか？」と首を傾げたくなるほどパッとしない年もある。親潮の影響で夏でも冷たかった道東太平洋だが、海水温の上昇により熱帯地域の魚類が回遊するなど、海の状況は刻一刻と変わっている。

道東と一口にいっても、少し車を走らせただけで遠浅からドン深のサーフ、断崖絶壁、波の大小と、いろいろなポイントが点在する。どこで釣りたいかをある程度絞り、通い詰めるのが安定した釣果を出す秘訣かもしれない。

大型の海アメはタイミングが難しいものの、今でも釧路・根室エリアの貴重なターゲットだ

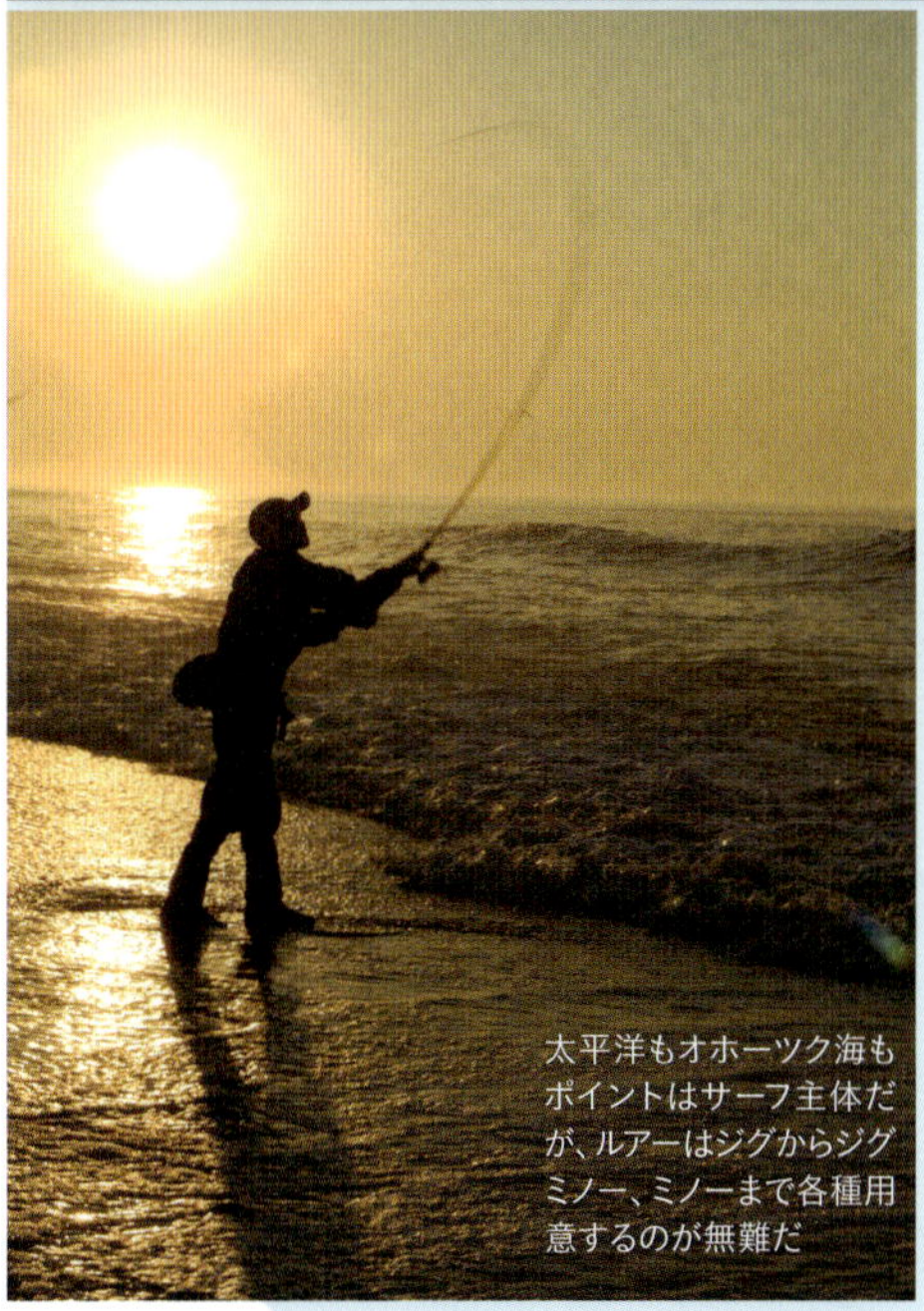
太平洋もオホーツク海もポイントはサーフ主体だが、ルアーはジグからジグミノー、ミノーまで各種用意するのが無難だ

第1次ブームから続く

ジグミノーがサクラに効く理由

写真・文 福士知之（千歳市）
Photo & Text by Tomoyuki Fukushi

第Ｉ次はＫＪ

海サクラねらいで必須ルアーといえるジグミノーは2005年、リセント社の『ＫＪ-11』が第1次ブームを巻き起こした。それから15年近く経過した2019年『フルベイト』が第２次ブームをつくったが、ここでは昔と今で何が変わったのか、それを振り返りながら再考してみたい。

はじめにジグミノーとシンキングペンシルの違いについて。正確にはジグミノーもシンキングペンシルなのだが、道内アングラーの間ではベリー（腹部）にフックの付いたものがシンキングペンシル、テール（尻部）にだけフックの付いたものがジグミノーと認識されているようだ。

アクションなどで両者の違いはそれほどないものの、腹部にフックが付くシンキングペンシルはその

フルベイトシャープで釣った良型。穏やかで潮の動きがあまりない状況下、遠投して超スローでねらうとチェイスを確認。そこからリトリーブ速度を上げると波打ち際でヒットした

KJ-11（110㎜25g）

2005年に発売されると瞬く間にヒットルアーになったジグミノー。スリムボディーでメトロノームのようなスローで規則的なアクションが特徴。射程圏内に魚がいれば抜群の釣果を得られた

海サクラ草創期から使い続け、ジグミノーに全幅の信頼を置いているD-3カスタムルアーズ代表の福士さんは第2次ブームを巻き起こした『フルベイト』を世に送り出した。そこにいたる過程を振り返っていただこう。

部分が抵抗となり、アクションの振り幅は腹部にフックのないジグミノーより狭くなる傾向がある。その代わりローリング寄りのアクションが加わるのが特徴。

ジグミノーと聞いてイメージするのは、"ジグ+ミノー÷2=ジグミノー"という図式だろう。特性もそのとおりでジグ並の飛距離が出せ、ミノーのようなボリュームを持ち合わせたハイブリッドルアーといえる。

ボディー全体が金属製のジグのほうが飛距離は出るとはいえ、ジグミノーはボディーにボリュームと浮力を維持したプラグとなりアクションは異質。パッと見は両者とも似ているが、ジグミノーのほうがアピール要素は大きく、さらにリトリーブ時に大きな揚力が働きスピードの緩急をつけやすい。

ルアーのなかでリトリーブスピードに最も緩急をつけられるのはミノーだが、ジグやジグミノーはボディー全体で水を受けてアクションするのに対し、ミノーはリップが水を受けることでアクションする。そのため、アクションの質は両者で異なる。リップは簡単にいうと「抵抗板」。大きなリップを持つミノーほどアクションの抵抗も比例して大きく、高速リトリーブは難しくなる。

反対に、最も速くリトリーブできるのは、ボディーが細く内部に空気室を持たない金属製のジグ。しかしながら安定感に欠き、高速リトリーブではボディーが回転し、アクションが破綻するタイプが多い。その辺りを見極めて使用したい。以上3種類のリトリーブスピードとアクションの大きさに関しては、図1を参考にしてほしい。

スリムボディーから始まった

第1次ジグミノー・ブームでは、日本海の海アメ&海サクラ用にデザインされたスリムボディーが重宝された。これはおそらく、ブームのきっかけをつくった前出『KJ-11』(以下、KJ)と、それを追ったデュオ社の『プレスベイトカムイ』(以下、カムイ)がスリムボディーだったため。後発のメーカーも「細いほうが売れるんでしょ?」と、いっせいにスリムボディーを開発。そうして似たようなジグミノーばかり店頭に並んだ。

乱立したジグミノーのなかで、結果的にKJとカムイの2種類が長期にわたって活躍したが、当時はフォールアクションが水平であるほうが釣れるとされ、水平姿勢を維持しやすい若干フロント寄りに重心を残したバランスのものが多かった。後発のジグミノーはそのバランスのまま、「重いほうが飛ぶよね?」と重量を増して設計。その結果、キャスト時に振り抜くことが難しくなり、姿勢が崩れて飛距離はかえって落ちた。

プレスベイトカムイ(110㎜25g)

2007年に登場。好バランスのスクエア形状で当時としては画期的な専用設計のシングルフックを標準装備。のちに遠投性能を高めるため重量を増したヘビーウエイトバージョンも追加されている

ディスタンスヴィクセン(90㎜28g)

かつて人気を博したトラウト用ミノー『ヴィクセン90』をベースに、海アメマス&サクラマス用に開発。遠投性能に長けた高比重ジグミノー。ヘッド部のアイが横向きでアクションの始動速度が速い

ルアー3種のリトリーブスピードとアクションの関係

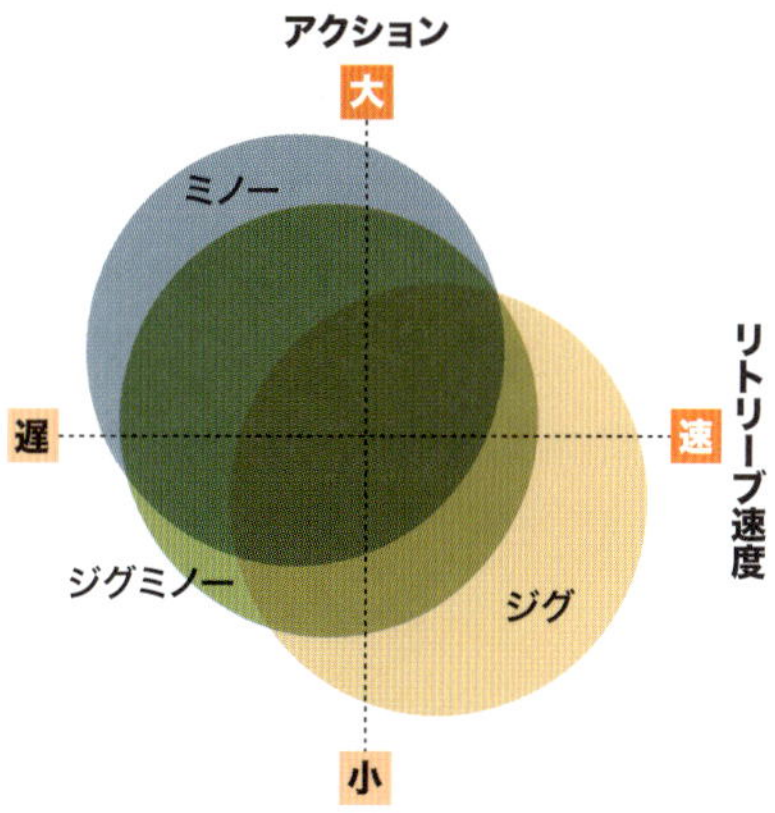

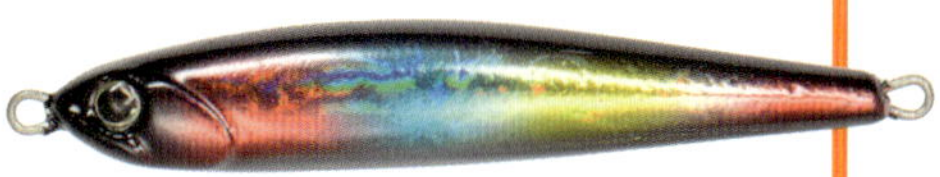

福女子(90㎜28g・38g)

ボディーに浮力の大きい硬質EPS素材を採用し、抜群の遠投性能と復元力を突き詰めた。スローからファーストまで非常に安定したアクションが特徴。同サイズで38gのヘビーウエイトもラインナップ

FJ-10(100㎜30g)

フルベイトシャープの設計時に同時進行で僕が設計したフラットサイド・ボディーの高比重ジグミノー。倒れ込むようにテールを振る派手なアクションと大きなフラッシングでアピール。ウネリにも強い

それらに比べると、KJとカムイは25g程度と比較的軽量。絶対的な飛距離こそ出ないものの、飛行姿勢とフォールアクションのバランスが絶妙で、扱いやすかったことが長く支持された要因だろう。

僕は上記2種類に加え、ティムコ社の『ディスタンスヴィクセン』（以下、ヴィクセン）もマストアイテムとして使用していた。KJやカムイと違い、短くコンパクトでありながら28gと高比重。重心もセンターバランスでフォールアクションは美しくないが、よく飛ぶので遠投が下手だった僕は随分と助けられた。

そうした経緯から、僕が『福女子（フクナゴ）』を製作する際、ヴィクセンのようなジグミノーを目指した。前出の3種類は速巻きで回転してしまうため、それを解消すべくEPSという高浮力の発泡素材を採用した。このルアーは今でも自信作だ。

ブームが再びジグやミノーに移っていくなかで、KJ・カムイ・ヴィクセン・フクナゴと4種類のジグミノーを使い続け、無数のジグミノーを試作してきた。KJやカムイのような細身のものは全体的なバランス力に優れたタイプ。ヴィクセンやフクナゴのようなコンパクトなものは瞬発力に優れたタイプ。そう分類できるが、この特性が『フルベイト』と『フルベイトシャープ』につながる。

遠投で広範囲を探る釣りでは、1キャストの着水から回収までの過程において、アピールする時間を〝長く大きく〟できると効率がよい。そうするとジグミノーの始動速度はスローであるほうがよいのだが、リトリーブ速度を遅くしすぎると沈下する作用が大きくなりアピール力は下がる。

フルベイト（85㎜28g）

85㎜の後部低重心設計ボディーが可能にした、圧倒的な遠投性能と安定したスイングアクションが持ち味。広大なエリアを回遊するターゲットを射程にとらえる。75㎜21g、55㎜12.4gもラインナップ

フルベイトシャープ（110㎜30g）

細身ボディーにチューニングした高比重モデル。ウネリや波による浮き上がりを抑え、メトロノームのような安定したスイングアクションでアピールする。オリジナル段差フックを装着して販売

フルベイトは超低速リトリーブでカーブフォール状態になる際、スプーンのように振れるアクション。ある程度のリトリーブ速度になると、ジグミノーらしく水面直下でブンブンと大きくアクションするように設計した。また、磯場の根周りなどで障害物を感じたら、ハンドルをクルクルッと速く巻くと大きな揚力が働き、スッと浮上して根掛かりのリスクを軽減できる。

【飛距離と振り幅が大事】

第1次ブーム期からのファンからスリムボディーを望む声をよく聞き、製作したのがフルベイトシャープだ。

こちらは細長い形状を採用し、高比重化して揚力を抑えているのが特徴。フォールスピードは速くなり、より海サクラねらいで扱いやすくなっている。アクションの振り幅が最も大きくなるリトリーブ速度は、フルベイトとほぼ同じ設定。だが、フルベイト以上に速巻きに強く、離岸流や大きなウネリの中など、ジグミノーを使うには躊躇する状況でも頼りになる。

フルベイトもフルベイトシャープも、飛距離に関しては自信を持って遠投可能といえるほど飛ぶが、これは水平フォール姿勢を重視することを排除した結果。

皆さんも「言われてみれば……」と思うだろうが、海サクラはどんなルアーであっても、食ってくるのはほとんどがリトリーブの最中。仮にフォール中に食ったとしても、大半は着水時ではないだろうか？　そんな状況では超後方重心のジグでも普通に食ってくる。

ようするに水平フォール云々といわれていても、ショアからのキャスティングゲームは、「どれだけ遠くへ飛んで大きくアクションするか」を優先してルアーを選ぶほうがよい。よく振れるジグミノーは必然的にフォールアクションも秀逸だ。

ここ数年で海サクラ釣りを始めた皆さんは、KJやカムイが大流行した第1次ブーム期を知らないと思うが、我々のようなベテランはジグミノーというルアーにとてもお世話になった。どの釣りでも釣果を左右するのは、「自信をもって結べるルアーがあるか？」だが、第1次ブームから使い続けてきた僕は自信を持って使っている。

自信を持ってキャストできるルアーがあれば、結果は自ずとついてくる

掛かりやすく、バレにくく

海サクラフック考

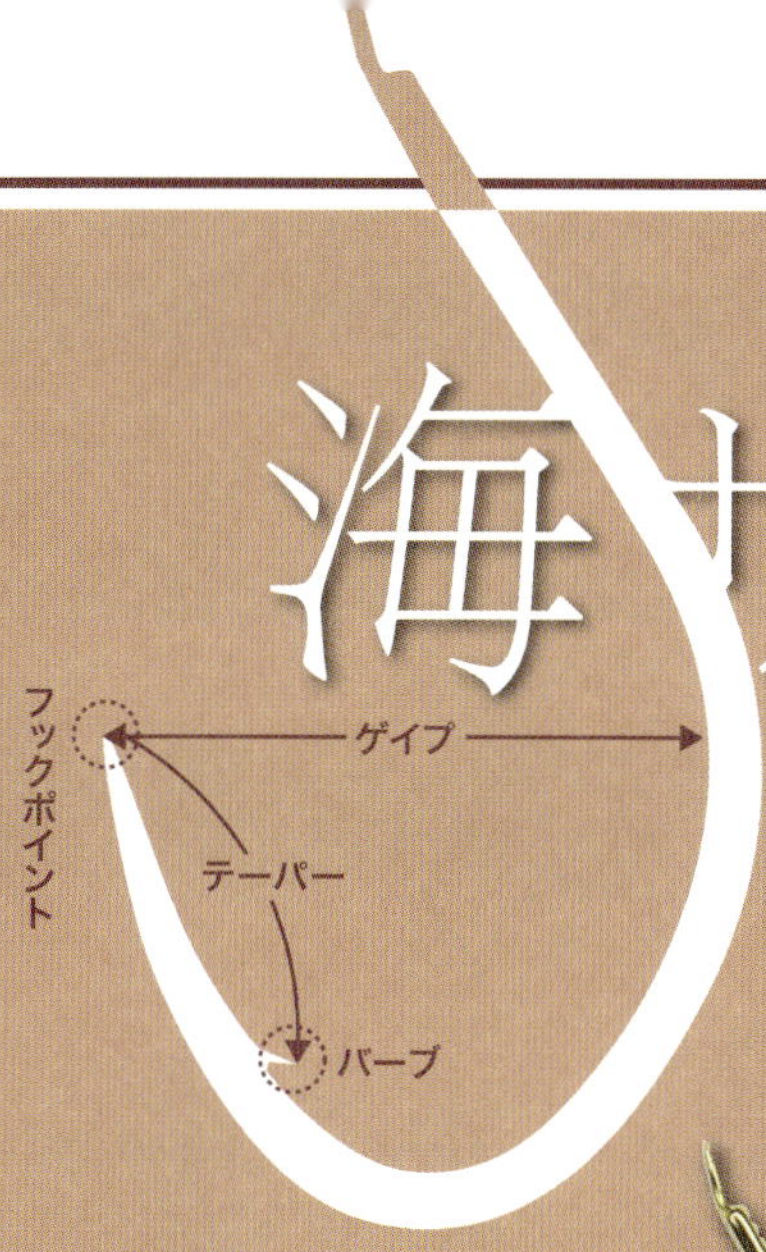

数多いターゲットのなかでも独特なファイトや口の柔らかさからとくに海サクラはフックが重要視される。『フィッシングショップ清竿堂』店主・二橋翔大さんの愛用フック2種と、それを選ぶ理由などを聞いてみた。

注目すべきは4カ所

二橋翔大さんはあらゆる釣りジャンルでフックにこだわりを持っている。海サクラは海アメの流れを受けて長い間、チヌバリをメインに使ってきたが、海サクラにねらいを絞るならアジバリ形状がマッチすると考えている。今はアジバリ形状のフックが多数存在するが、とくに重視している部分は、①ゲイプ幅、②フックポイント（ハリ先）、③テーパー（ハリ先からバーブまで）、④バーブの4点だ。

①と②については、ゲイプ幅が広く、フックポイントが少し内側を向いていると、ハリ先があまくなりにくく、刺さりやすさの持続性が高くなるという。③は短すぎると浅く掛かりやすく、合わせたときにバーブを貫通せずに抜けやすいのがネック。その点、ある程度テーパーの長さがあると深く刺さり、バレにくさに貢献すると思っている。

④はバーブが大きいとフッキングの妨げになりやすいとはいえ、しっかり掛かりさえすれば抜けにくくて安心。反対に小さいと貫通力は高くなる分、ホールド性が少し低くなる。つまり、どちらも一長一短ある。

実釣の際はフックの特性を頭に入れて臨みたい。バーブが大きいならフッキングは強めに行なう。小さいなら向こうアワセでもフッキングは決まりやすいものの、傷口が広がると抜けやすくなるため、テンションを緩めないようにやり取りすることを心がけたい。

現在、ルアーのタイプを問わずに愛用しているのは、オーナーばり『カルティバファイアフック』と、ヴァンフック『チューンドパーチ』だ。

アピールさせる意味

フックの形状のみならず、色と装飾にも気を遣う。チヌバリを使い続けてきた理由の1つに、「金バリがある」ことを挙げる。ルアーと一体化するハリもアピールに大きく寄与しているととらえ、「ハリも目立たせる」が二橋流のフックシステム。もし好みのフックに金バリがなければ、フラッシャーやティンセルなどを巻き込んで自作する。目立たせることで魚のアタックポイントがフックに定まりやすく、「しっかりフッキングしてバレにくい」と言う。

もう1つ、フックに求める要素に「錆びにくいこと」がある。とくに金バリは錆びやすいが、「チューンドパーチはソルティーゴールドもフッ素ブラックも、水洗いさえすれば本当に錆びない」そうだ。

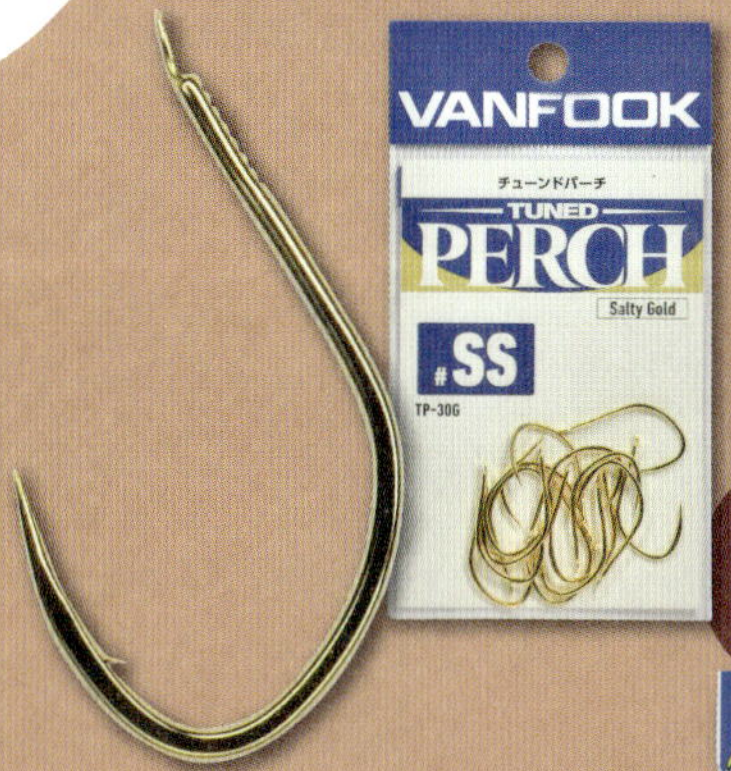

推奨フック

ヴァンフック『チューンドパーチ』

サイズは#3S、#SS、#S、#M、#L、#LLの6種類あるが、主に#SSとSを使う。カラーはフッ素ブラックとソルティーゴールドの2色

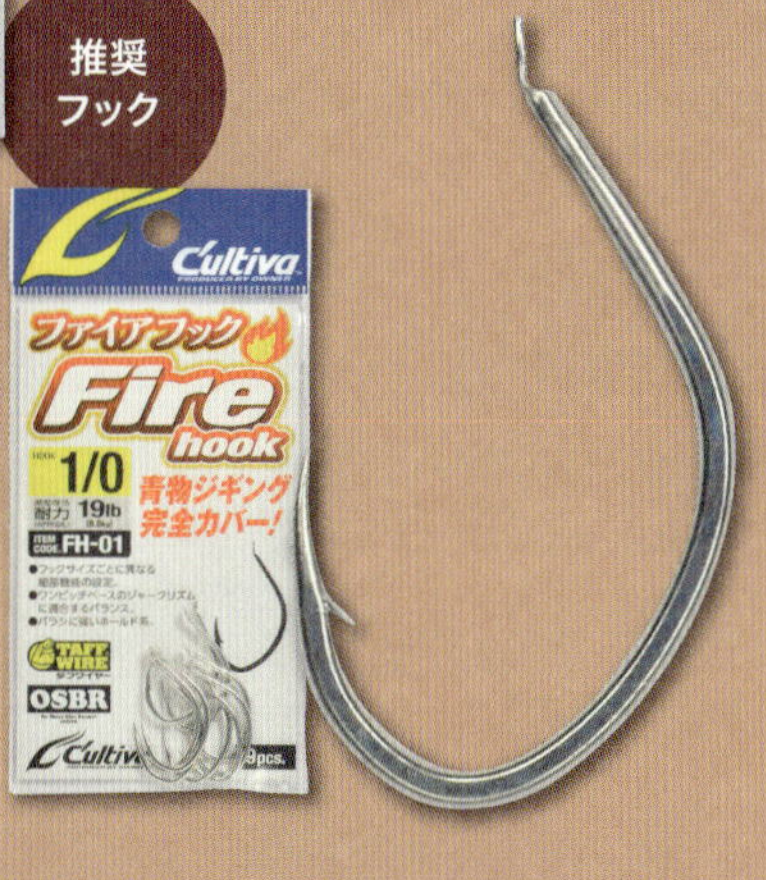

オーナーばり『カルティバ ファイアフック』

サイズはライト、ミディアム、ヘビークラスの3タイプ全12種類あるが、海サクラにはライトクラスの#1/0を使うことが多い

推奨アシストライン

ヴァンフック『クロッシェFC/フロロカーボン』#10がお気に入り。フロロカーボンの編み込み中芯入りで適度なコシがあり、復元力が高く絡みにくい

段差フックの装着例

ルアーは『フィッシングショップ清竿堂』がリリースするロングセラー『SSPジグ』（100㎜40g）。アタリがモソモソと小さい、速めの巻きでヒットしない。そんなときは、写真のロング仕様の段差が有効だ。ティンセルなどはフロントフックに取り付け、リアフックよりも少し長めにするのがコツ。こうするとフロントフックを食わせやすく、食い損なったとしてもティンセルに紛れたリアフックが掛かりやすくなる。なお、シングルはイワシなどが沸き、がっちり食ってくるときに向いている

スレ掛かり減らす効果も
ミノー＆段差フック

**海アメ＆海サクラシーンで猛威をふるう
ロングミノーと呼ばれるルアー。
フックはトレブル3本装着が主流だが、
魚をランディングした後、
体のあちこちにフックが刺さり、
外すのが大変、かつ危険な場合もある。
二橋さんが推奨するのは段差フックだ。**

写真＝二橋翔大（千歳市）
Photo by Syoudai Nihashi

【きっかけ】バラシを減らしたい

島牧村の海アメシーンをリードし、近年は海サクラでも人気沸騰中のミノー。サイズは120～175㎜、トレブルフックを3本装着しているルアーがほとんどだ。アングラーの多くは市販時の状態で使っているようだが、トレブルからシングルフックに替えている人も少なからずいる。しかし、ジグミノーやジグで一般的な段差フックを、ミノーに装着している人は皆無に等しいだろう。

そんななか、千歳市『フィッシングショップ清竿堂』店主の二橋翔大さんは、ミノー＆段差フックの組み合わせで着実に釣果を重ねている。トレブルフックを使って釣ると、フッキングしていない余剰フックまでもが魚体に刺さり、撮影の際「ぐちゃぐちゃになる」ことを嫌い、かねてよりシングルを愛用。しかしながら、以前から「ミノーはトレブルにしてもシングルにしてもバレが多い」と感じていた。

「変わったことをやってみよう」と言うのもあり、数年前、島牧の海アメねらいでミノー＆段差フックのシステムを試してみた。3本フックのミノーだと、一番前（ラインアイ側）に付けるとラインを拾ってしまうのは明らかで真ん中に付けてみた。当初懸念していたボディーやリップと絡むトラブルはなく、「意外にイイかも」と思った。そして翌年、海アメがぽつぽつとヒット。「鼻っ面にちょっとだけフッキングしていてバレないのを見て、これはイケると。ショートバイトでもバレないので」と手ごたえをつかんだ。

あらためて港内でしっかり泳ぎをチェックすると、「ミノー自体は動いていても、フックがあまり暴れない」ことに気づいた。これこそフッキングがよく、かつバレにくい理由と確信。「真ん中に付けるから暴れにくいのかもしれませんが、いずれにしてもルアーと一緒にフックも暴れると乗りが悪くなりますから」と話す。

リトリーブして引っ張っている状態なら、ボディー真ん中に付けた段差フックは暴れずにスレ掛かりしにくいうえ、バラシも少ないのが最大の利点

【メリット】掛かったらバレない!?

ミノー＆段差フックのシステムでは、とくにケプラーの長さが重要になる。二橋さんはジグやジグミノーに装着する場合、後部フックのケプラーを長めにしている。そのほうがフッキングはよくなりバレにくいため。この考えはミノーでも変わらないが、長くしすぎるとボディーに絡みやすくなるのが難点。

長さの基準は、「フックがラインアイに干渉しなければ大丈夫。ラインアイに干渉しないぎりぎりの長さにしています」とのこと。リップと干渉するのが気になる人もいるかもしれないが、意外にすり抜けてくれるようだ。少し短くしてフックをリップぎりぎりにくる長さにすると、今度はリップをロックしてしまう恐れがある。現状、今の長さがベストらしい。

ところでミノーの場合、トレブルからシングル、あるいは段差に替えると、泳ぎに影響するのが嫌われる。これについては、「シングルフックに替えても影響しないミノーなら心配ありません。ただ、テール部が軽くなる分、アクションの振り幅は大きめになるものが多いでしょう」と言う。二橋さんはスレ掛かりしないよう、あまりロッドアクションを加えないが、トゥイッチやジャークといった操作にも影響を及ばさない。使い続けていると、とにかくアメマスもサクラマスもバレにくいと実感。スレ掛かりもほとんどなかった。

「過去にスレ掛かりは一度だけ。おそらくステイさせるとフックが垂れ下がり、そのタイミングで食ってくるとスレ掛かりしやすくなる気がします。引っ張っている（リトリーブ）ときは、フックがボディーに張り付くようになり、スレ掛かりは起きないはず。魚がローリングして抵抗しても、段差部分がねじれるだけ。掛かったらまずバレないイメージがあります」

フックポイントはトレブル3本なら9個。段差なら2個であり、シングル3本よりも少ないのだから、スレ掛かりを大きく減らせるのは間違いない。

長いほうのフックが、ラインアイに干渉しない程度の長さにするのがキモ。写真のルアーはデュオ『タイドミノーランス150F』で、割りビシ大サイズをセットした状態。フックはオーナーばり『カルティバ ファイアフック』#1/0

リトリーブしている最中や流れを受けているときは、段差フック全体がボディーに張りついているイメージ（写真上）。だが、ポーズを入れて静止させると段差フックが垂れ下がり、このときにバイトしてくるとスレ掛かりしやすいと考えられる（写真下）

【チューン】即席ヘビシンにもなる

近年、シンキングミノーを底近くまで沈め、大ものを釣っている人もいる。二橋さんも注目している メソッドだが、今回紹介する段差フックシステムの場合、前と後ろ、2ヵ所のラインアイが空く。これを利用すれば、現場ですぐヘビーシンキング仕様にすることもできる。がっちり沈めて探りたいとき、前と後ろのラインアイに極端に重いウエイト、具体的には割りビシ大サイズなどをぶら下げている。

「割りビシをぶら下げると当然、泳ぎに支障は出ます。それでも速く沈めたい場面では有効。高速リトリーブでアピールでき、もちろん飛距離も稼げます」

フックと同じアイにウエイトをぶら下げる、トレブルフックの軸にイト鉛を巻くと「フッキングに影響するのでは……」と気になる人もいるかもしれない。その点、二橋式ウエイトチューンなら心配無用だ。

ほかにも利点は多い。トレブルやシングルに比べると、フックポイントが少ないだけにランディング後に外すのもラク。また、各アイにそれぞれフックが付くと、刺さりが悪くなってもどのフックがあまくなっているか判断しにくいが、段差フックならあまいと感じたら一発で替えられる。さらにトレブルフックだとボディーと擦れ、ローリングマークと呼ばれる跡が付くが、段差フックならボディーに傷が付きにくい。よいことだらけのミノー&段差フックのシステム、一度試してみては？

このフックシステムでゲットした良型。ロッドはD-3カスタムルアーズ『ブラキストンブレイヴェストBKT-BR103H』、リールはシマノ『ステラSW4000XG』、ラインはバリバス『マックスパワーPE X8ライムグリーン』1.2号、リーダーは『スーパートラウト アドバンス ビッグトラウト ショックリーダー』20lbを約1m

6月16日、60㎝・3.1kgを釣ることができた。これで2年連続で60㎝の目標を達成。ルアーは『LT-35』鮭稚魚ピンクピンクシェル

開幕は北から、東の盛期は6月

60の海サクラも追える

ターゲットが大型化しているのは日本海だけではなくオホーツク海も同様で、海サクラは60㎝も夢ではなくなった。道東をメインに釣行を重ねているベテランが、近年の傾向や一尾に出会うコツを伝授。

写真・文＝古川慎也(小清水町)
Photo & Text by Shinya Furukawa

北見～斜里がメジャー

日本海の海サクラ前線は道南から始まって北上していくのに対し、オホーツク海は北（西）から釣れ始めて徐々に南下する。双方の魚体サイズの違いからも明らかだが、サクラマスの個体群が異なることから、同じ北海道でありながらも海域が違うと真逆のルートをたどるようだ。

オホーツク海のメジャーフィールドは道東エリアだと個人的に思っている。具体的に市町名を挙げると、北見市、網走市、小清水町、斜里町の海岸。これらのショアラインでは草創期から釣果が聞かれる。しかしながら近年、枝幸や興部町など道北オホーツク海の盛り上がりも目を見張るものがある。海サクラをねらうアングラーが増えてポイント開拓が進んだこと、そして海水温の変化が背景にあると感じる。

道東と道北の相違点

面白いのは、オホーツク海のサーフ（砂浜）という同じ条件下でありながらも、タックルからメソッドまで道東と道北では異なる点だ。

道東オホーツク海の場合、遠浅のサーフがメインで岸寄りする魚は少ない。そのため、何よりも飛距離を稼ぎ、より広範囲を探ることが好釣果を得る第一歩。したがってロッドはロングレングスに分があり、ルアーはジグやジグミノーの30g前後を中心に組み立てるのがセオリーだ。

一方、道北オホーツク海は、手前のカケアガリがヒットゾーンになる場面が多く、8フィート前後のロッ

釣れたサクラマスをねらって姿を現わしたキタキツネ。魚を取られないように

オホーツク海の朝焼け。日を追うごとに日の出時刻は早くなるが、6月上旬でおおむね4時前後。やはり朝マヅメはチャンスタイム

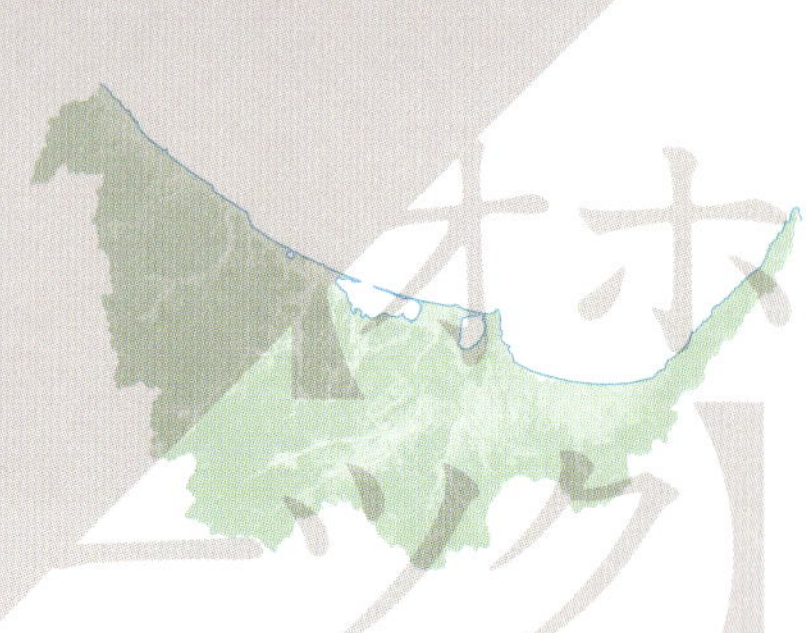

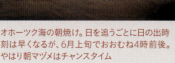

ドレングスと20g以下のライトルアーで対応可能。手前から一気に水深があるわけではないが、ルアーを波打ち際で漂わせるようなメソッドが主流という。両フィールドにおけるメソッドなどの違いは非常に興味深い。

北は稚内から南は根室まで共通しているのは、磯場やゴロタ場がほとんどないことだ。装備についてはサーフに特化してOK。

風向き・波高・波周期

オホーツク海における海サクラのシーズンは4月上~中旬、道北からスタートする。その後、道東へと範囲を広げていくが、私の主戦場である北見から斜里にかけては、おおむね4月下旬から6月中~下旬、最盛期は5月下旬~6月上旬。

シーズン開幕を告げる目安となるのは、近年盛り上がりを見せているオフショアでのサクラマスジギングの釣果。沖でまとまった数が釣れた1週間前後の間、ショアも上向いてくる。しかし、海の状況が大きく影響する。岸波が立って濁りが入ると、魚の岸寄りは極端に減る。こうなるとキャスト範囲内にいたであろう群れも、一旦沖に離れてしまうことが少なくない。海の〝ご機嫌〟のよし悪しはとても大事。悪さをする3大要素、①風向き、②波高、③波周期には常に気を配る必要がある。

まずは風向きだが、オホーツク海の場合、立地的にアゲインストになる南風だと波が抑えられ、逆に北風だと海面をあおり波立たせる傾向にある。前日から北風の吹く天候はベターとはいえない。

次に、波高と波周期。基本的に波高予測は海全体を示している。そのため、沖では波がなくてもショアアングラーにとっては絶望的な岸波が立っていることも珍しくない。そこで重要になるのが波周期である。波周期とは、波と波の間隔の長さを示したもので、同じ波高であっても波周期が異なれば海の状態は全くといってよいほど違ってくる。周期が長くなればウネリを伴い岸波は強さを

★エピソード★
- 潮回りは中潮、満潮2:36、干潮10:53(網走)
- タマヅメねらいで16時より実釣を開始
- シーズン終盤の夕方でアングラーは数人のみ
- 比較的スローにルアーを漂わせる感じでリトリーブ
- 何もないまま時間が経過し、17時半頃……
- 100mほどキャストし、60m前後でヒット
- ひったくるようなバイト。すぐに大型と確信
- 手前のブレイクで左右に走り最後の抵抗を見せる
- 魚の動きに追従するようにファイトしてランディング

岸波と強い濁りにより、全く釣りにならない状態……×

この程度の岸波でも道東オホーツク海は厳しいコンディション△

OKな状態。これなら釣果が期待できる。ロッドを振るのみ！○

『シー・ミッション』28gの蛍光ピンク/蛍光グリーン/グロー、ヤマメで。小粒なシルエットで遠投性能が高く、この日も沖でバイトが伝わった。朝マヅメはグロー系が有効

『シーマス』22gのGピンピンチギョが導いた一尾。このルアーは派手に揺れ、アピール度は抜群。あまりスローではない表層を意識したリトリーブがよいだろう

増してくる。

私の経験上、波周期が7S（秒）を超えてくると、たとえ波高の数値が低くてもウネリにより岸波が立ち上がる。そして濁りも入りやすくなり、タフなコンディションに陥りやすい。なるべく無駄足を踏まず、効率よく楽しみたいのは誰もが一緒だろうが、安全確保の面からも上記の事柄をチェックすることをすすめたい。

引き抵抗をヒントに

一般的に離岸流や潮目といったカレントの変化に魚は付く。これはオホーツク海も同様だが、異なる潮の流れを目視しにくいベタナギが好条件になるうえ、変化に乏しいサーフゆえ、立つ位置を選定するのは難しい。

ポイント選びに難儀する方は、離岸流に的を絞るとよいだろう。ワンドの中心部はその形状から離岸流が発生する可能性が高い。好ポイントの離岸流ではキャスト&リトリーブ時、ほかの場所よりルアーの引き抵抗を強く感じる。「ワンド」と「引き抵抗」をキーワードにラン&ガンしたい。

ところで、オホーツク海のサクラマスは、他海域と比較すると随分と小ぶりであることが知られている。しかし、ここ5年ほどでサイズ感に

変化が見られ、大型化が進んでいる。一昔前まで、アベレージサイズは45cm前後、目標ラインは50cmだった。それが近年、50cm後半のサイズに出会え、2021年は私自身初となる60cmをキャッチ。翌年も60cmの大台に乗った。

道南日本海を始めとした大ものが望める海域と比べると物足りないだろうが、道東オホーツク海においては希少といえるサイズ。日本海も近年、4〜5kgの大ものがよくあがり、その背景にマイワシやニシンが増えたことが指摘されているが、オホーツク海もベイトの動きや温暖化が関係しているのかもしれない。

最後に、オホーツク海にもシーズン中、道内各地からアングラーが訪れるようになった。サケ釣りではアングラーのモラル低下により、立入禁止区域が拡大しているが、海サクラもそうならないことを願うばかりだ。

海アメには見られないシーライスが付着するのが海サクラの証

数多くあるカラーバリエーションのなかでも、ピンク、ゴールド、レッドが配色されたパターンは効果的

◎実績ルアー
❶岡クラフト『LT-35』35g・鮭稚魚ピンクピンクシェル
❷岡クラフト『LTラビット30』30g・ホロピンク
❸岡クラフト『AT-30』30g・ホロピンク
❹岡クラフト『ATラビット23』23g・鮭稚魚PG
❺フィールドハンター『C.MISSION』28g・蛍光ピンク/蛍光グリーン/グロー.ヤマメ
❻フィールドハンター『C.MISSION』18g・G.レッドチギョ
❼フィールドハンター『C.MASU』22g・G.ピンピンチギョ

ベイトは以前からイカナゴが最も捕食されていると感じるが、大きめのチカも食われているようだ

【カラー選び】
カラーは断然アピール系に分がある。サクラマスの攻撃的かつ好奇心旺盛な性格をふまえると、リアクションバイトを誘える要因が大きいのだろう。ルアーのシルエットをベイトにマッチさせるのはよいと思うが、カラーはターゲットの攻撃心を刺激し、水中で目立つことを最優先したい。なお、ベイトはイカナゴとチカのほか、カタクチイワシ、シラウオ、サケ稚魚、エビなどの甲殻類と多種に及ぶ

◎使用タックル
ロッド：G-CRAFT『セブンセンス ミッドストリーム リミテッドMSLS-1062-TR』
リール：ダイワ『イグジスト LT5000-CXH』
ライン：山豊テグス『ファメル PEショアジグ8』1.0号
リーダー：山豊テグス『ファメル 耐摩耗ショックリーダー』16lbを約1.5m

【ロッド&リール選び】
ロッドはMAXウエイト40〜50gの9〜11フィートがベター。バットパワーのあるロッドはランディング時に安心感があるものの、口切れしやすいサクラマスには、俊敏な走りに対してバラシを軽減できる柔軟性のあるティップが望ましい。リールは飛距離を出したいことから大きめのサイズを使用。上記のPEラインは20mごとに色分けされ、飛距離やヒットゾーンが一目瞭然。回遊ルートを把握できることで好釣果につながる。ロッドスタンドはダイワ『アルミ サーフスタンド300』。グリップエンドを傷付ける心配がなく、休憩時に重宝する。全長30cmとコンパクト、カラビナ付きで便利

◎海アメに関して
シーズンは海サクラとほぼ変わらないが、少し早く4月中旬からねらえる。アベレージサイズは40〜50cm。70cmを超えるサイズもまれに釣れるが、地形やベイトが関係しているのか、網走周辺は大型が岸寄りしにくい印象を受ける。オフショアのサクラマスジギングでは、70〜80cmのアメマスがけっこうあがっている

ベスト・ウエア・足回り・携行ツール・便利アイテム

エキスパート SHORE STYLE

釣れるルアーや刺さりのよいフックは知っていても、快適に釣りを楽しむための装備が疎かになっていないだろうか。冬季に盛期入りする日本海側では、防寒対策も釣果アップに欠かせない要素。ここでは自ら数多くのタックルを開発&発売し、各メーカーのサポートも受けているD-3カスタムルアーズ代表・福士さんのスタイルを大公開。愛用のベストやウエーダー、必携ツールに加え、ベストの中身も拝見した。

文＝福士知之（千歳市）
Text by Tomoyuki Fukushi

ダイワ
『DF-6122 ベンチクールゲームベストV』

必要なものをすべて機能的に収容できて、付属部品も好きなポジションにセットできるので、少々値段は張るけれど本当に機能的なベスト。ランバーサポートベルトの後ろには別途購入したポーチを後付けしている。このようにナイロンループが多いベストは、非常に拡張性が高いのも気に入っている。

調整ベルトが多数付いていることから、少々セッティングに手間とコツを必要とするのは短所だが、代わりに体形に合わせた細かなセッティングが可能。それさえ一度決めてしまえば重量感が軽減し、動作にも負担がかからない。QRコードなどで細かな調整方法の説明があれば、なおよいと感じる。

BEST

水飛沫を被りにくいアジャスタブルポーチの中には、ラインシステム用品一式（リーダー、ボビンノッター、ハサミ、ライター）とスナップ、そしてデジタル重量計を入れている。

リーダーに関しては、状況に応じて使い分けられるようナイロンとフロロカーボンの2種を用意。同行者が忘れてきたことを考え、必ず2つずつ持ち歩いている。また、写真にはないが、実釣時はここに飴やチョコレートなども入れている。

なお、実際の商品だと、このポーチは右胸にセットされているが、僕は右利きゆえ手もとのリール部の視界を遮られないよう左側に配置している。

ファスナー付きミニポケットには替えスプールを入れている。よい時間帯に振り切れやトラブルでラインシステムを組み直す時間がもったいないので、必ず替えスプールを持参。すぐに交換できるようにしている

マナーポケット。ゴミ屑だけでなく、切ったラインを絡め取ってくれるよう、初めからベルクロの凸テープが付いている。こういう配慮はありがたい

実釣時に持ち歩くケースは主に3つほど。ジグミノー、メタルジグ、ミノーと、ルアーのタイプ別に分けることが多い。これらは釣り場に応じてフロントのメインポケット左右に入れ、出番の少ないものは後付けした腰部のバックポーチに入れている。スナップを忘れたりなくしたときのことを考え、各ケースの中にはスナップを3～4個入れている

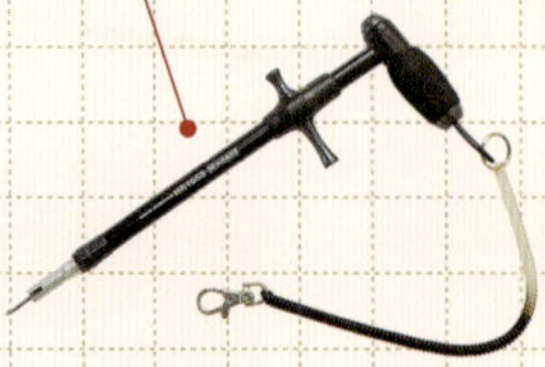

メインポケット前のプライヤーホルダーには、スタジオオーシャンマーク『フックリムーバー』を収納。評判を聞いて使い始めたのだが、フックを外しやすいだけでなく、フックが2～3本付いているロングミノーの使用時、余剰フックが手に刺さりにくいのもよい

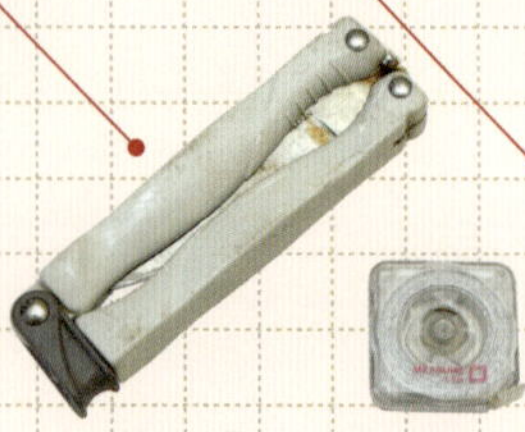

ダイワ『フィッシュナイフII型』と小型メジャー。ナイフについては10年近く使っている愛用品。安全かつ壊れにくく、山に入るときや淡水でも同じタイプを持ち歩いている。メジャーはできるだけ小さいものを選んでいる

サーチルアーとして多用するルアー2～3本（サクラマスねらいなら『フルベイトシャープ』と『D3ジグ』）については、すぐに交換できるようローテーションルアーポケット内に収納。このポケットはサッとルアーを取り出せ、とても重宝している

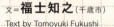

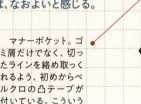

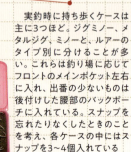

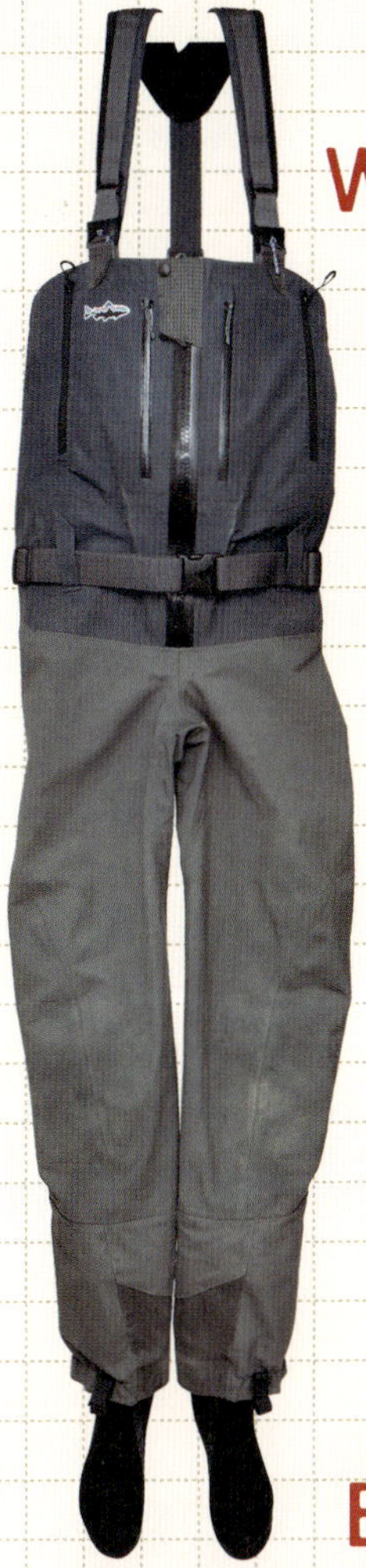

WADER

パタゴニア

『メンズ・スウィフトカレント・エクスペディション・ジップフロント・ウェーダー』MLM

生地が厚く、内部に取り外し可能な膝パッドが付属しているフロントジップ付きウェーダー。ウレタンパッドが暖かく、冬季はパッドを入れたまま使用する。ポケットもたくさん付き、何かと便利。ちなみにポケットの中には必ず、傷パワーパッドとティッシュを入れている。どうしてもインナーが厚着になる冬場の場合、フロントジップが付いているウェーダーのほうが着替えの際も楽だ

JACKET

パタゴニア

『メンズ・リバー・ソルト・ジャケット』L

生地が厚く丈夫なこと、そして淡水であればルアーケースが入るほどの大容量ポケットが付き、冬季は交換用の手袋がストレスなく入る。何よりも修理などのアフターサービスのシステムがしっかりしているところがうれしい。お気に入りなのでファスナー類などを修理、交換しながら、すでに4〜5年着用している

BOOTS

パタゴニア

『フット・トラクター・ウェーディング・ブーツ』11

昔ながらのブーツの製法により、しっかり作られたウェーディングシューズ。昨今の樹脂パネルを接着剤で貼り合わせているブーツと違い、加水分解も起きにくく修理しながら長く履けるのがよい。冬季は厚手の靴下を履くことから、爪先部分の厚さが高くなっている形状もうれしい。ただしサイズ合わせが難しく、購入時は必ず店頭で試着することをすすめたい

僕はフェルトソールバージョンを購入し、ソールはコーカーズ社『スタッデッドビブラムXSトレック』というタングステンスパイクが付属した交換用ソールを自分でカスタムして無理矢理貼り付けている。ただしカスタムすると、パタゴニアでの修理補償は受けられないので要注意。真似はしないほうがベター

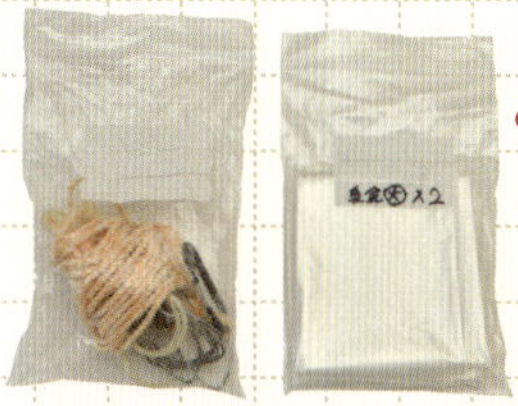

背中上部のポケットには魚をキープする際の一斗樽用ポリ袋とストリンガーを入れている

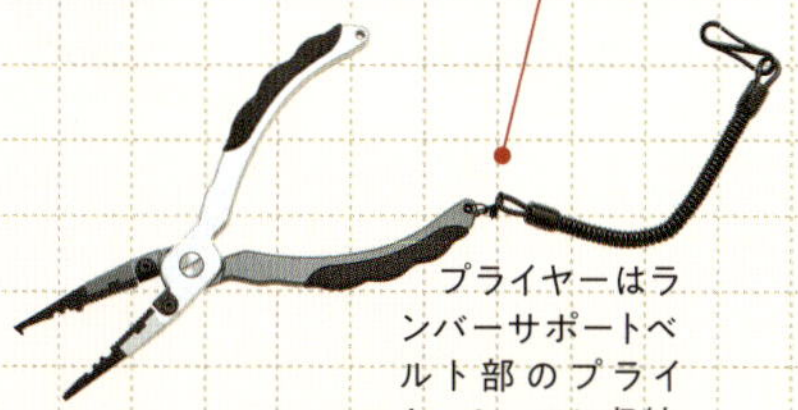

プライヤーはランバーサポートベルト部のプライヤーシースに収納

CAP

キャップはD3のロゴを刺繍したジャージ素材の柔らかいタイプ

POLARIZED GLASSES

偏光グラスはスミスオプティクス『ローダウンXL2』。写真では分かりにくいが、レンズカラーはX-Gray 27 Silver Mirror。レンズ面積が大きなデザインにもかかわらず、とても軽量なのが気に入っている。フラットな4カーブレンズで歪みもなく非常に見やすい

IDEA

ウェーダー内を乾燥させるアイテム

布団乾燥機用のホースを使用したシューズドライヤー。もともとは蒸れて濡れたネオプレーンウェーダーなど、内部の乾きにくいウェーダーを車内で休憩中、エアコンの吹き出し口で強制的に乾燥させるべく布団乾燥機からホース部のみ流用して使っていた。それが破損し、写真のアイテムに変更。新調するにあたってエアダクト部を取り付け、より暖気をウェーダー内に送れるように改良した

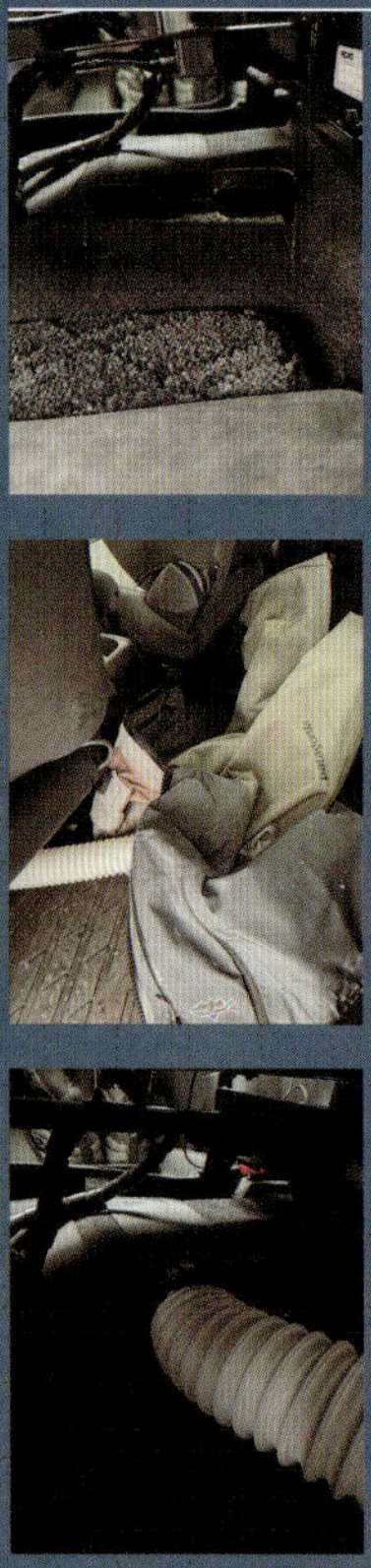

シート下の吹き出し口を使う場合は、そのまま被せるだけでOK

フロントの吹き出し口を使う場合は、スマホのホルダーを利用する

GLOVES

ザ・ノースフェイス

『ウインドストッパーイーチップグローブ』XL

それほど寒くないときに装着する、少し薄手でストレッチ性の高い防風フリースグローブ。指の長い僕でもジャストサイズで装着できるのがうれしい

D-3カスタムルアーズ

『Blakiston防風フリースグローブ』LL

一番寒い時季に使用するのが、この防風透湿性能の高い厚手のフリース手袋。フリース手袋は車での移動中、エアコンの吹き出し口やダッシュボードに置いておくとすぐに乾くのが利点。冬季の釣りはフリース素材しか使わない。グローブは釣りをしていると、どうしても濡れてしまう。そのため、防水性より防風性と速乾性を重視。そして複数の手袋をジャケットの懐に入れておき、濡れたら交換するようにしている

リトルプレゼンツ

『G-03スパンデックス3Fレスグローブ』XL

寒くないときは、このフィンガーレスグローブとパワーフィンガーの組み合わせ。柔軟性と速乾性に富んだ傑作グローブといえる。海に限らず淡水でも使用し、いつも2枚持参している

PROTECTOR

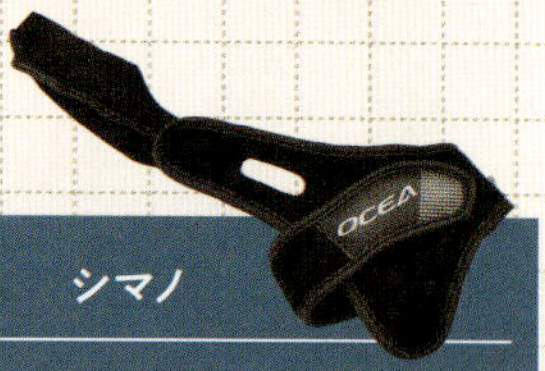

シマノ

『GL-041Cパワーフィンガー』オシアブラックLL

暖かいときにフィンガーレスグローブを使用する際、指先の保護のためにフィンガープロテクターは必ず装着している

LANDING NET

昌栄

『ランディングフレーム ino "+"(プラス)ロックタイプ』L

ダイワ

『ランディングポールII』50

磯で釣りをする際に使用するランディングネットは、折れにくさを考慮して軽量ネット+カーボン含有率の低いシャフトの組み合わせを愛用。このネットはフレームと可変ジョイント部が一体式で、とても軽量でガタつかないのがよい。ランディングポールは余裕をもって全長5mを用意。手もとは重くなるとはいえ、少々雑に扱っても耐久性が高い

FISH FARM

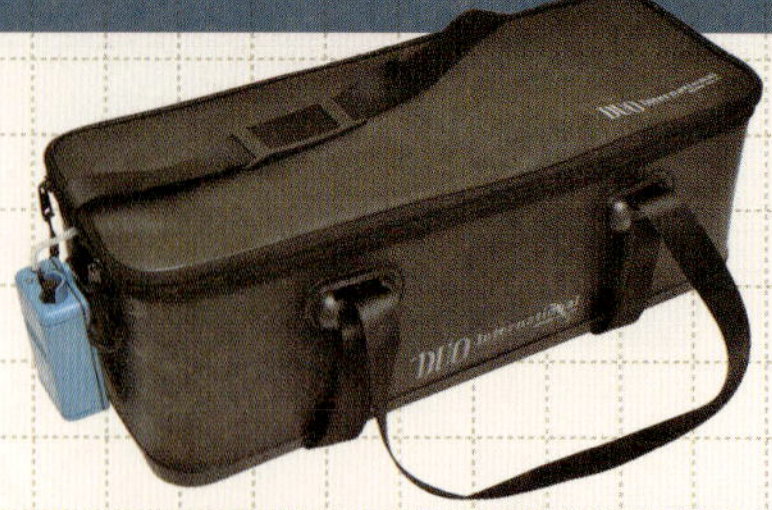

デュオ

『プールバッカン』

サーフで釣れた魚を撮影まで弱らせずに生かしておくためのバッカン。1尾釣れてモタモタ撮影していると、時合を逃して連続ヒットをねらえなくなる。そこで、エアポンプを装着したバッカンに一時的に魚を入れておき、魚っ気がなくなってからゆっくり撮影する。魚が砂まみれになっても素早く洗うことができて重宝するアイテム

飛距離を伸ばして釣果&マナーも向上！

魚種問わずショアのキャスティングの釣りで、名手として知られる荒さん。冬は島牧のアメマスがメイン。『あめますダービーin島牧大会』が閉幕すると、道央～道南の広いエリアでサクラマスをねらう。その後はヒラメ、ブリなどの青ものを追い、一年を通じて海岸でロッドを振っている。写真のサクラマスは4kgクラス

アグレッシブな海のサクラマスは本来ルアーに対して好反応を示す。誰も届かないエリアにルアーを投げ込めば、きっと素直な反応をみせてくれるだろう。大勢のアングラーが釣り場に並ぶ今、遠投はますます重要性を増している。ここでは飛距離を出す利点を検証し、その方法をエキスパートが指南する。

今こそ、キャストを見直す

文＝荒道俊（札幌市）
Text by Michitoshi Ara
Photo by Takanori Nakagawa

いれば釣れる？

サクラマスは「いれば釣れる」とか「ルアーを目の前にとおせば釣れる」と聞いたことはないだろうか？

北海道ならではのターゲットである海サクラは、本州の川に遡上した個体のように捕食行動を減退させた魚ではなく、積極的にエサを捕食している。元来サクラマスは魚食性、攻撃性が強く、海ならルアーに果敢にアタックしてくる。だとしたら冒頭の認識はあながち間違ってはいない。

そこで、今一度考えたいのは、「ルアーは魚の目の前をとおっているのか？」ということだ。

1Dではなく2D

釣り人が少なく釣り場で扇形にキャストできるのに、真正面にしかキャストせず、同じルアーを同じ速度で巻き続けている人をよく見る。しかし、それだと「いつか回遊してくるかもしれない魚」に対し、2D（平面）どころか1D（点）のアプローチになり、釣れる確率は相当低くなる（図A）。

ルアーを目の前にとおせば釣れると仮定してアタリがなければ、そのキャストでルアーのとおったところに魚はいなかった（ルアーを見つけてもらえなかった）ととらえよう。次に打つ手としては、①キャストコースを変えて探る範囲を広げる、②魚へのルアーの見せ方を変える（たとえばミノー⇒ジグミノー⇒ジグなど、より広範囲を探れるタイプに交換）方法が挙げられる。

ただ、真正面だけのキャストだと、飛距離が伸びたとしても点の数が多少増えるだけ。それほど魚に出会える確率は上がらない。仮に飛距離を80mとした場合、それが扇形にキャストすると20m伸びるだけで探れる範囲（面積）は156%増、30m伸びると189%増と約2倍近くになる。それだけ魚に近づける可能性は高くなるだろう（図B・CASE①）。

図A　真正面だけのキャストでは確率は上がらない

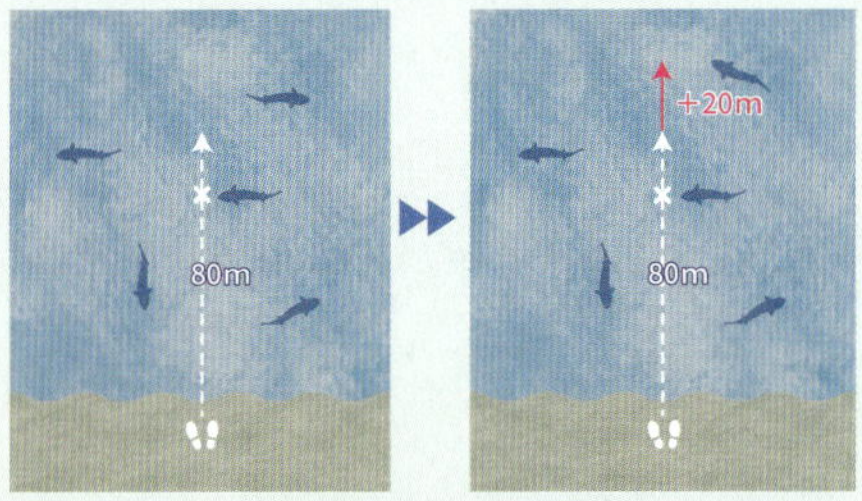

図B　扇形にキャストすることで確率が上がる

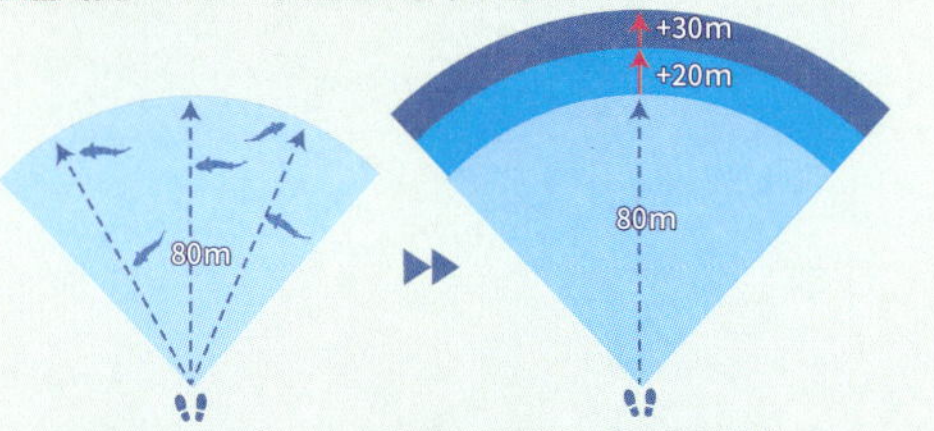

※扇形の表面積の求め方
π×半径×半径×中心角/360
※円周率はπ＝3で近似値を用いた。
%の小数点以下は切り捨て

+20mで156%増　+30mで189%増
【80m】3×80m×80m×90/360＝4,800㎡
【80m+20m】3×100m×100m×90/360＝7,500㎡
【80m+30m】3×110m×110m×90/360＝9,075㎡

さらに3Dで考える

昨今盛り上がりをみせているオフショアのサクラマスジギングで、タナ（レンジ）が釣果を左右するのはカウンター付きリールの使用率の高さから明らかだ。以前からショアでもレンジが重要という認識はあったが、サクラマスジギングを経験したことにより、その認識はたしかなものになった。

たとえばオフショアで水深50m、指示ダナ20～30mという条件はよ

くあるが、日が高くなってきたり、低活性だとレンジが下がるのはオフショアもショアも同じ。そんな状況ではより深いほうに魚は移動するようだ。ほぼ真下だけを探るオフショアはジグを沈めればよいが、ショアの場合はどうするか？　より遠くにキャストして沖の深いところを探るしかない（CASE②）。

重めのジグを使ってみる

ショアでねらえる範囲において、最大水深6mのポイントがあったとしよう。2～3mの中層のみを探るのであれば、シンキングミノーやジグミノーでも可能。シンキングミノーを使って50mキャストした位置で水深3m、ジグミノー70mで水深4m、ジグ100mで水深5mという場所も少なくないはず。ジグは飛距離が出るだけでなく、広いレンジをカバーできることでも大きなアドバンテージがある。

より遠く、より深いところを探れるということは、体積で考えると飛距離が20m伸びただけで195％増、30m伸びると309％増になる。面積と体積を合わせると飛距離20m増で約3・5倍、30m増で実に約5倍。この数字は実際の釣りにおいて無視できない（図C）。

なお、風速などの状況に大きく左右されるが、私の場合、ジグウエイト別の平均飛距離は次のような感じ。30g＝80m、35g＝90m、40g＝100m、45g＝110m。海のサクラマスでは30～35gまでしか使わない方も多いと思うが、私の釣果の8割は40～45gだ。重めのジグを使用して飛距離を20m伸ばし、探れる範囲が3・5倍に広がると、自ずと釣果も上向くと身をもって実感している。さらに、重めのジグなら波風のある日にレンジキープしやすいのもメリット。ぜひ、使ってみてほしい（CASE③）。

遠投に直結するタックル

◎ロッド

私はナギの日用に9フィート7インチ、荒天時用に11フィート2インチ、2本を用意している。流行りの高弾性ロッドはたしかに飛距離が出るうえ操作感もよい。とはいえ、曲げ込むのに力が必要になり、キャスト時のリリースポイントは狭くなる。その点をふまえるとブランクスが細身で抵抗が少なく、最小限の力で曲げ込むことのできるロッドをすすめたい。それなら一日中振り続けられる。

愛用ロッドは別項で紹介しているが、どちらも充分な飛距離が得られる。しなやかに曲がり、魚の動きに追従して、いわゆる「曲げて獲る」タイプであり、魚を掛けてからのバラシが少ないのも気に入っている。

◎メインライン

基本はPE1・2号。波風がある日用として、予備スプールにPE1号を巻いている。どちらも飛距離の出る8本撚りを300m。

途中、毛羽立ってきた部分を切り捨て、根掛かりで高切れしたとしても300m入れていれば問題ないだろう。300mなら裏返しても真っ新な部分が多く、結果的には経済的といえる。また、コーティングの厚いものより、薄くしなやかなPEラインを好んでいる。そのほうが飛距離は出る。

CASE①などを、何mキャストして何mでヒットと解説しているが、それを把握できるのはオフショアジギングで一般的な10m×5色などの色分けされたPEラインを使っているため。飛距離やヒットした位置、さらに根掛かりするスポット

図C 2Dではなく、3D（立体）で考える

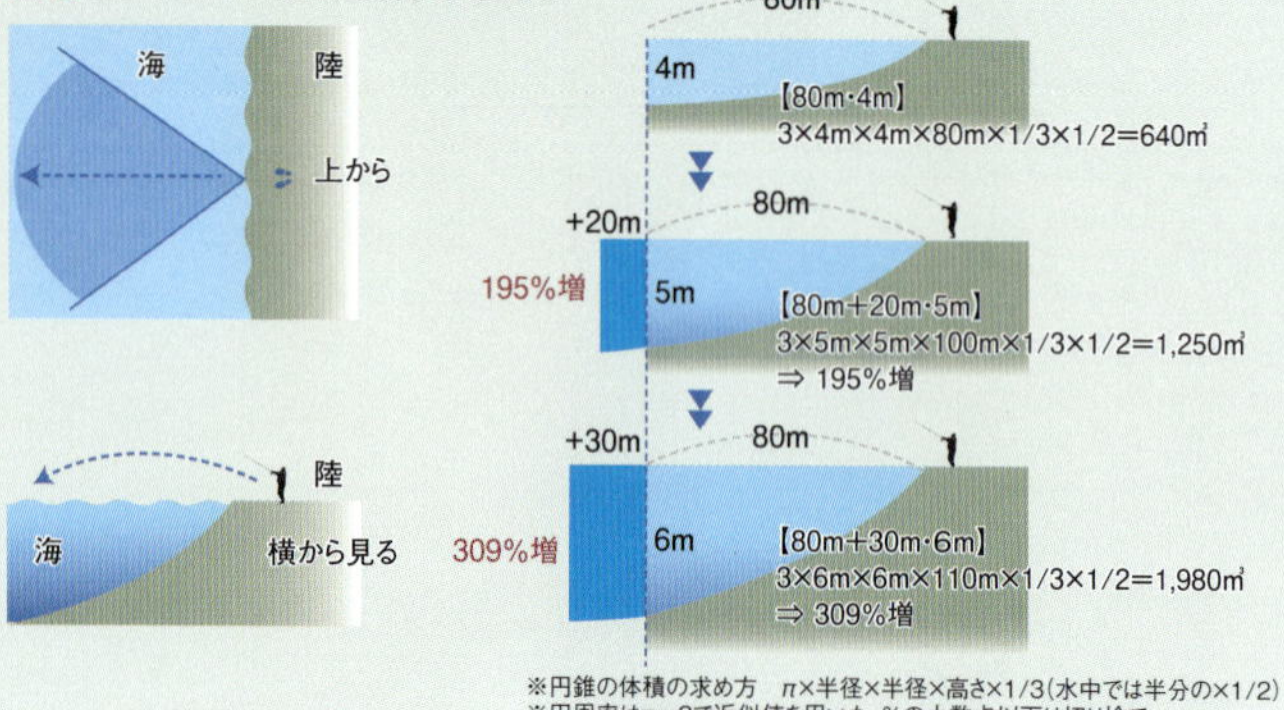

※円錐の体積の求め方　π×半径×半径×高さ×1/3（水中では半分の×1/2）
※円周率はπ=3で近似値を用いた。%の小数点以下は切り捨て

4月14日　AM10:00　蘭越町・精進川河口

朝マヅメは島牧村でサクラマスねらい。小型を1尾釣りあげたが、午後から用事があるため早めに帰路に着く。途中、立ち寄った精進川河口に20人ほどの釣り人。ようすを見ていると沖で跳ねを発見！　すぐさまサーフに降りた。この日はナギで、ほとんどの釣り人は30g程度のジグを使用。飛距離はおおむね70～80m。朝から幾度となくルアーを投げ込まれたエリアの範囲外にサクラマスは逃げたと読み、私はPHATの45gをチョイス。立ち位置やキャスト方向を何度か変え、沖にいる魚にルアーを見つけてもらえそうな角度を探っていく。十数投目、110mほど飛んだルアーはほどよく潮を噛んだ。リールを2回転グリグリと速巻きし、ミディアムリトリーブに戻そうとしたところでガツンとアタリ。ねらいどおり、ほかの釣り人が探っていない100mほどの位置だった。車を停めてから魚を釣って戻るまで30分もかかっていない。9時過ぎから誰も釣れていない状況下、まさに「ルアーを目の前にとおせば釣れる」を体現する結果になった。

4月20日　PM14:00～17:00　島牧村・ワンド

風が強く、波も高めで釣りにくい条件。数ヵ所ポイントを回った後、ワンド状の場所なら波は多少低く、釣りやすいだろうと足を向けた。当初立とうと思っていたワンドの外側は、波が被って危険と判断。ワンドの中央付近を目指す。ねらいたい場所は向かい風になり、届くかどうかという立ち位置だったが、飛距離の出せるPHATの45gを選択。サーフトリップの40gも活躍して私は6尾。一緒にいた友人は重いルアーを振れないロッドで、PHATの35gで1尾のみ。釣果に差がついた。今釣行を振り返ると、まず単純に重いルアーを使うことで魚に届いたのだと推測。次に、点在する根周りに付く魚に対し、軽いルアーだと波風により持ち上げられ、根の上しかとおせず釣果につながらなかったと思われる。一方、重いルアーでレンジキープを意識し、根の横をとおすことで、しっかりルアーを見せることができたのが勝因だろう。

4月3日　AM11:00　島牧村・江ノ島海岸

江ノ島海岸は朝から100人以上の釣り人。その光景を見て、磯の小場所をラン&ガンするも釣果ナシ。午後から『ノースアングラーズ』誌の取材があるため江ノ島海岸に戻ると、ルアーの届きそうな位置でサクラマスが跳ねている。数人が跳ねに向かってキャストを繰り返していた。CASE①のようにルアーをとおす角度を変えながら探るもダメ。跳ねている表層を泳ぐ魚は食い気がないと判断し、PHATの45gを100mほどキャスト。水深約4mの位置に着水、3mからスタートするイメージでカウントダウン5秒。ルアーの上下移動幅50㎝以内を意識してショートジャーク2回後のフォールでヒットした。跳ねている魚以外にもボトムから中層にも魚はいる。そして横の動きは見飽きていると思われる魚に対し、縦の動きでアピールしたのが功を奏した。昼近くなり多くの人があきらめて車に戻った後だったが、やはり魚さえいれば釣れるのだ。

6月19日　PM17:30　白糠町・サーフ

道東のサーフは日本海のように魚が磯に付くことは少なく、一気に岸寄りして河口に溜まる傾向にある。そのためミノーや小型のジグ、スプーンなどを使い、河口付近をショートレンジで誘う釣り方が主体になる。そんななか、正反対の方法で攻略できたパターンを紹介したい。河口付近には10人ほどの釣り人。前述したセオリーどおりの釣りを展開していたが、跳ねているサクラマスは食い気がなく苦戦しているようす。私は河口から離れ、誰も探っていないであろう沖の潮目に向かってPHATの45gをフルキャスト。晴天で日が高く、カラーはブラックを選択。追い風に乗って130mほど飛んだルアーは潮目の向こう側に着水した。リトリーブに緩急をつけながら潮目に差しかかった110m付近でヒット。さらに1時間後、同じパターンでもう1尾釣れた。私がいた時間内にほかの釣り人はキャッチしていない。1尾ならまぐれかもしれないが、2尾出たのは飛距離が導いてくれた必然といえた。7月5日PM14:00、南十勝のサーフでも同じような状況に遭遇。沖の潮目に向かってキャストして釣果に結びついた。

は、その都度色を見ながら確認する。色分けされていると根掛かり低減にも役立つ。

◎スペーサー

キャスト時に指を掛ける部分には相当な負荷がかかる。私の場合、PE1～1・2号だと半日も持たずに切れてしまう。スペーサーは必須だ。

スペーサーのPEは5mほど取り、メインラインとの接続は結び目の小さいFGノットで行なう。私は夏の間ショアジギングで使っていたPE2・5～3号を用いている。釣行ごとに取り換えるので、船用など安価なラインで充分だろう。初めてスペーサーを使用するのであれば、ノットを組む際に締め込みしやすい4本撚りのPEラインがベターだ。

◎グローブなどの装備

PEラインを掛けている指は、キャストのたびに濡れてふやける。素手だと簡単に指が切れてしまう。転倒した際の怪我防止のためにもグローブやフィンガープロテクターの使用を強くすすめたい。

私は海サクラマス&アメマス、青もののショアジギングで使用するグローブも2シーズン持たない。指先の革部分に穴が開いてしまうのだ。それだけ指先に負荷がかかり、ロッドを曲げ込む「溜め」をつくっているつもり。スペーサーのPEに関しても1～1・2号だと半日も持たずに切れるため太めにしている。

グローブもスペーサーも必要としない人は、キャスト時にロッドを曲げきれておらず、飛距離を出せていないと思う。しかし言い換えれば、まだまだ飛距離が伸ばせるということ。不要なアイテムであれば、これほど多くのメーカーからキャスティング用グローブやフィンガープロテクターは発売されていないだろう。

愛用ルアー2種について

釣れない時間こそキャスト練習を兼ね、重い（飛距離の出る）ルアーを投げてみてほしい。まずは慣れておかないと、いざというときに遠投できない。

私がメインで使用するジグは、開発にも携わったサミーズ『PHAT（ファット）』。後方重心で飛距離を出しやすく、誰でも扱いやすいと自負している。別項のレポートをご覧いただくと分かるが、近年は35gより45gの使用頻度が高い（CASE④）。

『サーフトリップ』も外せないルアーの1つ。一見すると後方重心のような形状をしているが、実はセンターバランス設計。フォール姿勢は水平に近く、かつフォールスピードが遅いため、アピールする時間を長く取れる。PHATがキビキビと動くのに対し、サーフトリップはリトリーブスピードを落としていくとロールを伴ってヌメヌメとした動きになる。そのアクションは渋い状況に強い。

センターバランスという特性上、ミスキャストをするとクルクルと回って飛距離が出ないこともある。が、そうでなければ40gで100m以上は楽に出せる。リトリーブ・フォール・ジャーク性能、いずれも高次元でまとまっていて、いろいろな演出が可能だ。使いこなすほど強い武器になり、「人を育てるルアー」だと感じる。

50gまでカバーする理由

飛距離に特化した内容で書き進めたが、多少過剰な表現があったことをご了承いただきたい。実際には飛距離だけでなく、さまざまなテクニックを駆使して魚を釣るが、近年ショアフィッシングの基本であり、最も重視すべきはずのキャスティングを疎かにしている人をよく見る。残念に思う気持ちもあり、今回の記事にいたった。

基本だからこそ練習した人とそうでない人とで差がつく。45gをキャストできるスペックのロッドを使っているのに、35gしか振らないのはもったいない。道内のエキスパートが監修する海サクラマス用ロッドの大半は50gまでカバーする。エキスパートが50gを必要としている何よりの証拠だ。

周りのアングラーより30m飛距離を伸ばせれば、夜中から場所取りをしなくても釣れるようになり、混雑した場所に入らなくても済む。結果、迷惑駐車やトラブルとも無縁。荒れた日でも安全な立ち位置から釣ることができる。これを読んでくださった皆さんの釣果とマナーの向上につながれば幸いだ。

◎使用タックル

ロッド：櫻井釣漁具『サクラルアーディビジョンC3+W.o.r.C 11'2" Class14』（ルアー負荷～60g）
リール：シマノ『ステラ4000XG』または『ツインパワーSW 4000XG』
ライン：山豊テグス『ファメルPEジギング8 』1.2号 300m
スペーサー：PE 2.5号 5m
リーダー：フロロカーボン6号 1m

ロッド：櫻井釣漁具『サクラルアーディビジョンC3 Shore9-1/2 9'7"』（ルアー負荷10～50g ※W.o.r.Cシリーズの旧モデル）
リール：シマノ『ステラ4000XG』または『ヴァンフォード4000XG』
ライン：XBRAID『スーパージグマンX8』1号 300m
スペーサー：PE 2.5号 5m
リーダー：フロロカーボン5号 80cm

【特徴】

ナギの日用に9.7ft、荒天時用に11.2ftと2タックルを用意。どちらも細身&肉厚なブランクスでよく曲がり、キャスト時に過剰な力を必要とせず振り抜きやすい。とくに風のある日、ロッドの外径が1～2㎜違うだけでも振り抜きやすさ（＝曲げ込みやすさ）はかなり違う。遠投するうえで、この恩恵は大きい。11.2ftは九州の広大なサーフでねらうオオニベをターゲットに開発されパワーは充分。私はブリやサケ釣りでも使っている。ヒラスズキ用などのガチガチ系とは異なり、しなやかな「曲げて獲る」ロッドだ。トラウト類のローリングにもしっかりと追従しバラシを軽減できる

サーフでは予備ロッドを置いておくのにサオ立ては必需品

◎ジグケースの中身

写真左から、『PHAT』35g、『サーフトリップ』40g、『PHAT』45g。一番右のコマには『サーフトリップ』30g、『ディープストリーム』30gと40gを入れている。いずれも、サミーズ。本数やカラーは状況により変える。私は、魚がスレるのを抑えるほか、同じものを使い続けてフックポイントがあまくなるのを防止すべく、ローテーションを頻繁に行なうことからルアーを大量に持ち歩く。キャストで肩は痛くならなくてもジグの重さは堪える（笑）

キャストの種類

一般的には2つに大別できる。1つは、キャスティングの基本といわれるオーバーヘッド・スロー。ロッドを頭上から後方に振りかぶる投げ方で、無駄な点がなく安定している。ロッドを構えたときに上半身がポイント（目標地点）を向いているため。ルアーをねらったポイントに投入しやすい。たとえば手前の岩周りなど、ピンスポットを正確に探りたいときに適し、トラブルも少ないとはいえ遠投には向かない。

もう1つはスリークオーター・スロー。これは身体を垂直としたとき、ロッドが水平から45度上、つまり地面と身体の4分の3（スリークオーター）の軌跡を描くことから名づけられたキャスティング。腰、肩、腕を連動して身体を回転させることにより、オーバーヘッドよりパワーが増大するため遠投に向いている。

グリップ（ロッドの握り方）はオーバーヘッドと同じだが、構え方はかなり異なる。オーバーヘッドは身体が目標に正対するのに対し、スリークオーターは真横を向く。野球の投球フォームとよく似ているが、速球を投げることとルアーの遠投は共通する要素がある。

このほか、ペンデュラムキャストについても触れておきたい。これは振り子と遠心力を利用したキャスティングで、ルアーの重さとロッドのしなりを活かし、少ない力で投げられるので女性にも向く。ロッドの反発力に依存しないことからブレにくく、重めのルアーを投げるのにも適している。

今回紹介する私のキャスティングはスリークオーターとペンデュラム、それぞれの利点をミックスしたオリジナル。わずかでも飛距離を伸ばし、かつ安全面を考えてのものだが、友人いわく「独特な投げ方」のようだ。

【投げる前にチェック!】

◎グリップ
右手の中指と薬指の間にリールフットを挟み、左手はグリップエンドの下部を包み込むように持つ。ちなみに手の小さい人や、少しでも振り幅を取りたいと薬指と小指の間に挟む人もいる。右手はフライフィッシングでいう「サムオントップ」で、親指をグリップの上に沿わせるが、全体にごく軽く握るのがコツ。ギュッと強く握り込む人がいるが、力を入れるのはスイング時に最もスピードが乗ったタイミングだけでよい

◎垂らし
垂らしの長さに関しては、どんなロッドでもバットガイドの位置が目安になる。これ以上長いとロッドに重さを乗せにくくなる

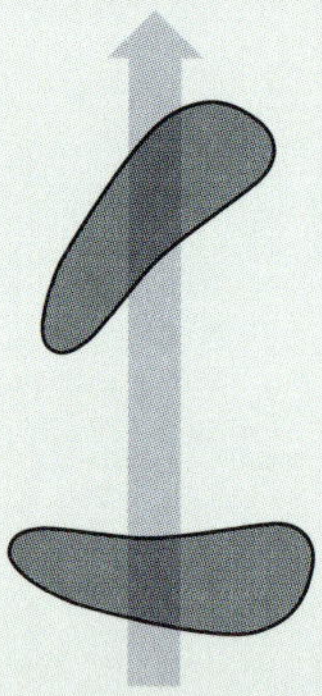

◎スタンス
両足は目標地点（ポイント）に対して真横を向くように置き、肩幅くらいに広げるのが基本。左足は目標方向に対し、少しつま先を向ける

PEラインは90度になるよう人差し指にかける。気温の高い時季はフィンガープロテクターを装着するが、冬季は人差し指の先端に革素材を配した防寒性の高いキャスティング用グローブを使う。写真はシマノ『GL-085U 防水グローブ』

ショアの釣りは場所を問わずライフジャケットは必着。しっかり股紐も通すこと

ワンポイントアドバイス
◎スイング時のコツ
重要なのは右手首を返さないこと（つまりスナップを利かせない）。右手首を返すと先にティップが曲がってしまい、ロッドの反発力を得られなくなる。野球のボールを投げるときは手首を返すが、キャスティングの場合、その動作はロッドの仕事と考えよう。ショアキャスティングの釣りで手首が痛いという人は、ロッドの反発力を活かしきれていないと思う

ワンポイントアドバイス
◎リリース時のコツ
難しいことの1つが、リリースのタイミングかもしれない。オーバーヘッドの場合、ラインを離すタイミングが遅いとルアーはライナーで海中に突き刺さり、早ければ「テンプラ」と呼ばれる高い放物線を描いたフライになる。スリークオーターの場合は、タイミングが遅いと左に飛び、早いと右に飛ぶ。しかし、ラインは意識して離すのではなく、自然と離れるもの。私の場合、負荷がかかって耐えきれなくなり離すという感じだが、適切なタイミングは身体で覚えるほかなく、繰り返し練習するしかない

Back View　　Side View

01

身体の前方に向いていたロッドをゆっくりと立てていき、振り子のように後方へ。このとき、少しずつ右足に重心を乗せていく。両手の幅はロッドのグリップ長によっても変わるだろうが、肩幅よりもやや開き気味に。リールは上を向いている

02

釣り場で見ていると45度くらいの位置からスタートしている人が多いが、私の場合、ほぼ水平の位置から始動する。バックスペースは必要になっても、このほうがロッドをより曲げ込むことができる。なお、ここまで視線はずっとルアーを追っているため、急に人が出てきたらすぐにキャストを止められる。一方、振りかぶって投げるオーバーヘッドは後方確認を怠りやすくなる

03

スイングのスタート。ここから曲げ込んでいくが、その際、左手を10〜20㎝前方（海側）に引いてからロッドを押し上げていく。ロッドとルアーはほぼ一直線になり、地面に付いたりしないためブレない。一直線になったことを確認してからロッドを押し上げる動作に移行する

04

03で、左手を前方に引く動作を行なうことで軌道がブレにくく、最大限の反発力を得られる。が、慣れないと難しいと思う。両足の動きについては、ロッドの動きに同調して重心は右足から左足に移り、右足の踵は完全に浮く。そして上体は目標地点に向いていく

05

腰、左肩、右肩の順に身体を回転させていく。とくに腰の動きは重要。真横を向いていた腰を、正面の目標地点に向けてしっかりとバランスよく回転させよう。左手は円を描くように左脇腹近くへ引き下ろし、右手はロッドを下から斜め上空に押し上げるように動かす。このときは野球ではなく、砲丸投げのようにリールを押し出すイメージで行なう

06

この直後、ラインをリリース。右腕が伸び、グリップエンドを握った左手を腰に引きつけるように下ろしたところで、右手人差し指で押さえていたラインをリリースする。リリースの瞬間、左手は左脇腹に近づき、右腕はほとんど伸びきっているはず。ラストは45度くらいでロッドをしっかり止める。ゆるやかではなくしっかり止めることで最大限の反発力を得られる

07

45度くらいで止めたロッドは一瞬、下方に倒れた後、反発力で元の位置に戻る。飛んでいくルアーの行方を目で追いながら、ラインがスムーズに出ていく放出角度を維持すべく、ロッドの角度を45度くらいに保つ。【グリップ】の項目では「強く握らない」と書いたが、トップスピードに乗った瞬間のみ、力が入っている感じだ

釣れたポイント&タックル、ねらうべきタイミングetc.

海のアメマス釣りといえば、道南日本海の島牧村を抜きにしては語れないだろう。1990年代から村を挙げて大会を開催し、コロナ禍の2年間は中止を余儀なくされたものの、30年以上にわたり冬のビッグイベントとして継続している。『あめますダービー』のほか、『オープニングカップ』も行なわれた時期があり、悪天候に見舞われやすい厳寒期にもかかわらず、熱いドラマが繰り広げられてきた。ここでは過去の大会結果をもとに最大魚、実績ポイント、使用タックルなど、アングラーなら誰もが気になる要素を分析。今後の釣りに役立ててほしい。

【完全保存版】史上最大は7kg 大会を大研究 島牧海アメのすべてが分かる！

資料提供＝島牧村役場、島牧商工会

あめますダービーin島牧大会の概要

※第34回（2025年）大会

【開催期間】 令和6年12月1日～令和7年3月16日の106日間

【実施場所】 島牧村海岸一円（競技禁止区域あり）

【競技方法】

- ●尾叉長+重量のポイントで決める
- ●アメマス以外の魚種は計測対象外
- ●一般の部は50cm以上、レディース・ジュニアの部は40cm以上が計測対象
- ●計量は当日釣りあげたアメマスのみ対象
- ●釣り方はルアー、フライに限定（ウキ、ソフトルアー禁止）
- ●各部門にリリース部門を設ける
- ●競技禁止区域内での釣果は対象外

【審査受付】

- ●道の駅「よってけ!島牧」　●島牧村役場
- ●かりんぱ　●永豊生活改善センター（最終日）

【表彰】

- ●一般の部、レディース・ジュニアの部ともにルアー、フライの部に分けて表彰
- ●表彰は一般の部が1～10位、レディース・ジュニアの部は1～3位
- ●月間賞（12月、1月、2月、3月のMVP）
- ●参加賞（ステッカー及びタオル。リリース部門申込者にはcatch & releaseのロゴ入り参加賞）

大会の概要と歴史

1990年代から、海のアメマス（以下、海アメ）釣りが盛り上がってきた。それ以前、「トラウトフィッシング」といえば川や湖といった淡水域での釣りが一般的で、昨今のように海に目を向ける人は少なかった。そんななかトラウトルアー&フライの人気が高まるにつれ、「大半の淡水域が氷で閉ざされる冬季をどう楽しむか」と考える人が現われてきた。

アメマスの生態は地域によって異なるが、冬場の海水温が比較的高い道南の日本海側では、川での産卵を終えて間もなく11～12月に降海する。そんな個体は半年ほど沿岸域で過ごし6～7月、河川に遡上するようだ。このタイプの個体が多い島牧村は、いち早く海アメのフィールドとして注目された。

そして1991年、『あめますダービー』（以下、ダービー）が開催される。第1回はワンデイ大会だったが、回を重ねるにつれて日数は長くなっていく。当初は数尾の総重量だったが、1尾のみで競われるようになったのが第7回（1997年）から。表①は、歴代の各部門における1位の釣果。

大会の概要を説明すると一般とレディース・ジュニアに分かれ、それぞれルアー・フライ部門を設定。1尾の尾叉長（㎝）と重量（g）を合計したポイントによって競われ、最大魚を釣った参加者は総合優勝の栄光を勝ち取る。長期にわたって行なわれるロングラン大会は、釣行回数の少ないアングラーでもチャンスがあり、ダービーに参戦するアングラーは増えていった。

期間はしばらくの間、開幕2月1日、閉幕3月中～下旬（年により変わる）の日程で開催されていたが、海アメ釣りが年を追うごとに盛り上がると、釣果は大会期間中にとどまらなくなった。早期から好調が伝えられると新しい大会が誕生した。

それが、『オープニングカップ』。「島牧うみあめ応援団」主催のもと1999年からスタート。1尾の尾叉長（㎝）+重量（g）を合計したポイントで競われるのはダービーと同様だが、期間はダービー開催前の12月1日～翌年1月中下旬（年により変わる）に設定。なお、第5回目となる2003年からダイワが特別協賛、名称は『オープニングダイワカップ』（以下、オープニング）になった。

オープニングはダービーと異なり、一般とレディース・ジュニア部門には分かれていない。開催期間は季節柄シケの日に見舞われやすく、釣果登録は圧倒的にルアーが多かった。真冬のイベントとしてルアーアングラーを中心に高い支持を受けたが、2011年からダービーが12月1日スタートの超ロングラン大会へと変更になるのに伴い、第12回（2010年）で幕を閉じた。表②では、全大会の結果を10位まで掲載。ヒットルアーの変遷を見ると、今につながるソルトルアー・

冬の日本海という厳しい条件ながら、今なお数多くのアングラーをひきつける島牧村の海岸

あめますダービーの競技禁止区域
※第34回（2025年）大会

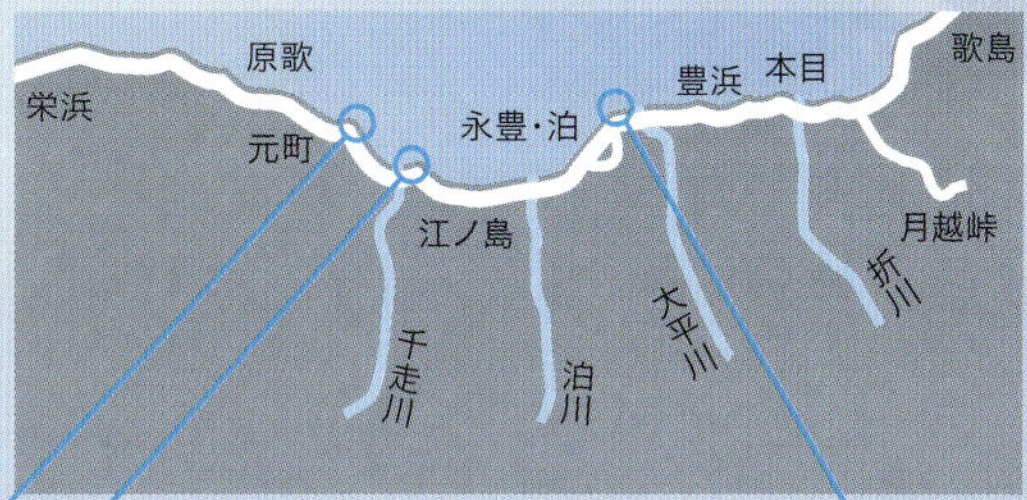

千走漁港周辺の禁止区域

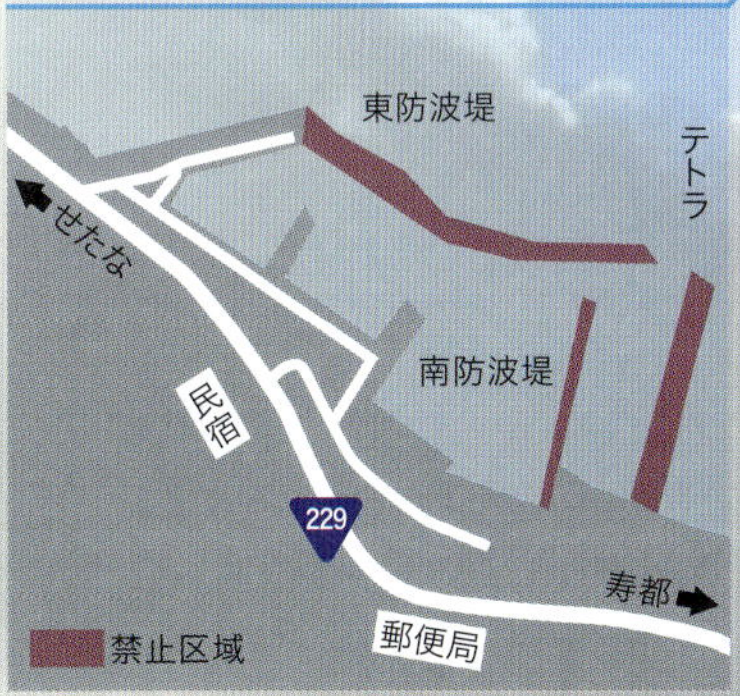

北国澗周辺の禁止区域

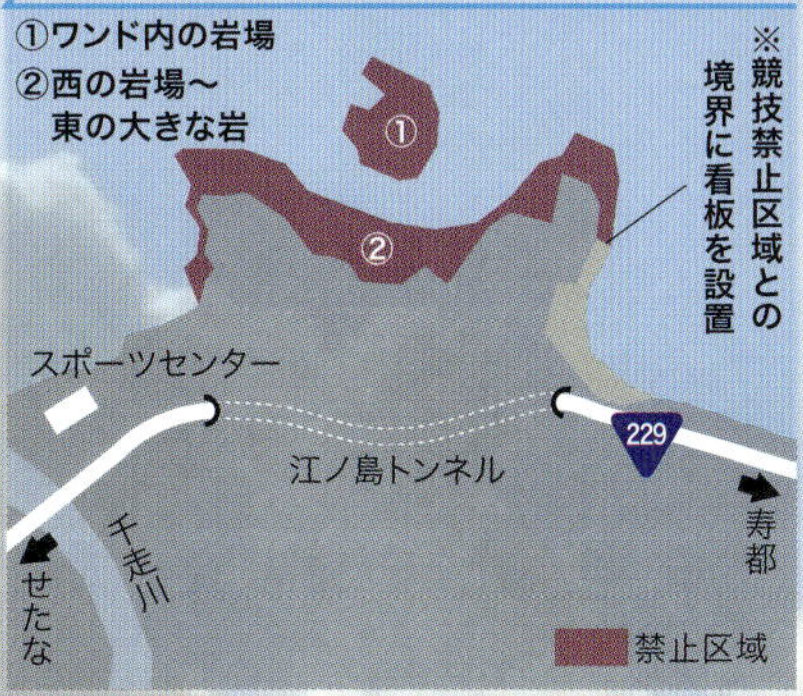

大平平磯の禁止区域

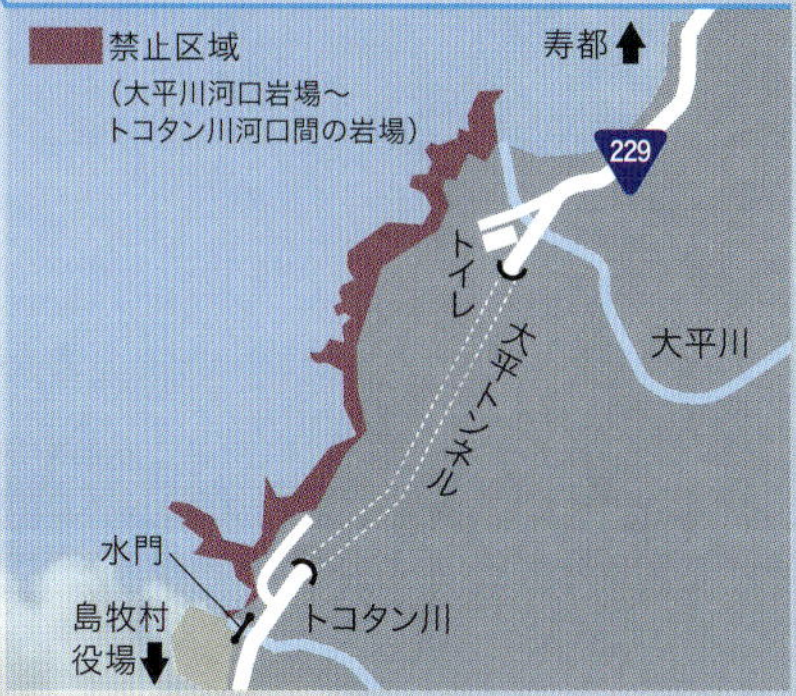

表①-あめますダービー歴代1位の釣果一覧

※1尾で順位を争う現在の競技方法を用いていない第1回～第6回大会は省略。表内の黄色の網かけは総合優勝

	一般				レディース・ジュニア			
	ルアー		フライ		ルアー		フライ	
	尾叉長(cm)	重量(g)	尾叉長(cm)	重量(g)	尾叉長(cm)	重量(g)	尾叉長(cm)	重量(g)
第7回(1997)	72.0	3,900	67.5	3,500	55.0	1,600		
第8回(1998)	74.0	3,980	68.5	4,080	54.5	1,820	59.5	2,080
第9回(1999)	66.0	3,100	64.5	3,400	72.0	3,750	61.0	2,300
第10回(2000)	63.0	2,880	68.0	3,300	62.0	2,550	64.0	2,760
第11回(2001)	75.0	4,500	70.0	3,860	57.5	1,980	59.0	2,100
第12回(2002)	77.5	5,280	71.0	3,990	58.5	2,100	59.0	2,120
第13回(2003)	75.0	4,420	74.0	3,680	56.0	1,900	62.5	2,700
第14回(2004)	71.5	3,900	66.5	3,000	62.5	2,620	61.0	2,500
第15回(2005)	70.5	3,700	71.0	3,940	64.5	2,500	61.0	2,120
第16回(2006)	63.0	3,600	70.0	3,580	41.0	620	59.0	2,390
第17回(2007)	67.0	3,440	71.0	3,720	62.0	2,700	70.0	3,400
第18回(2008)	71.7	4,140	76.0	4,840	59.5	2,200	82.0	5,520
第19回(2009)	70.0	3,490	74.0	4,100	62.0	2,200	55.0	1,600
第20回(2010)	72.7	4,200	74.0	4,650	57.0	1,400	53.0	1,650
第21回(2011)	66.0	3,120	70.0	3,700	58.0	2,410	55.0	1,840
第22回(2012)	73.0	4,550	78.0	4,350	58.0	2,120	59.0	2,300
第23回(2013)	76.0	4,780	78.0	5,250	68.0	3,520	64.0	3,050
第24回(2014)	78.5	5,020	74.0	4,100	71.0	3,450	68.0	3,240
第25回(2015)	75.0	4,400	72.0	3,960	58.5	2,400	61.0	2,420
第26回(2016)	73.5	4,200	74.0	3,75[illegible]	68.0	3,970	66.2	2,890
第27回(2017)	75.0	4,100	71.0	3,920	66.0	2,800	65.0	2,940
第28回(2018)	76.0	4,730	76.0	5,535	63.0	3,100	64.0	2,810
第29回(2019)	79.0	4,720	75.0	5,010	71.5	3,700	54.0	1,640
第30回(2020)	72.0	4,455	75.5	4,810	60.2	2,100	68.0	3,465
第31回(2021～2022)	新型[illegible]ウイルスの感染拡大の影響により中止							
第32回(2023)	71.0	4,445	73.0	5,120	62.0	3,100	69.0	3,330
第33回(2024)	83.0	7,000	75.0	6,485	63.0	3,150	65.0	3,650

赤灯と呼ばれるポイント。奥に見えるのは江ノ島トンネル。右岸には幌内川が流れ込み、18番、生コンと続き、泊川が流れ込む

ブームに果たした功績は大きいだろう。

次から、アングラーなら誰しも気になるテーマにスポットを当てて進めていくが、プライバシーの観点から、いずれの大会も氏名と住所は非掲載とした。

初めての4kgはフライ、5kgはルアー

●1998～2004年

上位をねらうには長さよりも重量が求められるポイントの算出法から、大会に参加するアングラーは重さを重視する。大会期間中は「○kgが出た！」と話題になる。

1尾で競うようになってから、初めて4kgを超える海アメが登録されたのがダービー第8回（1998年）、68.5cm／4080gで一般フライによる釣果。この年の一般ルアー1位は、わ

ずかに4kgに届かず3980g。オープニングの結果からも2000年以前は4kgが一つの壁だったことが分かる。

　初めて4・5kg台に乗ったのは、ダービー第11回（2001年）、一般ルアーの75cm／4500g。この頃から釣れる海アメの重量が上がり、「夢の5kg」を期待する声が聞かれる。それは翌年、現実になる。

　ダービー第12回（2002年）、一般ルアー1位&総合優勝を射止めたのは、77・5cm／5280g。この記録魚を取り上げた『ノースアングラーズ』誌の記事を掲載しているが、昔から海アメの捕食物として知られているオオナゴ（大型のイカナゴ）をイメージしたヘビージグと、シマノからリリースされた海アメ専用ロッド『カーディフモンスターリミテッド110P』による釣果で、〝北海道のモンスター海アメ〟は道内のみならず、道外からも脚光を浴びるきっかけになった。

　ちなみに2002年はオープニングも大ものラッシュで、1位の74・5cm／4760gを筆頭に上位3名が4kgを超えている。これほどアメマスが肥えるのは、ベイトが豊富な海を回遊しているからこそ。海アメの魅力の一つにコンディション

モンスター海アメあがる!!
77.5cm
5.28kg!

ダービー第12回、初めて5kgを超える海アメが登録された。ヒットルアーはオリジナルジグ83g。ファイトは「綱引き状態でした」と振り返っている（『ノースアングラーズ』誌18号／2002年春号）

表②-オープニングカップ第1回（1999）

順位	日付	釣り方	尾叉長(㎝)	重量(g)	ポイント
1位	1/2	ルアー	69.0	3,740	3,809
2位	12/24	ルアー	61.0	3,250	3,311
3位	12/29	ルアー	63.0	3,150	3,213
4位	1/22	ルアー	62.0	3,050	3,112
5位	12/3	ルアー	62.0	3,000	3,062
6位	1/5	ルアー	60.5	2,900	2,961
7位	12/17	ルアー	62.0	2,850	2,912
8位	1/19	ルアー	58.0	2,850	2,908
9位	12/3	ルアー	64.0	2,800	2,864
10位	1/2	ルアー	61.0	2,600	2,661

表②-オープニングカップ第2回（2000）

順位	日付	釣り方	尾叉長(㎝)	重量(g)	ポイント	場所
1位	12/17	ルアー	68.0	3,550	3,618	18番
2位	1/18	フライ	68.0	3,300	3,368	
3位	1/20	ルアー	63.5	3,000	3,063.5	
4位	1/6	ルアー	65.0	2,860	2,925	
5位	12/14	ルアー	69.0	2,500	2,569	18番
6位	1/8	ルアー	59.0	2,400	2,459	
7位	12/28	ルアー	60.0	2,250	2,310	
8位	1/20	ルアー	60.0	2,200	2,260	
9位	12/10	ルアー	57.0	2,200	2,257	18番
10位	1/20	ルアー	60.0	2,150	2,210	

表②-オープニングカップ第3回（2001）

順位	日付	釣り方	尾叉長(㎝)	重量(g)	ポイント	場所	ルアー・フライ
1位	1/4	ルアー	71.0	3,800	3871	18番	SSPジグ40gイエローアワビ
2位	1/19	ルアー	71.0	3,720	3791	赤灯	SSPジグ50g
3位	12/27	ルアー	68.0	3,300	3368	赤灯	SSPジグ55g
4位	1/19	ルアー	66.0	3,180	3246	赤灯	サマンサ85g
5位	1/11	ルアー	61.0	2,940	3001	赤灯	P-BOYジグ65gグリーン
6位	12/18	ルアー	60.0	2,850	2910	保育所裏	ミノー
7位	1/12	ルアー	62.0	2,800	2862	18番	
8位	1/12	ルアー	64.2	2,750	2814.2	赤灯	
9位	12/19	ルアー	62.0	2,720	2782	18番	
10位	12/18	ルアー	68.0	2,600	2668	大平	

表②-オープニングカップ第4回（2002）

順位	日付	釣り方	尾叉長(㎝)	重量(g)	ポイント	肥満度	場所	ルアー・フライ
1位	1/11	ルアー	74.5	4,760	4,834.5	115.1	赤灯	SSPジグ55g緑玉
2位	12/21	ルアー	69.5	4,480	4,549.5	133.5	18番	タイドミノースリム120
3位	1/4	ルアー	77.0	4,000	4,077.0	87.6	18番	SSPジグ50g
4位	12/21	ルアー	68.0	3,600	3,668.0	114.5	18番	タイドミノースリム120
5位	12/18	ルアー	66.5	3,500	3,566.5	119.0	18番	P-BOYジグ28g
6位	12/15	ルアー	66.0	3,430	3,496.0	119.3	赤灯	自作80gアワビ
7位	12/15	ルアー	71.0	3,200	3,271.0	89.4	18番	P-BOYジグSTアワビ
8位	12/21	ルアー	66.0	3,200	3,266.0	111.3	18番	
9位	12/16	ルアー	65.0	3,140	3,205.0	114.3	18番	
10位	12/28	ルアー	66.0	3,000	3,066.0	104.3	18番	

表②-オープニングダイワカップ第5回（2003）

順位	日付	釣り方	尾叉長(㎝)	重量(g)	ポイント	肥満度	場所	ルアー・フライ
1位	12/31	ルアー	66.0	2,980	3,046.0	103.7	18番	タイドミノースリム120
2位	12/28	ルアー	60.0	2,980	3,040.0	138.0	18番	タイドミノースリム120
3位	12/9	ルアー	62.0	2,840	2,902.0	119.2	18番	タイドミノースリム120
4位	11/29	ルアー	67.0	2,740	2,807.0	91.1	中の川	スプーン
5位	12/24	ルアー	60.0	2,700	2,760.0	125.0	赤灯	岡ジグ60gアワビ
6位	12/6	ルアー	62.0	2,600	2,662.0	109.1	中の川	
7位	12/28	ルアー	60.5	2,400	2,460.5	108.4	赤灯	カワセミ70g
8位	12/13	ルアー	60.0	2,400	2,460.0	111.1	18番	タイドミノー
9位	12/14	ルアー	59.5	2,400	2,459.5	113.9	レスト前	
10位	12/10	ルアー	56.0	2,200	2,256.0	125.3	18番	タイドミノー

表②-オープニングダイワカップ第6回（2004）

順位	日付	釣り方	尾叉長(㎝)	重量(g)	ポイント	肥満度	場所	ルアー・フライ
1位	1/2	ルアー	79.0	5,100	5,179	103.4	18番	ショアラインシャイナー12
2位	12/26	ルアー	74.0	4,080	4,154	100.7	18番	タイドミノー105
3位	1/15	ルアー	75.0	3,800	3,875	90.1	赤灯	アンジェリーナ75g
4位	12/26	ルアー	67.0	3,650	3,717	121.4	赤灯	イボンヌ75gアワビ
5位	1/17	ルアー	68.0	3,300	3,368	105.0	赤灯	アンジェリーナ80gアワビ
6位	12/12	ルアー	66.0	3,300	3,366	114.8	18番	マミヤミノー
7位	12/31	ルアー	63.0	2,960	3,023	118.4	18番	タイドミノー135サーフ
8位	12/25	ルアー	62.0	2,900	2,962	121.7	赤灯	オリジナル62gアワビ
9位	12/26	ルアー	64.0	2,850	2,914	108.7	18番	
10位	1/2	ルアー	66.0	2,800	2,866	97.4	レスト前	風神

※第1回（1999年）～第12回（2010年）まで開催。期間は12月1日スタート、閉幕は1月中下旬（年により異なる）。第5回からダイワの特別協賛に伴い、『オープニングダイワカップ』に名称を変更

のよさがあるのは間違いない。驚くほど太い魚体があがり、オープニングは2002年の結果表から「肥満度」を記載する。

再び5kgが登録されたのはオープニング2004年の1位、79cm/5100g。125mmのミノーによる釣果で、ミノーの快進撃が始まった。この年以降、オープニングは重量級の登録が目立つ。

記録更新はフライ 82cm、5.52kg

●2005〜2010年

オープンニング2005年は4kg台2尾（1位は74・5cm/4600g）、2006年は同2尾（1位は71・5cm/4000g）、2007年は同4尾（1位は77・5cm/4930g）、2008年は同1尾（74・4cm/4580g）。一方、ダービーは2004〜2007年の4シーズン、4kg台の登録はない。この背景には12月頃から接岸するカタクチイワシの存在が挙げられるだろう。

道内で「暖冬」の言葉を聞くようになったのが2005年頃からだと記憶しているが、海水温の上昇を受けてカタクチイワシの来遊量が増えたのではないか。年が明けて間もなく、水温の低下によりカタク

体長&重量とも記録を更新したダービー第18回の総合優勝魚、82cm・5520g。女性のフライフィッシャーが釣ったことでも強いインパクトを残した（『ノースアングラーズ』誌54号／2008年5月号）

表②-オープニングダイワカップ第10回（2008）

順位	日付	時間	釣り方	尾叉長(cm)	重量(g)	ポイント	肥満度	場所	ルアー・フライ
1位	12/15	10:00	ルアー	74.4	4,580	4,654.4	111.2	あそこ?	タイドミノースリム140ピンク
2位	1/7	14:30	ルアー	69.0	3,900	3,969.0	118.7	赤灯	
3位	11/29		ルアー	73.4	3,700	3,773.4	93.6	大平岩場	タイド145オオナゴ
4位	12/6	16:00	ルアー	71.0	3,620	3,691.0	101.1	千走漁港横	タイドミノースリム120カタクチ
5位	11/29	9:30	ルアー	68.2	3,620	3,688.2	114.1	中の川	P-BOYジグST18g
6位	12/14	10:00	ルアー	68.4	3,600	3,668.4	112.5	大平	フェイクジグ30g
7位	12/18	6:30	ルアー	65.0	3,600	3,665.0	131.1	レスト下	KP30g
8位	11/29	9:00	ルアー	71.5	3,580	3,651.5	97.9	大平岩場	自作55gグリーン
9位	11/29	14:40	ルアー	66.0	3,500	3,566.0	121.7	レスト前	
10位	1/12	8:00	ルアー	70.0	3,400	3,470.0	99.1	赤灯	SSPジグ60g

表②-オープニングダイワカップ第11回（2009）

順位	日付	時間	釣り方	尾叉長(cm)	重量(g)	ポイント	肥満度	場所	ルアー・フライ
1位	12/23	14:00	ルアー	76.3	5,020	5,096.3	113.0	赤灯	タイドミノースリム175カタクチ
2位	12/22	13:00	ルアー	74.0	4,650	4,724.0	114.8	18番	サミーズ40gアワビ
3位	1/10	16:50	ルアー	71.0	4,160	4,231.0	116.2	18番	タイドミノースリム175
4位	12/17	9:30	ルアー	70.3	4,060	4,130.3	116.9	生コン裏	タイドミノースリム175ピンク
5位	12/23	7:00	ルアー	70.0	3,800	3,870.0	110.8	生コン裏	タイドミノー
6位	12/20	16:30	ルアー	71.4	3,780	3,851.4	103.8	18番	タイドミノースリム175フライヤー
7位	12/16		ルアー	67.0	3,720	3,787.0	123.7	18番	ミノー
8位	1/17	9:40	ルアー	63.5	3,300	3,363.5	128.9	赤灯	カワセミ60g
9位	12/24	8:45	ルアー	65.3	2,970	3,035.3	106.7	18番	SSPジグ40g
10位	12/30	15:30	ルアー	72.5	2,900	2,972.5	76.1	赤灯	パール工房

表②-オープニングダイワカップ第12回（2010）

順位	日付	時間	釣り方	尾叉長(cm)	重量(g)	ポイント	肥満度	場所	ルアー・フライ
1位	12/22	10:30	ルアー	75.8	5,280	5,355.8	121.2	赤灯	P-BOYジグ35gオオナゴ
2位	12/30	15:00	フライ	76.2	5,100	5,176.2	115.3	18番	
3位	12/22	10:30	ルアー	75.5	4,780	4,855.5	111.1	オコツナイ	キールジグ
4位	12/30	6:50	ルアー	69.0	4,140	4,209.0	126.0	生コン	海王152FオールピンクJET
5位	12/23	12:00	ルアー	67.4	4,080	4,147.4	133.3	整備裏	
6位	11/27	15:00	ルアー	74.5	4,020	4,094.5	97.2	大平	P-BOYジグ35g
7位	12/19	15:30	ルアー	69.0	3,880	3,949.0	118.1	コベチャナイ	コンタクトノード150
8位	1/12	15:00	ルアー	68.0	3,780	3,848.0	120.2	赤灯	IOカスタム
9位	12/28	15:00	ルアー	66.7	3,640	3,706.7	122.7	赤灯	自作65g
10位	12/30	16:50	ルアー	67.0	3,520	3,587.0	117.0	赤灯	池田デルタ

表②-オープニングダイワカップ第7回（2005）

順位	日付	時間	釣り方	尾叉長(cm)	重量(g)	ポイント	肥満度	場所	ルアー・フライ
1位	12/17	16:15	フライ	74.5	4,600	4,674.5	111.2	18番	G-SENCEキャンディー
2位	1/17	11:30	ルアー	70.0	4,200	4,270.0	122.4	18番	タイドミノースリム175
3位	12/31	7:00	ルアー	67.0	3,700	3,767.0	123.0	18番	タイドミノースリム140
4位	1/8	11:30	ルアー	66.0	3,680	3,746.0	128.0	18番	タイドミノースリム175
5位	12/21	10:00	ルアー	68.0	3,560	3,628.0	113.2	赤灯	カワセミブランク
6位	1/12	7:45	ルアー	64.0	3,350	3,414.0	127.8	18番	
7位	12/24	12:00	ルアー	67.0	3,300	3,367.0	109.7	18番	
8位	12/17	7:50	ルアー	63.5	3,300	3,363.5	128.9	生コン	ショアラインシャイナー14
9位	1/1	10:00	ルアー	70.5	3,200	3,270.5	91.3	赤灯	風神
10位	1/11	13:20	ルアー	62.0	3,200	3,262.0	134.3	18番	タイドミノースリム175

表②-オープニングダイワカップ第8回（2006）

順位	日付	時間	釣り方	尾叉長(cm)	重量(g)	ポイント	肥満度	場所	ルアー・フライ
1位	12/12	12:00	ルアー	71.5	4,000	4,071.5	109.4	18番	ショアラインシャイナー
2位	1/1	11:00	ルアー	67.0	4,000	4,067.0	133.0	18番	タイドミノースリム175赤金
3位	12/16	16:00	ルアー	67.5	3,950	4,017.5	128.4	18番	タイドミノースリム
4位	12/24	9:30	ルアー	71.0	3,800	3,871.0	106.2	18番	タイドミノースリム175カタクチ
5位	1/2	7:10	ルアー	69.4	3,750	3,819.4	112.2	生コン	タイドミノースリム175
6位	12/30	7:15	ルアー	69.0	3,720	3,789.0	113.2	18番	タイドミノースリム175
7位	1/17		ルアー	76.0	3,700	3,776.0	84.3	セイコマ裏	
8位	1/19	9:40	ルアー	66.5	3,600	3,666.5	122.4	赤灯	アンジェリーナ
9位	1/1	7:40	ルアー	65.0	3,400	3,465.0	123.8	18番	タイドミノースリム120
10位	12/24	9:50	ルアー	66.0	3,320	3,386.0	115.5	18番	タイドミノースリム175

表②-オープニングダイワカップ第9回（2007）

順位	日付	時間	釣り方	尾叉長(cm)	重量(g)	ポイント	肥満度	場所	ルアー・フライ
1位	1/11	16:50	ルアー	77.5	4,930	5,007.5	105.9	18番	タイドミノースリム175フライヤー
2位	12/30	7:00	ルアー	75.0	4,600	4,675.0	109.0	18番	
3位	1/7	10:00	ルアー	74.7	4,340	4,414.7	104.1	江ノ島	P-BOYジグ45g
4位	1/14		ルアー	72.0	4,200	4,272.0	112.5	18番	タイドミノースリム175
5位	1/8	10:50	ルアー	71.0	3,700	3,771.0	103.4	赤灯	P-BOYジグ50g
6位	12/11	夕方	ルアー	69.0	3,680	3,749.0	112.0	エネオス裏	ショアラインシャイナーSL17ライブオオナゴ
7位	1/3	8:30	ルアー	70.0	3,650	3,720.0	106.4	赤灯	
8位	12/22	8:00	ルアー	67.0	3,600	3,667.0	119.7	赤灯	SSPジグ
9位	12/22	7:30	ルアー	70.0	3,450	3,520.0	100.6	豊平	タイドミノースリム175イワシ
10位	1/3	8:45	ルアー	70.0	3,400	3,470.0	99.1	赤灯	P-BOYジグ

☆肥満度の算出法=重量/尾叉長の3乗×10000

チイワシは南下して姿を消す。すると、海アメのベイトはスカッドやサケ稚魚などに変わるが、カタクチイワシほど"肥満度"に貢献しないようだ。

2月、ちょうどベイトが移り変わるタイミングで開幕するのがダービー。2月スタートのダービーは2010年までだが、2005〜2010年の6シーズン、総合優勝を射止めたのはフライが5回。ベイトが小型だとフライが有利と考えられる。北西の風が吹き荒れる冬の日本海はルアーの独断場というイメージがあるが、ベイトと海況しだいでフライが勝る。

「ルアーの釣果が上がるのはシーズン初期、中盤以降はフライ」との認識が強くなるなか、2008年のダービーは尾叉長と重量、どちらの記録も塗り替えられたメモリアルイヤーとなった。女性のフライフィッシャーがキャッチしたのは82cm／5520g。オープニングと併せても初の80cmオーバー、5.5kgアップ。ロッドは15フィート10番、フライはサケ稚魚パターン#6。この一尾は6kgという、とて

表③-第21回（2011）

	総合	順位	日付	時間	潮汐	尾叉長(cm)	重量(g)	ポイント	肥満度	場所	ルアー・フライ
一般ルアー	総合2位	1位	2/16	7:30	大潮	66	3,120	3,186	108.53	千走横	ジグ40g
		2位	2/7	14:00	中潮	65	2,910	2,975	105.96	18番	ムーチョルチア35gPYH
		3位	3/15	6:15	若潮	63	2,820	2,883	112.78	18番	KJ
		4位	2/6	17:10	中潮	62	2,820	2,882	118.33	エネオス	メタルリップレス
		5位	2/3	17:00	大潮	60.5	2,780	2,841	125.54	生コン	175ピンク
		6位	1/29	7:30	若潮	60	2,740	2,800	126.9	18番	175ブラックバック
		7位	2/11	14:00	小潮	62.5	2,600	2,663	106.5	赤灯	岡ジグ85g
		8位	2/28	13:45	若潮	62.5	2,460	2,523	100.76	赤灯	P-BOYジグ65g
		9位	3/15	14:00	若潮	58.5	2,240	2,299	111.89	赤灯	ナゴメタル45g
		10位	2/28	9:30	若潮	57	2,120	2,177	114.48	赤灯	自作ジグ85g
一般フライ	総合優勝	1位	2/3	8:00	大潮	70	3,700	3,770	107.9	レスト下	
	総合3位	2位	3/18	16:25	大潮	64.4	3,100	3,164	116.07	18番	
		3位	2/2	4:50	大潮	65	3,000	3,065	109.2	赤灯	
		4位	2/9	10:30	小潮	64	2,900	2,964	110.6	生コン	
		5位	3/19	6:00	大潮	63	2,780	2,843	111.18	18番	
		6位	3/19	6:00	大潮	62	2,650	2,712	111.19	18番	
		7位	2/22	9:00	中潮	61	2,600	2,661	114.55	レスト前	
		8位	2/6	9:30	中潮	61	2,500	2,561	110.1	レスト前	
		9位	3/19		大潮	60	2,400	2,460	111.11		
		10位	3/19	6:30	大潮	51	1,500	1,551	113.08	18番	
L&Jルアー		1位	2/21	7:00	中潮	58	2,410	2,468	123.52	レスト下	ジグ40g
		2位	3/6	8:10	大潮	55	1,800	1,855	108.19	元町	タイドミノー145
		3位	3/6	7:00	大潮	47	1,100	1,147	105.95	エネオス	IOカスタム
L&Jフライ		1位	3/7	7:50	中潮	55	1,840	1,895	110.6	千走横	スカッド
		2位	2/3		大潮	52	1,750	1,802	124.46		
		3位	2/19	16:00	大潮	47	1,200	1,247	115.58	18番	

表③-第22回（2012）

	総合	順位	日付	時間	潮汐	尾叉長(cm)	重量(g)	ポイント	肥満度	場所	ルアー・フライ
一般ルアー	総合優勝	1位	1/11	11:15	中潮	73	4,550	4,623	117.0	18番	岡ジグ60gイエロー（ボッコジグ）
		2位	2/3	10:55	中潮	73.5	4,140	4,214	104.3	18番	ジグミノー
		3位	12/30	11:40	中潮	73.5	3,950	4,024	99.5	赤灯	銀平60g
		4位	3/18	8:45	若潮	70.5	3,620	3,691	103.3	赤灯	岡ジグ85g
		5位	3/25	6:30	中潮	67	3,330	3,397	110.7	赤灯	SSPジグ40g
		6位	3/25	7:00	中潮	70.8	3,260	3,331	91.9	北国潤	メタルリップレス28g黒
		7位	1/12	8:00	中潮	66	3,200	3,266	111.3	18番	KJ
		8位	1/1	16:30	小潮	67.3	3,120	3,187	102.4	赤灯	タイドミノースリム175
		9位	12/22	14:00	中潮	63	3,060	3,123	122.4	セイコマ裏	TGベイト
		10位	12/20	15:00	若潮	62	2,960	3,022	124.2	18番	タイドミノースリム140フライヤー
一般フライ	総合2位	1位	3/18	15:45	若潮	78	4,350	4,428	91.7	元町	サケチー
	総合3位	2位	2/26		中潮	75	4,250	4,325	100.7	レスト下	
		3位	3/7	11:50	大潮	72	3,850	3,922	103.2	トンネル下	
		4位	3/10	16:00	中潮	72	3,750	3,822	100.5	レスト下	
		5位	2/6	11:40	大潮	70	3,720	3,790	108.5	赤灯	スカッド
		6位	3/24	11:00	中潮	69	3,570	3,639	108.7	千走	
		7位	3/9	15:40	大潮	69	3,520	3,589	107.2	レスト下	
		8位	3/14	10:00	小潮	70	3,400	3,470	99.1	元町	
		9位	3/17	6:20	長潮	61	3,400	3,461	149.8	赤灯	フライ
		10位	3/17	14:00	長潮	71	3,250	3,321	90.8	レスト下	
L&Jルアー		1位	12/31	15:30	小潮	58	2,120	2,178	108.7	18番	スミス
		2位	2/29	9:30	小潮	60	1,900	1,960	88.0	千走	カムイ
		3位	1/10	16:00	大潮	53.2	1,700	1,753	112.9	18番	KJ
L&Jフライ		1位	2/6		大潮	59	2,300	2,359	112.0		
		2位	3/24	17:00	中潮	59	2,150	2,209	104.7	18番	フライ
		3位	1/22	14:15	大潮	56.5	2,000	2,057	110.9	レスト下	

※2011年から12月1日スタートの超ロングラン大会に変更。これ以前は2月1日スタート。閉幕は3月中下旬（年により異なる）
※各大会のルアーについては、編集部の判断で一部加筆、修正

つもなく大きな壁をつくりだした。また、一般フライ部門でも76㎝／4840gという5kgに迫る大ものが出ており、2008年はフライが絶好調だった。

2009年以降、4kg台の登録は珍しくなくなった。オープニング2009年は上位4名が4kgアップ、1位は76・3㎝／5020g。2010年は上位6名が4kgアップ、うち5kg台2尾（1位は75・8㎝／5280g）。この年を最後にオープニングは12回の歴史に幕を閉じ、ダービーは12月スタートに変わる。

時代は海サクラに 6kgを超え、7kg現わる！

●2011〜2020年

2010年前後から道内各地、ショアの釣り事情に変化が見られた。道南を起点に開拓されてきた海サクラが大ブレイクすると、海アメの注目度が低くなったのは否めない。12〜3月、海サクラねらいのアングラーは後志〜檜山のポイントを巡る。そのなかには島牧村も含まれるが、釣り方

表③-第23回（2013）

	総合	順位	日付	時間	潮汐	尾叉長(cm)	重量(g)	ポイント	肥満度	場所	ルアー・フライ
一般ルアー	総合2位	1位	12/28	16:45	大潮	76	4,780	4,856	108.9	18番	タイドミノースリム175
		2位	3/6	7:00	長潮	76	4,600	4,676	104.8	18番	ミノー
		3位	1/1	16:45	中潮	71.5	4,280	4,352	117.1	18番	タイドミノースリム175
		4位	1/2	11:30	中潮	70	4,200	4,270	122.5	赤灯	自作ジグ85g
		5位	3/1	10:00	中潮	74	4,100	4,174	101.2	泊	タイドミノースリム140フライヤー改
		6位	3/19	17:00	小潮	72	3,800	3,872	101.8	18番	タイドミノースリム140
		7位	3/4	8:00	小潮	68	3,800	3,868	120.9	赤灯	P-BOYジグ35g
		8位	3/17	10:10	中潮	70	3,700	3,770	107.9	千走	アスリート12SS
		9位	1/3	15:30	小潮	63.5	3,520	3,584	137.5	18番	タイドミノースリム175フライヤー
		10位	12/13	16:30	大潮	66	3,440	3,506	119.7	18番	ストリームアーマー
一般フライ	総合優勝	1位	3/6	8:00	長潮	78	5,250	5,328	110.6	ホッコ(村田岩)	スカッド
	総合3位	2位	1/2	11:20	中潮	74	4,750	4,824	117.2	18番	
		3位	1/23	16:00	中潮	74.5	4,250	4,325	102.8	赤灯	
		4位	1/12	14:00	大潮	74.5	4,100	4,175	99.2	18番	
		5位	2/28	13:40	中潮	72	4,000	4,072	107.2	千走漁港横	スカッド
		6位	3/22	11:00	若潮	72	3,850	3,922	103.2	漁港横	
		7位	1/21	7:50	長潮	70	3,850	3,920	112.2	18番	
		8位	1/23	16:45	中潮	65	3,250	3,315	118.3	整備工場	
		9位	2/13	11:30	中潮	63.5	3,200	3,264	125.0	レスト	
		10位	1/23	16:00	中潮	66	3,060	3,126	106.4	レスト	
L&Jルアー		1位	3/17	10:40	中潮	68	3,520	3,588	112.0	エネオス	ウインドリップ
		2位	3/20	13:30	小潮	65	2,800	2,865	102.0	本目	タイドミノースリム140フライヤー
		3位	3/15	6:00	中潮	62	2,800	2,862	117.5	18番	ミノー
L&Jフライ		1位	3/5	16:20	小潮	64	3,050	3,114	116.4	赤灯	

表③-第24回（2014）

	総合	順位	日付	時間	潮汐	尾叉長(cm)	重量(g)	ポイント	肥満度	場所	ルアー・フライ
一般ルアー	総合優勝	1位	12/31	14:00	大潮	78.5	5,020	5,099	103.8	赤灯	岡ジグ85g
	総合2位	2位	12/10	13:00	小潮	77	4,860	4,937	106.5	大平	ショアラインシャイナー175緑
	総合3位	3位	12/31	8:50	大潮	77	4,400	4,477	96.4	赤灯	自作ジグ65g
		4位	1/5	15:00	中潮	71.5	4,240	4,312	116.0	18番	バリッド90H
		5位	1/5	15:30	中潮	67.5	4,040	4,108	131.4	18番	ショアラインシャイナーZ120LDS
		6位	12/31	13:30	大潮	70	4,000	4,070	116.6	赤灯	自作ジグ85g
		7位	12/19	14:00	大潮	70.5	3,900	3,971	111.3	大平	タイドミノースリム175
		8位	1/3	11:30	中潮	66	3,860	3,926	134.3	18番	タイドミノースリム175
		9位	1/5	14:30	中潮	67.5	3,760	3,828	122.3	18番	アヤメ115MR
		10位	1/1	10:30	大潮	69	3,700	3,769	112.6		
一般フライ		1位	2/27	11:30	中潮	74	4,100	4,174	101.2	レスト下	
		2位	12/26	15:50	小潮	68	3,700	3,768	117.7	赤灯	
		3位	2/27	8:00	中潮	71	3,660	3,731	102.3	レスト	
		4位	3/13	11:00	中潮	71	3,600	3,671	100.6	千走	スカッド
		5位	3/22		小潮	66	3,400	3,466	118.3		フライ
		6位	2/23	10:15	小潮	70	3,250	3,320	94.8	赤灯	
		7位	12/10	14:30	小潮	64	3,200	3,264	122.1	整備工場裏	
		8位	3/15	6:50	大潮	70	2,910	2,980	84.8	18番	
		9位	12/26	11:00	小潮	63	2,910	2,973	116.4	赤灯	
		10位	2/24	11:00	長潮	63.5	2,860	2,924	111.7	赤灯	
L&Jルアー		1位	1/12		中潮	71	3,450	3,521	96.4	整備工場	サイレントアサシン140
		2位	1/7	12:30	小潮	60.5	2,580	2,641	116.5	18番	タイドミノースリム140フライヤー
		3位	1/5	6:50	中潮	58	2,350	2,408	120.4	18番	タイドミノースリム175
L&Jフライ		1位	3/19	14:30	中潮	68	3,240	3,308	103.0	18番	
		2位	2/28	9:00	大潮	57	1,950	2,007	105.3		

の違いなどから海アメのヒット率は落ちる傾向にある。それでも根っからの海アメファンは、未だ見ぬモンスターを求めた。

第21回（2011年）から第30回（2020年）まで、5kgを超える海アメは計4尾。いずれも総合優勝に輝き、第23回（2013年）は一般フライ部門78cm／5250g、第24回（2014年）は一般ルアー部門78・5cm／5020g、第28回（2018年）は一般フライ部門76cm／5535g、第29回（2019年）も同75cm／5010g。ちなみに10年のうち、総合優勝はルアー5回、フライ5回と互角。海サクラにシフトしたルアーアングラーが多くなったとはいえ、ダービーが12月の開幕になったことでルアーが盛り返してきた。特筆すべきは第28回の総合優勝魚。わずかとはいえ、従来のダービー重量レコードを更新した。

●2021～2024年

その後、2021～2022年の2年間は、新型コロナウイルス感染拡大の影響により中止となり、ダービーが再開されたのは20

表③-第25回（2015）

	総合	順位	日付	時間	潮汐	尾叉長(cm)	重量(g)	ポイント	肥満度	場所	ルアー・フライ
一般ルアー	総合優勝	1位	12/28	6:30	小潮	75	4,400	4,475	104.3	千走	IOカスタム
		2位	12/28	16:30	小潮	71	3,800	3,871	106.2	元町	アローヘッド120S
		3位	12/25	12:30	中潮	74	3,790	3,864	93.5	千走漁港	SL17
		4位	12/27	7:50	中潮	72	3,600	3,672	96.5	赤灯	岡ジグ85g
		5位	1/3	12:00	中潮	69	3,350	3,419	102.0	元町	サーフトリップ
		6位	12/27		中潮	70.5	3,250	3,321	92.8		シーランチャー
		7位	12/16	16:10	長潮	67	3,150	3,217	104.7	エネオス裏	アスリート
		8位	3/22	5:40	中潮	66	3,100	3,166	107.8	エネオス	ディアン
		9位	1/4	15:00	大潮	69	3,050	3,119	92.8	泊	アヤメ115MR-S
		10位	3/1	6:40	若潮	67	3,000	3,067	99.7	赤灯	桜舞HL65g
一般フライ	総合2位	1位	12/20	10:30	大潮	72	3,960	4,032	106.1	千走	
	総合3位	2位	12/21	15:30	大潮	77	3,950	4,027	86.5	千走(漁)	
		3位	2/7	7:50	中潮	75	3,850	3,925	91.3		
		4位	1/5	7:45	大潮	70	3,460	3,530	100.9	千走	
		5位	3/20	10:40	大潮	71	3,420	3,491	95.6	新甫川	サケちぎょ
		6位	3/14	13:30	小潮	72	3,400	3,472	91.1	18番	
		7位	3/22		中潮	71	3,400	3,471	95.0		
		8位	2/8	10:00	中潮	70	3,400	3,470	99.1	千走	
		9位	12/20		大潮	63	3,200	3,263	128.0	元町	
		10位	12/20		大潮	65	3,000	3,065	109.2		
L&J ルアー		1位	12/28	13:00	小潮	58.5	2,400	2,459	119.9	千走	タイドミノースリム140
		2位	12/24	14:30	中潮	61.5	2,350	2,412	101.0	千走漁港	サイレントアサシンブルーピンク
		3位	1/3	15:20	中潮	56	2,100	2,156	119.6	元町	ジオピック
L&J フライ		1位	3/21	11:00	大潮	61	2,420	2,481	106.6	千走	チャーリー
		2位	3/3	14:30	中潮	57	1,750	1,807	94.5	18番	

表③-第26回（2016）

	総合	順位	日付	時間	潮汐	尾叉長(cm)	重量(g)	ポイント	肥満度	場所	ルアー・フライ
一般ルアー	総合優勝	1位	12/12	14:45	大潮	73.5	4,200	4,274	105.8	赤灯	
	総合2位	2位	12/21	14:10	若潮	72	4,180	4,252	112.0	大平	ギグ125S1
		3位	12/21	11:30	若潮	69	3,880	3,949	118.1	歌島	自作ジグ
		4位	1/5	7:30	若潮	71	3,800	3,871	106.2	18番	ミノー
		5位	12/30	14:40	中潮	74	3,750	3,824	92.5	18番	アスリート
		6位	1/5	16:00	若潮	73	3,500	3,573	90.0	千走	三郎ジグ55g
		7位	1/4	14:00	長潮	70	3,500	3,570	102.0	栄浜	ショアラインシャイナーZ140
		8位	12/30		中潮	70	3,500	3,570	102.0	元町	
		9位	12/23	14:00	中潮	73	3,450	3,523	88.7	茂津多	ウミアメリミテッド
		10位	1/30	9:45	中潮	69	3,410	3,479	103.8	元町	ジグ40g
一般フライ		1位	3/13	7:10	中潮	74	3,750	3,824	92.5	生コン	
		2位	3/18		長潮	70	3,650	3,720	106.4		フライ
		3位	1/2	10:30	小潮	74	3,600	3,674	88.8	レスト	狂茶
		4位	3/7	9:30	中潮	74	3,520	3,594	86.9	トンネル下	
		5位	3/16	10:50	小潮	69	3,500	3,569	106.5	トンネル下	
		6位	1/13		中潮	71	3,450	3,521	96.4	千走漁港	ストリーマー
		7位	12/23	15:30	中潮	66	3,400	3,466	118.3	中の川	
		8位	1/26	7:40	大潮	68	3,350	3,418	106.5	千走漁港横	
		9位	1/27	11:45	中潮	73	3,320	3,393	85.3	千走	
		10位	3/18	7:30	長潮	68.5	3,260	3,329	101.4		狂茶2
L&J ルアー	総合3位	1位	12/12	15:00	大潮	68	3,970	4,038	126.3	栄浜	ミノー
		2位	12/15	14:30	中潮	68	3,500	3,568	111.3	大平	ウインドリップ
		3位	1/9	7:00	大潮	63	2,700	2,763	108.0	千走	ラパラ170mm
L&J フライ		1位	2/28		中潮	66.2	2,890	2,956	99.6		
		2位	3/17	10:30	小潮	59	2,350	2,409	114.4	北国澗	
		3位	3/13		中潮	50	1,220	1,270	97.6	整備工場	

23年。総合優勝は一般フライ部門73㎝／5120g、総合2位もフライで5kgを超えている。そして翌年、従来の記録が大幅に塗り替えられる。

第33回（2024年）は、「超」がつく大ものが続々と検量に持ち込まれた。この異常事態と密接に関係するのは、前年12月からたびたびニュースになった〝マイワシ騒動〟だろう。P10から紹介しているので、ここでは割愛するが、かつての常識を覆す重量の海アメが現われる。

状況が激変するのは2月中旬以降。ダービー史上最も重い5kg後半（72㎝／5705g）が登録。しかし、これは序章にすぎなかった。3月に入ると73㎝／5740gがトップを奪うものの2日後、ルアーにより75㎝／6125gという令和のモンスターが見参。ついに夢の6kg超えがランディングされた。

超大ものラッシュはさらに続いた。3月6日、1位を更新する75㎝／6485gがフライであがったのだ。翌日もフライで77㎝／6130g、9日はルアーで79

表③-第27回（2017）

	総合	順位	日付	時間	潮汐	尾叉長(㎝)	重量(g)	ポイント	肥満度	場所	ルアー・フライ
一般ルアー	総合優勝	1位	1/14	8:10	大潮	75	4,100	4,175	97.2	千走	ミノー12SS
	総合3位	2位	1/2	13:00	中潮	69.5	3,750	3,820	111.7	千走	アヤメ115MR-S
		3位	2/5	7:00	小潮	69	3,550	3,619	108.1	赤灯	アスリート
		4位	12/1	14:10	中潮	68	3,400	3,468	108.1	18番	アスリート
		5位	1/2	16:05	中潮	71	3,300	3,371	92.2	生コン	
		6位	12/17	12:30	中潮	69	3,250	3,319	98.9	千走	アスリート
		7位	12/28	15:45	大潮	68.5	3,240	3,309	100.8	千走	ガン吉30
		8位	1/29	8:30	大潮	73	3,200	3,273	82.3	栄浜	アスリート14SS
		9位	12/16	8:10	中潮	67	3,120	3,187	103.7	千走	ショアラインシャイナー
		10位	2/14	6:35	中潮	70	3,075	3,145	89.7	赤灯	
一般フライ	総合2位	1位	1/1		中潮	71	3,920	3,991	109.5	千走	
		2位	2/28	10:00	大潮	71	3,645	3,716	101.8		
		3位	1/7	9:30	長潮	66	3,600	3,666	125.2	漁港横	
		4位	3/15	14:50	大潮	70	3,440	3,510	100.3	千走	
		5位	3/13	14:00	大潮	69	3,190	3,259	97.1	千走	
		6位	1/7	7:00	長潮	70	3,150	3,220	91.8		
		7位	3/15		大潮	67	3,135	3,202	104.2		
		8位	1/9	8:00	中潮	70	3,100	3,170	90.4	漁港横	クルクルオリーブ
		9位	2/23	14:00	中潮	64	2,965	3,029	113.1	赤灯	
		10位	2/11	7:30	大潮	68	2,955	3,023	94.0	千走	
L&Jルアー		1位	1/2	13:30	中潮	66	2,800	2,866	97.4	折川	アスリート12
		2位	3/16	8:00	中潮	57	1,865	1,922	100.7	泊	
		3位	1/1	15:00	中潮	48	1,100	1,148	99.5	コベチャナイ	D-3ジグ
L&Jフライ		1位	3/16	8:00	中潮	65	2,940	3,005	107.1	北国潤	
		2位	3/12		大潮	63	2,645	2,708	105.8	泊	
		3位	3/12	13:40	大潮	56	1,755	1,811	99.9	泊	

表③-第28回（2018）

	総合	順位	日付	時間	潮汐	尾叉長(㎝)	重量(g)	ポイント	肥満度	場所	ルアー・フライ
一般ルアー	総合2位	1位	1/4	14:30	中潮	76	4,730	4,806	107.8	千走	アスリート14
		2位	1/19	16:50	中潮	72	4,640	4,712	124.3	元町海岸	タイドミノーSLD-F
		3位	1/7	10:00	中潮	73	3,860	3,933	99.2	コベチャナイ	ディアン60gグリーンシェル
		4位	12/22	14:30	中潮	73	3,645	3,718	93.7	生コン	ミノー
		5位	12/31	10:30	大潮	70	3,450	3,520	100.6	折川	PHAT(プロト)
		6位	12/18	9:00	大潮	70	3,275	3,345	95.5	千走	
		7位	12/9	8:30	小潮	72	3,260	3,332	87.3	千走	ダイワミノー
		8位	1/14		中潮	66	3,240	3,306	112.7		
		9位	12/23	7:30	中潮	64	3,200	3,264	122.1	泊	ウミアメリミテッド
		10位	1/8	12:30	小潮	64	3,100	3,164	118.3	セイコーマート裏	ハイスタンダード
一般フライ	総合優勝	1位	3/4	13:40	大潮	76	5,535	5,611	126.1	千走	ストリーマー
	総合3位	2位	2/22		小潮	73	4,705	4,778	120.9		
		3位	1/15	14:10	大潮	70	3,810	3,880	111.1	18番	
		4位	3/14	8:00	中潮	69	3,655	3,724	111.3	北国潤	ストリーマー
		5位	2/22		小潮	72	3,610	3,682	96.7		
		6位	2/21	11:30	中潮	68	3,580	3,648	113.9	北国潤	ストリーマー
		7位	12/31	13:30	大潮	67	3,565	3,632	118.5	千走	チャーリー
		8位	1/8		小潮	69.5	3,520	3,590	104.9	千走	
		9位	2/10	16:00	長潮	65	3,325	3,390	121.1	レスト前	
		10位	2/21	15:00	中潮	65	3,300	3,365	120.2	北国潤	
L&Jルアー		1位	1/7	13:30	中潮	63	3,100	3,163	124.0	元町海岸	タイドミノーSLD-F
		2位	12/31	8:00	大潮	60	2,255	2,315	104.4	千走	海王
		3位	1/17	14:30	大潮	56	1,800	1,856	102.5	エネオス裏	シマノ
L&Jフライ		1位	2/11	10:20	若潮	64	2,810	2,874	107.2	北国潤	ストリーマー
		2位	12/23	9:00	中潮	65	2,755	2,820	100.3	元町	
		3位	3/15	11:15	中潮	60	2,555	2,615	118.3	生コン	

2024年シーズンにキャッチされたグッドサイズ。大量接岸したイワシを飽食したらしく、ご覧のとおりの肥満体型。まるでイタマスを彷彿とさせる。この年、こんな良型がよくあがった

cm／６０３５gが出現。しかし、６日にあがった超大ものにはかなわない。誰もが総合優勝は決まりと思ったが、閉幕間近となった13日、驚愕のスーパーモンスターがルアーにヒットした。

サイズは83cm／７０００g。尾叉長、重量ともダービー史上最大。ベイトしだいで海アメが７kgを超えるという事実に多くのアングラーは度肝を抜かれた。初めての５kgから６kgに到達するのに20年以上かかったが、７kgの壁は約１週間で超えた……。〝マイワシ騒動〟、おそるべしである。

表③-第29回（２０１９）

	総合	順位	日付	時間	潮汐	尾叉長(cm)	重量(g)	ポイント	肥満度	場所	ルアー・フライ
一般ルアー	総合2位	1位	3/12	9:20	中潮	79	4,720	4,799	95.7	元町（新甫川）	アスリート105
	総合3位	2位	3/10	16:50	中潮	70	4,340	4,410	126.5	奈緒美裏	リッジ56
		3位	1/28	10:00	小潮	74	4,260	4,334	105.1	栄浜	フライヤー140
		4位	1/26	15:45	中潮	65	3,850	3,915	140.2	千走川河口	アスリート12SSP
		5位	1/26	9:40	中潮	73	3,800	3,873	97.7	元町	ジグミノーカムイ
		6位	1/8	14:30	中潮	73	3,750	3,823	96.4	18番	アスリート12SSピンクゴールド
		7位	1/20	16:20	大潮	69	3,680	3,749	112.0	千走横サーフ	アスリート14
		8位	1/4	16:45	大潮	67	3,640	3,707	121.0	エネオス	アスリート14
		9位	1/4	10:30	大潮	66	3,615	3,681	125.7	千走	アスリートスリム12SS
		10位	2/11	7:15	小潮	65.5	3,480	3,546	123.8	18番	ミノー
一般フライ	総合優勝	1位	3/2	7:30	若潮	75	5,010	5,085	118.8		
		2位	2/12		小潮	73	3,980	4,053	102.3		ストリーマー
		3位	2/24	16:30	中潮	71.5	3,895	3,967	106.6	赤灯	ストリーマー
		4位	1/14	12:00	小潮	70	3,850	3,920	112.2	赤灯	ストリーマー
		5位	3/3	14:30	中潮	70	3,825	3,895	111.5	元町	ミノー
		6位	12/23	8:30	大潮	70	3,715	3,785	108.3	レスト下	ゴッコフライ
		7位	3/3	7:00	中潮	72	3,670	3,742	98.3		
		8位	2/23	12:50	中潮	69	3,640	3,709	110.8	江ノ島	ストリーマー
		9位	2/18	10:50	大潮	67	3,500	3,567	116.4	18番	チャーリー
		10位	2/24	15:50	中潮	66	3,300	3,366	114.8	赤灯	くみちょーゴッコ
L&Jルアー		1位	1/14	17:00	小潮	71.5	3,700	3,772	101.2	元町	リュウキ70F
		2位	1/14	12:05	小潮	72	3,500	3,572	93.8	元町	サムライ90A
		3位	2/16	17:00	中潮	63	2,800	2,863	112.0	千走	ミノー
L&Jフライ		1位	3/8	15:15	大潮	54	1,640	1,694	104.2	レスト前	

表③-第30回（２０２０）

	総合	順位	日付	時間	潮汐	尾叉長(cm)	重量(g)	ポイント	肥満度	場所	ルアー・フライ
一般ルアー	総合2位	1位	12/14	16:00	中潮	72	4,455	4,527	119.4	千走	アスリート14SS
		2位	12/17	14:15	中潮	76	4,330	4,406	98.6	赤灯	アスリート12SS
		3位	1/5	8:30	若潮	75	4,245	4,320	100.6	千走	パーティスオオナゴカラー
		4位	1/17	16:30	小潮	78	4,230	4,308	89.1	千走	ウミアメリミテッド
		5位	3/1	17:15	小潮	71	4,200	4,271	117.3	ゴロタ場	ミノー
		6位	2/16	6:40	小潮	74	4,170	4,244	102.9	新甫	
		7位	1/12	15:50	中潮	73	4,125	4,198	106.0	千走	ミノー
		8位	1/7	8:50	中潮	71	3,810	3,881	106.5	千走	飛びキング
		9位	12/29	12:00	中潮	72.8	3,790	3,863	98.2	蒲原	アスリート14SS
		10位	12/1	16:30	中潮	72.5	3,585	3,658	94.1	大平	アスリート17ピンクパール
一般フライ	総合優勝	1位	2/29	11:30	中潮	75.5	4,810	4,886	111.8	泊	ストリーマー
	総合3位	2位	3/17	16:00	小潮	73	4,440	4,513	114.1	千走河口	シュリンプ
		3位	2/22	8:45	大潮	71	4,220	4,291	117.9	泊	フライ
		4位	12/20	8:20	小潮	73	4,075	4,148	104.8	千走	ストリーマー
		5位	3/8	16:00	大潮	72	4,035	4,107	108.1	生コン	ラオSP
		6位	2/13	7:30	中潮	73	3,840	3,913	98.7	レスト下	
		7位	3/19	13:10	若潮	73	3,745	3,818	96.3	千走	ストリーマー
		8位	1/8	10:30	大潮	70.5	3,175	3,246	90.6	赤灯	
		9位	3/8	16:00	大潮	66	3,160	3,226	109.9	永豊	
		10位	1/7	15:35	中潮	66	3,155	3,221	109.7	赤灯	
L&Jルアー		1位	1/11	14:30	大潮	60.2	2,100	2,160	96.3	千走河口	サイレントアサシン140S
		2位	1/19	8:30	長潮	50	1,100	1,150	88.0	栄浜	サイレントアサシン
		3位	3/18	15:00	小潮	44	1,000	1,044	117.4	泊川河口	
L&Jフライ		1位	3/8	11:50	大潮	68	3,465	3,533	110.2	赤灯	
		2位	2/13	8:30	中潮	67	2,865	2,932	95.3	生コン	チェリー
		3位	2/29	16:00	中潮	54	1,425	1,479	90.5	泊	ストリーマー

結果一覧を見ると7kg台1尾、6kg台4尾、5kg台7尾。ちなみに肥満度の歴代1位（総合2位の153・7）もこの年に釣れた魚だ。前代未聞の大会として、これから長く語り継がれるのか、もしくはさらなるスーパーモンスターが登場するのか、以後のダービーからも目が離せない。

4kgアップ限定！釣れた日付・時間・潮汐・場所

●12年で78尾が該当

ここからはダービーが12月スタートになった第21回（2011年）～第33回（2024年）の釣果から、大ものに出会う近道を考えてみたい。表③は、当該大会の一般部門1～10位、レディース・ジュニア部門1～3位の日付、時間、潮汐、場所、タックルを掲載。このデータから良型と呼ばれる一つの基準といえる「4kg以上」の海アメに絞り、各項目について分析する。対象となるのは計78尾、このうちルアー45尾、フライ33尾。5kg以上の内訳はルアー8尾、フライ10尾（表④-A）。

表③-第32回（2023）

部門	総合	順位	日付	時間	潮汐	尾叉長(cm)	重量(g)	ポイント	肥満度	場所	ルアー・フライ
一般ルアー		1位	2/5	10:45	中潮	71	4,445	4,516	124.2	千走	ミノー
		2位	2/14	7:30	小潮	72	4,415	4,487	118.3	赤灯	トラウトオリジン30g
		3位	2/6	4:50	大潮	69.5	4,225	4,295	125.9	赤灯	アスリート
		4位	2/12	14:00	中潮	69	4,225	4,294	128.6	元町海岸	ミノー
		5位	2/5	4:00	中潮	71	4,190	4,261	117.1	赤灯	
		6位	3/18	6:00	長潮	66	4,120	4,186	143.3	赤灯	ジグ85g
		7位	3/11	9:30	中潮	68	3,955	4,023	125.8	赤灯	SSPジグ40g玉虫アワビ
		8位	1/29	13:00	中潮	65.5	3,855	3,921	137.2	江ノ島	タイドミノー
		9位	12/3	9:30	長潮	71	3,820	3,891	106.7	泊川河口	アスリート12SS
		10位	3/13	14:30	中潮	67	3,815	3,882	126.8	千走	RipStop12
一般フライ	総合優勝	1位	3/12	3:30	中潮	73	5,120	5,193	131.6	江ノ島	ストリーマー
	総合2位	2位	2/12	7:00	中潮	73	5,085	5,158	130.7	赤灯	ストリーマー
	総合3位	3位	3/7	8:30	大潮	73	4,930	5,003	126.7	生コン	
		4位	3/16	13:45	小潮	69	4,755	4,824	144.7	江ノ島	ストリーマー
		5位	3/15	8:00	小潮	70	4,155	4,225	121.1	千走	ストリーマー#6
		6位	3/14	11:30	中潮	69	4,125	4,194	125.6	江ノ島	チギョ
		7位	3/7	10:30	大潮	68	4,095	4,163	130.2	生コン	サケチ
		8位	2/19	15:00	中潮	67	3,900	3,967	129.7	赤灯	フライ
		9位	2/19	16:00	中潮	66	3,850	3,916	133.9	シャロ	
		10位	3/13	14:00	中潮	67	3,760	3,827	125.0	原田岩	鮭稚魚
L&Jルアー		1位	2/25	10:00	中潮	62	3,100	3,162	130.1	江ノ島	タイドミノーランス
		2位	2/5	16:30	中潮	56	2,075	2,131	118.2	江ノ島	
		3位	2/1	12:40	小潮	53.5	1,580	1,634	103.2	千走	アスリート14SS
L&Jフライ		1位	3/15	16:00	小潮	69	3,330	3,399	101.4	江ノ島	鮭稚魚

表③-第33回（2024）

部門	総合	順位	日付	時間	潮汐	尾叉長(cm)	重量(g)	ポイント	肥満度	場所	ルアー・フライ
一般ルアー	総合優勝	1位	3/13	17:20	中潮	83	7,000	7,083	122.4	18番	アスリート
		2位	3/5	14:15	長潮	75	6,125	6,200	145.2	18番	アスリート14SS
		3位	3/9	4:40	大潮	79	6,035	6,114	122.4	18番	タイドミノーランス160S
		4位	3/3	17:15	小潮	73	5,740	5,813	147.6	18番	タイドミノー
		5位	3/5	10:10	長潮	73	5,510	5,583	141.6	18番	アスリート140
		6位	3/9	11:10	大潮	75	5,270	5,345	124.9	オコツナイ	ハウンドグライド125F
		7位	3/5	7:00	長潮	72	5,245	5,317	140.5	18番	ハルカ145S
		8位	3/11	6:15	大潮	71	4,880	4,951	136.3	18番	バーティスR140F
		9位	2/22	8:30	中潮	69	4,880	4,949	148.6	18番	
		10位	3/5	17:00	長潮	69	4,810	4,879	146.4	18番	タイドミノー140F
一般フライ	総合2位	1位	3/6	9:30	若潮	75	6,485	6,560	153.7	江ノ島	ストリーマー
	総合3位	2位	3/7	8:00	中潮	77	6,130	6,207	134.3	江ノ島	ストリーマー
		3位	2/19	14:30	長潮	72	5,705	5,777	152.9	江ノ島	ストリーマー
		4位	2/11	10:30	大潮	73	5,470	5,543	140.6	トンネル下	
		5位	3/15	7:12	中潮	73	5,235	5,308	134.6	千走	ストリーマー#6
		6位	3/14	8:30	中潮	71	4,655	4,726	130.1	生コン	チギョ
		7位	3/17	6:00	小潮	70.5	4,605	4,676	131.4	生コン	チャーリー
		8位	2/18	8:50	小潮	70	4,605	4,675	134.3	赤灯	ストリーマー
		9位	2/12	13:30	大潮	69	4,315	4,384	131.4	江ノ島	チャーリー
		10位	3/14	10:30	中潮	64	4,005	4,069	152.8	江ノ島	チャーリー
L&Jルアー		1位	3/5	16:30	長潮	63	3,150	3,213	126.0	18番	
		2位	3/7	14:45	中潮	60	3,085	3,145	142.8	18番	アスリート140
		3位	1/29	7:00	大潮	43.5	1,095	1,139	133.0	大平海岸	アスリートグリーンバックイエロー
L&Jフライ		1位	3/6	10:45	若潮	65	3,650	3,715	132.9	江ノ島	チャーリー
		2位	3/12	7:30	中潮	59	2,875	2,934	140.0	江ノ島	フライ
		3位	3/16	13:30	小潮	60	2,585	2,645	119.7	トンネル下	ストリーマー

表④-A

釣り方	4kg以上の尾数
ルアー	45(8)
フライ	33(10)
計	78(18)

表④-B

日付	4kg以上の尾数
3月	33(14)
2月	19(3)
1月	15(0)
12月	11(1)
計	78(18)

表④-C

時間	4kg以上の尾数
～9:59	29(9)
10:00～12:59	15(3)
13:00～15:59	19(4)
16:00～	13(2)
記載なし	2(0)
計	78(18)

※いずれも（ ）内は5kg以上の尾数

表④-D

潮汐	4kg以上の尾数
中潮	32(5)
大潮	18(5)
小潮	15(1)
長潮	8(5)
若潮	5(2)
計	78(18)

表④-E

場所	4kg以上の尾数
18番	18(6)
赤灯	13(2)
千走	13(2)
江ノ島	8(4)
元町（新甫含む）	5(0)
生コン	5(0)
泊	3(0)
大平	2(0)
レスト下	2(0)
記載なし	2(1)
オコツナイ	1(1)
トンネル下	1(1)
ホッコ	1(1)
ゴロタ場	1(0)
栄浜	1(0)
千走漁港	1(0)
奈緒美裏	1(0)
計	78(18)

表④-F

ヒットルアー	4kg以上の尾数
ミノー	30(7)
ジグ	8(1)
記載なし	4(0)
ジグミノー（シンペン）	2(0)
バイブレーション	1(0)
計	45(8)

アメマス

●**分類**：サケ目サケ科イワナ属
●**学名**：*Salvelinus leucomaenis leucomaenis*
●**英名**：White spotted charr

河川残留型はエゾイワナと呼ばれる。放流などは行なわれておらず、自然産卵によって世代を受け継いできた在来種。水温が約15℃以下の冷水域を好み、産卵期は9～11月。降海型はふ化後1～3年を河川で過ごし、3～4月にスモルト化して海へ下りるが、降海型の生態については未だ解明されていないことも多い。産卵後は死亡せず、再び降海する。降海型は7～8歳で80㎝ほど（参考文献／『さかな・釣り検索』つり人社）

●ねらいは3月

日付は12月、1月、2月、3月と4つの期間に分けて集計した（表④-B）。4割以上の海アメが3月に釣れているが、12～2月も一定数の登録がある。しかしながら5kgとなると8割近くが3月。モンスタークラスに的を絞るなら3月といえそうだ。

●朝は集中して

時間は①～9時台、②10～12時台、③13時～15時台、④16時以降という4つに分けてみた（表④-C）。最も登録が多いのは①の朝方。やはり魚がスレていないのだろうか。時間が経つにつれて登録数が減少傾向になるのも興味深い。これは5kg以上に限定しても、ほぼ同じことがいえる。海アメねらいも朝は集中してロッドを振るべきだ。

●中潮がベター!?

潮汐は中潮が4割を超え、続いて大潮、小潮と僅差で続き、やや開いて長潮、若潮となった（表④-D）。4kg以上に照準を定めるなら、中潮のタイミングで釣行するのがベストに思えるが、これが5kg以上となると中潮、大潮、長潮は各5尾と同じ数値。超大ものの行動は謎に包まれている。シケが多い時期だけに海の状況に左右されがちで、潮汐を選んで釣行するのは難しいだろうが、中潮の日は期待感が高まる。

●18番と赤灯は健在

場所については、島牧のポイントは昔から18番と赤灯が双璧として知られるが、それを象徴する結果となった（表④-E）。隣接する「江ノ島」、「レスト下（旧レストハウス江ノ島を指す）」を含めると、実に4kgアップの半数以上が同エリアで釣れている。

このほか、健闘しているのは千走エリア。千走漁港は現在、競技禁止区域に指定されているが、一帯は保護水面（周年禁漁）の千走川が流れ込む恩恵を受けているようだ。隣接する「元町（新甫川河口も含む）」の釣果を加えると全体の2割を超える。

初めて訪れるアングラーや釣り場選びに迷ったら18番か赤灯、または千走エリアに入るのが無難かもしれない。

ルアーはミノーが圧倒

最後に情報量が多く、たとえ廃番になっているとしても参考になるヒットルアーにスポットを当てて締めくくりたい。対象となるのは、ルアーであがった4kg以上の海アメ計45尾。結果表には商品名が記載されているが、編集部の判断により「ミノー」、「ジグ」、「ジグミノー（シンキングペンシル含む）」、「バイブレーション」の4タイプに分けて集計した（表④-F）。

何と、7割近くがミノーによる釣果。5kg以上の釣果もミノーが圧倒している。ミノーのサイズは120～175㎜が中心。『オープニングカップ』初期から続いている"18番=ミノー"という流れは今も無視できない。ルアーアングラーはミノーのバリエーションを多めに用意しよう。

島牧は海アメを村の発展に欠かせない財産と考え、ダービーに「リリース宣言部門」を設定して年月が経つ。アメマスは放流にたよらず自然産卵で種をつないでいる貴重な在来種。私たち釣り人も一尾、一尾を大切に扱い、この素晴らしい釣りを後世に引き継ぎたい。

“ロングミノー”の歴史を辿る

海アメだけでなく海サクラも
近年はミノー全盛の時代といわれ、
「ロングミノー」と呼ばれている
120～175㎜の活躍が目覚ましい。
ここでは『ノースアングラーズ』誌の
バックナンバーを掲載しながら、
その歴史をひも解きたい。

アメでブレイク、サクラで定番化

海アメとロングミノーは切っても切り離せない。写真は『ノースアングラーズ』誌100号を記念して、プレゼント企画用にデュオ社が特別に作ってくれた『タイドミノースリム175』オリジナルカラーで釣った4kgアップ

ブームを巻き起こしたタイドミノースリム

島牧村で開催された大会結果を見ると、道内におけるロングミノーの足跡を知ることができる。前ページでは、1999年から2010年まで行なわれた『オープニング（ダイワ）カップ』と、2011～2024年『あめますダービー』のヒットルアーを掲載しているが、今となっては懐かしいものから現役バリバリのものまで、歴史に名を刻んだ名選手が並んでいる。

海アメ草創期はジグの独断場だったと思っている人もいるだろうが、

1990年代からたしかな実績を上げてきた。1997年以前、ダイワ『ショアラインシャイナーR50』（120mm14g）、タックルハウス『K-TENブルーオーシャン・スリムタイプ』（125mm16g）が、それぞれ総合優勝魚を射止めている。

両者に共通するのは、海アメの主な捕食物であるオオナゴのシルエットに似たスリムな形状で、かつ重心移動機構を備えていたこと。当時、細身でよく飛ぶミノーは限られ、その条件を満たした2つのミノーは海アメフリークに愛された。

とはいえ、あくまでも主流は遠投しやすいジグ。ミノーはナギの日に使うルアーと考えられていた。そんな流れが変わったのが2000年以降。若い世代を中心にミノーの愛用者が増えていく。そして、ダービー第11回（2001年）、"ミノー＝ビッグ海アメ"という流れを加速させる出来事が起きる。4・5kgという総合優勝に輝いた大ものが、デュオ『タイドミノースリム120』（120mm13g）でキャッチされたのだ。

以後、ミノーが台頭するのは、『オープニング（ダイワ）カップ』の結果から一目瞭然。第4回（2002年）まではジグが上位を占めていたが、第5回からミノー優勢となった。とくに『タイドミノースリム120』の活躍は目覚ましく、第5回大会は1〜3位を独占した。

もうひとつ、気を吐いたのが『ショアラインシャイナー』シリーズ。第6回と第8回大会の優勝ルアーとなっている。特筆すべきは第6回の優勝魚。79cm／5・1kgというモンスターが『ショアラインシャイナーSL12』（125mm）であがっている。

北海道限定が続々 磯の注目度も増す

2004年頃から、多用されるミノーのサイズが120mmから140mmクラスに変わっていく。そのきっかけになったのは、2003年シーズンに登場した『タイドミノースリム140 5th Anniversary』（140mm19g）。以後、デュオ社からは"ウミアメリミテッド"の名を冠した140mm22gのシンキングモデルがリリース。海アメファンのマストアイテムとなった。

2003年秋に登場し、タイドミノースリムとともに140mmクラスを定番化させたのが『ショアラインシャイナーSL14F-G』（145mm19・5g）。翌年には北海道限定のオオナゴカラーが登場した。こうして、海アメ&海サクラを意識した北海道限定カラーが各社から出てくる。

2004年春、『ノースアングラーズ』誌は初めて海サクラ特集号を組んだ。それまで「1シーズン頑張って、一尾釣れるかどうか」とさえ言われていたサクラマスが、前年辺りから釣果情報が増えたのを受けて実現。道央太平洋のサーフで行なった巻頭記事の取材において、貴重な一尾を導いたのは132mmのミノー。海サクラでもミノーは効いたが、草創期にシーンを牽引したのはジグミノーとジグだった。

海サクラのブレイク当初、とくに好調が伝えられたのは旧熊石町（現・八雲町熊石）。海サクラは海アメより沖めを回遊しているといわれ、熊石の遠浅サーフでは飛距離の出るルアーが好まれた。2006年頃から続々と海サクラ向けのジグミノーが発売される。

『ノースアングラーズ』誌は2005年春も海サクラを特集したが、この頃から道東の海アメも盛り上がり、海サクラ前線は全道各地に広がる気配を見せていく。それに伴ってポイント開拓が進み、磯の注目度も増していく。足場の高い磯では、手前までアピールできるミノーの持ち味が活き、着実に実績を上げた。

海アメはもっと長く 170mmクラスの時代へ

島牧村の海アメは2006年から、ミノーのサイズが170mmクラスに突入。このブームをつくったのは『タイドミノースリム175』（175mm27g）。同年のダービーでいきなり優勝魚を導いた。なお、この頃から『ノースアングラーズ』誌は、細く長いシルエットのミノープラグを"ロングミノー"と表記している。

2008年、既存のフローティングではなくシンキングタイプの『タイドミノースリム175フライヤー』

Memorial Minnow

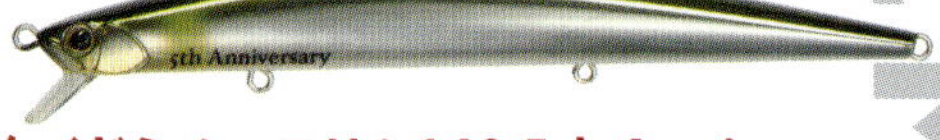

LONG MINNOW

（175㎜29g）や、待望視されていた人気ミノーのロングモデル『ショアラインシャイナーSL17F-G（170㎜28g）』が登場。170㎜クラスもタイドとシャイナーが時代を牽引した。

海アメにおいて『タイドミノースリム175』シリーズの活躍は目を見張り、第8回オープニングダイワカップは2～6位を独占（優勝魚は『ショアラインシャイナー』）。その後も第9回優勝魚の77・5㎝／4・93㎏、第11回優勝魚の76・3㎝／5・02㎏とモンスター級が出た。また、第23回（2013年）ダービーの総合2位となる76㎝／4・78㎏もあがっている。

一方、『ショアラインシャイナーSL17』は第24回（2014年）ダービーの総合2位となる77㎝／4・86㎏が登録されているが、どちらかというと海サクラで支持された。

スーパーモンスターも導く アスリートの躍進

2010年前後は海サクラ向けのジグが流行し、ミノーの注目度は下がりつつあった。そんななか、彗星のごとく現われたのが、ジャクソン『アスリート』シリーズ。『ノースアングラーズ』誌111号（2014年1・2月合併号）では、『アスリートスリム12SS』（120㎜21g）の北海道限定カラーを掲載。翌年は『同12SS改』（120㎜24g）と『同14SS改』（140㎜22・5g）を取り上げている。

第27回（2017年）ダービーでは、一般ルアー部門10位以内の半数ほどが『アスリート』シリーズによる釣果。続く第28回は、105モデルにより76㎝／4・73㎏が総合2位。第29回は総合2位の79㎝／4・72㎏を筆頭に、上位10位のうち6位を占めた。第30回も猛威をふるい、72㎝／4・45㎏が総合2位。きわめつけが第33回の総合優勝となる83㎝／7㎏のスーパーモンスターだ。

磯で海サクラの釣果が上がると、ロングミノーは全盛期を迎える。昨今、釣具店に行くと魅惑的なミノーがたくさん並んでいる。スペックで分かる傾向は、一昔前のミノーに比べ、同じサイズでも重いこと。広大なフィールドで欠かせない遠投性能を重視しているのだろう。それに伴ってか、シンキングタイプが主流になりつつある。

海アメから始まったムーブメントが、今後どのように広がり、未だ見ぬモンスターを誘うのか。楽しみでならない。

Pick Up Article

2001 Spring（通巻12号）

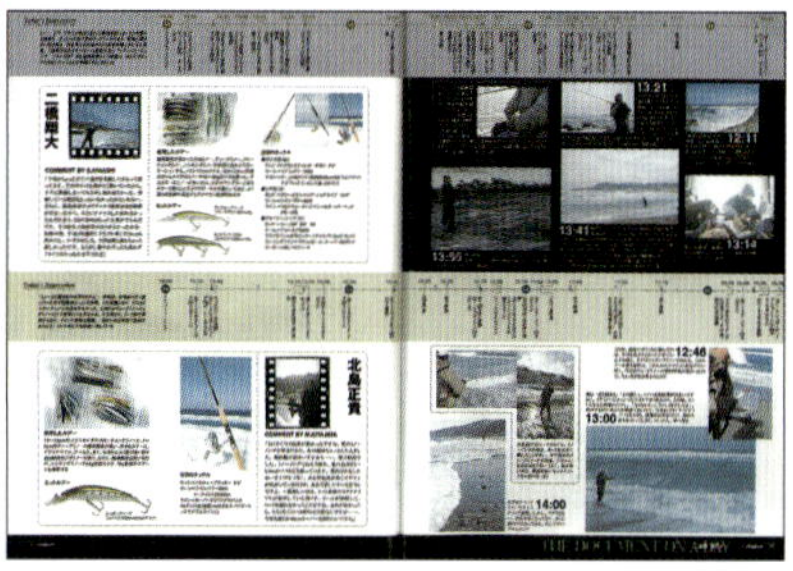

当時18歳の二橋翔大さんと北島正貴さんが、島牧村を舞台に海アメをねらった一日をレポート。ヒットルアーは『タイドミノースリム120』など、すべてミノーだった

2003 March（通巻23号）

「今、ミノーが熱い！」と題し、海アメのミノーイングを徹底解説。それまでナギの日に有効といわれていたミノーだが、シケの日でも通用することが明らかになった

2006 March（通巻41号）

特集は「ビッグ海アメを釣りたい！」。巻頭は、発売当初から驚異的な海アメヒット率を誇った『タイドミノースリム175』による実釣レポート。60㎝オーバーが誌面を飾った

2008 May（通巻54号）

数年前から磯のミノーイングがブレイク。この頃から春磯の海サクラねらいでロングミノーが注目された。良型が出た寿都町・弁慶岬の実釣をとおし、釣る秘訣を解説

2015 March/April（通巻122号）

『アスリート』シリーズが脚光を浴びる。このルアーにいち早く着目し、ミノーのジャーキングを提案してきた林準悟さんが登場。島牧村での取材時、良型をキャッチした

島牧村海岸にみる
フライフィッシングの基本テクニック

日本海沿岸の島牧村周辺は、屈指の海アメマス・フィールド。20年以上にわたって、同エリアで実績を積んできた藤原大介さんに、初心者が知っておきたい基本的な攻略法をうかがった。

Photo & Text by Masao Okumoto

季節と気象条件の読み解き方

島牧村周辺が、古くから海アメマスの釣りが盛んになった理由はいくつかある。禁漁河川があって資源が守られていたことも大きいが、ベイトが豊富であることも重要な要素になったのは間違いない。多くのエサが大きなアメマスを育み、釣り人が集まることによって賢くなった魚が増え、その攻略の難しさによって釣り人を熱くさせる。冬から春の島牧村海岸の海アメマスの釣りの人気ぶりは、そのように考えると納得がいくと藤原大介さんは言う。

同エリアの地形は、冬場の厳しい時期でも釣りをしやすい。狩場山の裾野に広がる島牧村周辺は、冬型気圧配置の影響を受けやすい西部沿岸。だが海岸線が複雑なこともあり、どこかに風裏になる場所ができることが多い。たとえば村の中心部にある江ノ島海岸は、数kmにもおよぶ長い海岸線だが、西の端から東まで緩い湾になっている。そのため、風向きによってポイントを選ぶことができる。波が高すぎるときは港内（あめますダービー期間中、競技禁止区域がある。詳細は島牧村のHPなどで確認を）で、漁業者の迷惑にならない範囲で釣りをすることも可能だ。また、堤防の風下側に入る手もある。

シーズンは12月から翌4月。その前後なら多少ずれても釣りにはなる。真冬は北西の風が強く、釣りをしやすい目安になるのは、予報で風速3～4m以下の日。これより風が強いとキャスティングが難しくなり（詳細は後述）、風裏を探して釣ることになる。つまりポイント選びの自由度がなくなるわけだ。

低気圧の影響で南よりの風のときは、全体的に風裏になり、キャストは容易になる。ただ、そんな日はベタナギになってしまうことがある。こうなると魚は警戒心が増して、食いはよくない。

波の高さでいうと、1・5mくらいがベストのようだ。藤原さんは天気図を読めるので、気圧配置や等高線などから推察しているという。一般的にはスマホのアプリを活用するのがおすすめ。なお気温に関しては、急激に下がったときは魚も沈む傾向がある。そんなときはフライをキャスト後にカウントダウンをして、よく沈ませる。

3月になると穏やかな日が増え、キャストが楽になる。エサを充分に食べた大ものがヒットしやすくなるのもこの時期だ。

潮流とベイトに注目

潮流の強弱と、それに伴うベイトの動きが、この釣りの重要なカギになる。道南日本海エリアは、冬でも比較的に水温が高いため、ベイトになる小魚が豊

15フィートの長いダブルハンド・ロッドを、豪快に振る。寒空の中で一日中ロッドを振るスポーツ的な心地よさも、この釣りの魅力

藤原大介（札幌市）

1970年札幌市生まれ。20代前半からルアー、その後フライを始める。フライフィッシングは海アメや湖沼などでのリトリーブの釣りを楽しみ、特にスレて一筋縄ではいかなくなった大型トラウトに惹かれるという。また、ワカサギやイカ釣りなど多彩に楽しむマルチアングラーでもある。『あめますダービーin島牧大会』、『スプリングスーパーカップ』の優勝、入賞多数。夢の80㎝を連続ヒットさせるなど、自他ともに認める海アメ・エキスパート

富。そのベイトの有無、動きに合わせてアメマスも行動する。具体的には潮の流れによってベイトが溜まる場所があり、読みが合えばその周辺だけアメマスが釣れることがよくあるという。

基本的には潮の動きがよい日が好条件。潮があまり動かない日は、過去の経験からも釣果には恵まれていないそうだ。潮時表を見て、潮の動きの少ない若潮や長潮の日は避けたほうが無難。逆に大潮（新月だとベスト）後の中潮だと、いい釣果に恵まれやすいとのこと。

特に干潮時の前後は、ベイトもアメマスもよく動いているという。逆に潮止まりの時間帯はイマイチで、藤原さんは朝マヅメであってもサオをだすことは少ない。潮がよく動いているときは水面にさざ波が見える。また、離岸流も見逃せない。流れに逆らって魚は泳ぐ傾向があるので、沖から魚が入って来る可能性が高いからだ。

先述のようにベイトの種類が多いのが島牧の特徴だが、これはフライフィッシングが有利になる要素でもある。中小型のサイズなら、フライを実際のベイトに合わせることが容易。スカッドのような小型のベイトを模したパターンも作れる。ただ残念なことに、磯焼け現象が広がってからというもの、甲殻類は減ったようだ。

シーズン初期からベイトになっているのはカタクチイワシ。カジカやホッケ、ゴッコ（ホテイウオ）、ハタハタの稚魚なども食べられている。その他、シーズンを通じて有効なのが小型の甲殻類。2月頃からはサケ稚魚（2～3㎝）、3月に入るとベイトとしては大型のイカナゴ、そして放流されたサケ稚魚（5㎝前後）、春になると小川から流れて水面に浮いている昆虫にライズするアメマスを見ることもある。アメマスが捕食しているエサは非常に多様で、それに合わせて対処できるフライフィッシングはやはり楽しい。

厳しい条件のときにようやく釣れた1尾。毎年多くの釣り人が訪れるせいか、アメマスは賢くなっているようだ（写真上）

好天、風は穏やか、適度な波あり……と好条件のそろった江ノ島海岸（写真下）

離岸流の沖に群れているカモメは、小魚がいるサインのひとつ。こうした自然現象も見逃さないようにしたい（写真右）

1月中旬の釣行で釣れたアメマスが吐き出した6～7㎝のカタクチイワシ。同サイズのストリーマーでヒット（写真左）

西風の強い日、風裏になる漁港横をめざす。回遊性の高いアメマスの群れは待っているとかなりの確率で射程距離に入るようだ。この日は友人との釣行で数尾がヒット

キャスティングとリトリーブ

釣りをしているとき、常に意識したいのがキャスティングとリトリーブ。一言でいうと「きっちり投げてきっちり引っ張る」こと。

他の止水の釣りでも同様だが、しっかりとターンオーバーさせてキャスティングをするのが肝心。魚が足もとを回遊することもあるが、波風のある状況でフライをしっかり食わせるには、リトリーブをする距離がある程度必要。最低でも30m

きれいなループを展開させてロングキャスト。岸波の沖側へコンスタントに30m以上をねらうとよい結果につながるだろう

1回のリトリーブの長さは、状況によって変化させ、その日に合った長さを探る。ロングリトリーブがよいときは、ラインのタルミがしっかりと取れている証拠。着水から終わりまで同じスピードで行なうのがコツ

海アメ釣りなどを通じて知り合った仲間たち。条件のよい日は、声を掛けなくても自然に集まってしまう。情報は共有することも大事

はキャスティングできるようにしたい。

ターンオーバーが必須である理由は、ラインとフライが離れていたほうが、魚は警戒心なくフライを食べやすいからだ。そしてターンオーバーせずにラインがたるんでしまうと、ほかにも弊害が出てくる。というのも、ラインがロッドからできるだけ真っすぐに伸びていると、リトリーブ開始から3回くらいラインを手繰ったあたりでアタリが出ることが多い。これは着水と同時にアメマスがフライを見つけ、その直後、またはフライが動き始めた頃にくわえた可能性が高いと推測できる。最初のリトリーブでは、どうしてもラインがたるんでいるので、フライは動きにくい。しっかりとターンオーバーしないと、このタルミがさらに大きくなるので、フライが動き始めるまでの時間がより長くなってしまう。つまり魚がフライを見つけても、動かないために見切ってしまい、結果的にヒット率が極端に低くなってしまうと考えられる。

リトリーブは長短織り交ぜて、その日のパターンを探る必要がある。基本的には最後まで同じスピードで行なうのがコツ。1回のリトリーブが長いことをロングリトリーブと呼ぶが、これが効果的なのは潮の流れや波の影響でタルミができやすい状況。フライがしっかりと泳いでいる時間が作れているからだ。賢くなった大きなアメマスほど、動きの不自然なものは口にしない。リトリーブは奥の深い世界だと藤原さんは言う。

長めのロッドが使いやすい

おすすめのタックルは、ダブ

この日一番のアメマス。仲間内で最後にポイントに入った知人の釣果だった

海のアメマスのコンディションは、川の平均的な個体とは違ってアグレッシブでパワフル。豊富なベイトでよく太った魚体が多いのも特徴だ

いくつかのフライをローテーションさせて、この日のアメマスが食べているベイトを探る。ロストが多いのでシンプルなパターンがよい。サイズのバリエーションは用意する必要がある

通称『クルクル』は小魚全般のイミテーション。サイズを変えてミノー系すべてに対応できる必携パターン。海アメをはじめ数々の釣果を誇る大ものキラー

ルハンド・ロッドの15～16フィート。長めのものを選んだほうが、波を回避しやすい。また砂浜は斜めにせり上がっている場所が多く、意外とバックスペースが取れないことがある。長いロッドだとキャスト時のラインの軌道を高くしやすく、バックが高くなった砂浜でも投げやすい。

藤原さんが使用しているのは、セージの『イグナイター』15フィート10番。風が強いときはロッドにフライが当たって破損することがある。購入時は多少高価でも、生涯保障付きのロッドは安心して使用できる。ただしこれから始めたいという方は、リーズナブルな中古ロッドで気軽に始めてもよいだろう。

キャスティングはオーバーヘッドで行なうが、ラインはテーパーが全体的に長く、ターンオーバー性能がよいものが適している。きれいにラインが伸びて先端部が静かに着水するタイプがベストだが、最近はそのようなラインが少ないのが悩みの種。シューティングスペイ用の短いラインは、ターンオーバー時に展開しすぎることがあり、着水時に水面に衝撃を与えてしまいやすい。使用の際は注意したい。

リーダーはナイロンのテーパーリーダー12フィート0X。そこにティペットを1mほど接続する。警戒心の強い大型アメマスには、長いほうが有効だからだ。

フライはベイトの種類に対応したパターンを用意しておく。パターンが違うと、魚がいてもまったくヒットしないことが多々ある。ローテーションして、そのときのベイトを探るのがこの釣りの面白さだ。たとえばサケ稚魚といっても時期によってサイズが異なる。フライがマッチすると、並んだ釣り人の中で1人だけ爆釣なんてこともある。

シーズンを通して基本になるのはストリーマーだ。『クルクル』などは（写真参照）、サイズを変えてミノー系すべてに対応できる必携パターン。

その他の装備としては、ラインバスケットをあげておきたい。これがないと海アメの釣りは成立しないといえるほどの必須アイテムだ。専用製品が使いやすいが、大型のプラスチックカゴに結束バンドで突起を作り、ラインが絡まないようにしたものでも代用できる。藤原さんはカゴの周りにカーショップで購入した安価なフォームの板で囲みを作り、リトリーブしたラインが風で飛び出さないようにしている。

快適に釣りをするための海アメ釣り注意事項

●キャスティング時は周囲に配慮
後方に人がいないか、しっかり確認。またキャストしている人の後方を歩くときは、シュートした後のタイミングなど危険がないように注意したい。

●挨拶は肝要
釣り人同士の距離感に配慮すると、お互いに気持ちよく釣りができるだろう。慣れないうちは判断しにくいが、できれば10mくらいは離れて釣りをしたい。隣に後から入るときは挨拶をするとよい。

●ゴミは持ち帰る
島牧村の海岸では比較的ゴミが少ないようだが、各人が持ち帰るようにしたい。

●魚を傷つけないように
波があるとランディングしにくいが、濡れた砂利や砂の上にずり上げるのが一般的。ただし乾いた砂の上には、魚を極力上げないようにする。リリース時は手で押し出すようにしてあげるとよい。強く蹴るのはNG。力加減には気をつけてほしい。

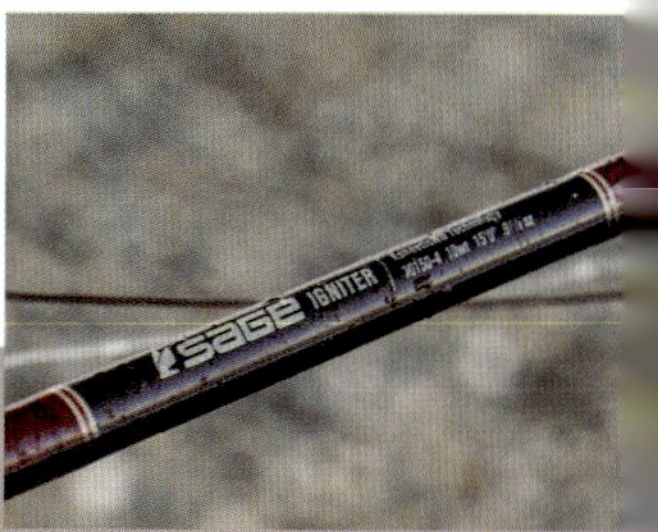

1.サケ稚魚パターン。季節ごとのサイズに合わせて用意する。サイズが合わないとまったく食われないこともしばしば　2.藤原さんが愛用するセージ『イグナイター』15フィート10番。強風の中でもラインを飛ばすパワーのあるロッド。生涯保障付きで安心のブランドだ　3.ラインバスケット。これがないと釣りが成立しない必須アイテム。バスケットの底部に、ラインが絡まないように結束バンドで突起を作る。カゴの周りにフォーム板で囲みを作り、リトリーブしたラインが風でカゴから飛び出さないようにしてある　4.バスケットの身体に当たる側にはフォームを巻いて、身体からやや離した位置にセッティング。このほうがリトリーブしやすいという。スレた海アメにはリトリーブの微妙な違いでヒット確率が変わるため、最善のリトリーブをするための改良だ

シングルハンドで楽しむ 渚の海アメ・フィッシング

穏やかな天候が続く春。
波打ち際で小さな甲殻類やサケ稚魚を捕食し、
ときおり水面を割って出る姿も見られる海アメマスは、
この季節ならではのターゲット。
ぜひともチャレンジしてみてほしい
シングルハンド・ロッドでの海アメ攻略法を解説。

Photo & Text by Masao Okumoto

穏やかな春の日本海は透明度が高い。このような状況が、今回紹介する釣りではベストタイミング。ときには大きなアメマスが通過するのを見ることも

岸際の大型アメマス

ボチャン！

フライが着水すると、ほとんど間をおかずにバシャッと飛び出すアメマス。打ち寄せた波が引くタイミングでフライを落とすと、多いときには2、3キャストに1度はなんらかの反応がある。ときには完全に水面から飛び出し、フライを襲う魚もいる。そんなエキサイティングな釣りに魅了され、20年近く前には毎年のように楽しんでいたのが、シングルハンド・ロッドで近場をねらう海アメマスの釣りだ。最初はたまたまタイミングが合っただけかと思ったが、同じパターンで釣れることが何度か続いたので、これは1つのジャンルだと確信した。

その日は風もなく穏やかな春の日だったが、特にワンドの一番奥は岸波が1m近くあって、波が引くときには乱れた水面になっていた。仮に魚がいても、姿が見えるわけではない。だがフライが落ちると、付近の水面が明らかに下から盛り上がるように揺れる。ボイルだ。しかし魚はフライに反応していても、簡単にはヒットしない。フライパターンはシュリンプ。おそらく動きが本物と違うからだろう。

こんなケースでの打開策は、引き波のときにフライを落とすこと。ラインを張りつつ、フライを流し込んでみる。魚は常に移動をしているので、ボイル地点にフライを落としてもすでにいない可能性が高いが、群れがいると他の個体がヒットすることがある。なおラインを緩めすぎると、フライが沈んでしまい、ヒットの瞬間が分からずにバレやすい。

この日も引き波にフライを乗せ、何度目かのチャレンジでようやくヒット。緩んだラインを少し張り気味にした瞬間、アタリが伝わってきたから、もしかすると小さなアタリは取り逃していたのかもしれない。

ヒットした海アメは、50㎝を超える太った個体。シングルハンド・ロッドでは充分すぎるほどの手応えだった。この後にもう一回り小さいのを足もとまで寄せて逃してしまったが、この手の海アメ釣りとしては充分満足できた。

この釣りでは、何度もキャストを繰り返すと魚が警戒してしまうのか、反応が多い場所でもしばらくすると釣れなくなる。そのため1ヵ所で粘るよりは、歩きながら魚を探していくほうがよい。爆発的な釣果は期待できないが、魚の反応がダイレクトに見られるエキサイティングな釣りだと思う。

足を使って魚を探す

この釣りの手順はシンプルだ。まずはシングルハンド・ロッドと長めのリーダー、スカッドなど小型のフライを用意する。砂や砂利底で、変化の少ないワンドなどが有望なポイント。波が穏やかであることが条件だ。いきなり水際に立たずに、少し離れた位置からキャストを始める。まずは岸際1mほどのところにフラ

岸際を回遊する海アメマスを探す

イを落とす。サオ先の上げ下げでフライを動かしてみる。近くに魚がいたら、何らかの反応があるだろう。なければ左右、沖と周辺を探っていく。

長大な海岸線を歩きながら魚の反応を探っていくので、移動距離は当然のことながら多くなる。潮の流れや地形、ベイトの有無に注意していれば、やがて魚に遭遇しやすいポイントが分かってくる。訪れるたびに同じ条件で釣れる場合もあるし、日によって異なることもある。これは通常の海アメマスと同じだ。

有望ポイントを挙げると、最もヒット率が高いのは沖に岩礁があって、そこに居付きのアメマスがいる場合。ナワバリを作っているのか、岩礁帯周辺の狭い範囲から岸近くまで回遊しているアメマスだと思われる。定期的にチャンスが訪れるので、念入りにキャストをする必要がある。

最も釣れる可能性が高い状況は、広範囲を回遊する小規模の群れが、岸際のベイトにご執心のとき。特に左右から潮がぶつかり、泡立つようなゴミ混じりのニゴリが水面に広がっている場所は要注意だ。そんな場所には小魚が集まっていることがあり、アメマスも集まりやすい。他に有望なポイントがなければ、粘ってみてもよいだろう。

岸際の釣りで問題になるのは、波の動きが複雑で、着水したフライを魚がくわえにくいこと。アメマスは遊泳力もあって俊敏だが、ただフライを岸に向かってリトリーブするだけでは、なかなかくわえてくれない。スカッドやシュリンプ、サケ稚魚など小型のベイトは遊泳力が弱く、波の中で揉まれると不規則な動きになるはず。おそらく直線的に動くフライは、岸際の本物のベイトとは異なる動きになるのだろう。

弱い波が引くときは、水流が穏やかになりやすい。波は周期的に弱まることが多いので、そのタイミングを利用するとよい。フライをゆっくりと動かし、あるいは引き波に合わせて流し込むように送る。波の間隔もあるので、あまり長い時間は継続できないが、繰り返せば反応があるはずだ。

岸際で反応がない場合、少し沖に投げるとヒットする場合がある。魚が水面に踊り出すような場面はないが、ストリーマーをロングリトリーブする通常の海アメマスの釣り方になる。それはそれで面白いが、岸際で起きるボイルはまた別の魅力がある。

ショートレンジのキャストでねらうこの釣りは、シングルハンド・ロッドの独壇場。魚が見えないときは、手返しよく波のやや沖側のブレイクラインを中心にねらう。フライで水面を叩くようにして魚の反応を見る

この釣りの最も重要な点は、まずはひたすら歩くこと。長い海岸線（数km）で、岸際をしらみつぶしに叩き続けるくらいの気持ちでちょうどいい。しばらく経験を積めば、魚が頻繁に出入りするポイントが分かってくる

必ずしもベストのヒットポイントではないが、流れのヨレで漂う泡やゴミの下からアメマスが飛び出してくることも多い

岸から5mほどの位置にあった岩礁と波打ち際の間から出てきた良型。シングルハンド・ロッドで釣るコンディションのよい海アメとのファイトは格別

川育ちのアメマスとはまるで違うコンディションの海アメ。この風貌とファイトに魅了されるファンは多い。シングルハンドなら、50㎝以下でも充分に満足できる

サイトフィッシング

4月も後半になる頃。波のない穏やかな晴天で、普通の釣り人なら釣りをやめてしまうような日は、サイトフィッシングを楽しむのに最適だ。日差しが強い時期なので偏光グラスは必須。多少のニゴリがあっても、魚が海底に落とす影で見つけることができる。日本海沿岸では、南よりや東よりの風が弱く吹く晴天が増えるが、そのようなタイミングがベスト。時間帯は正午を中心にした日中がよい。

この頃はサクラマスが群れて岸近くを回遊することがあるが、そのような魚は口を使わないことが多い。チャレンジはできるが、やはり面白いのは岸近くでサケ稚魚の群れなどを襲うアメマスだ。

注目すべきターゲットは、岸ギリギリにいる魚。岸から1~3mにある溝のようなブレイクライン沿いに回遊するアメマスだ。これらはたいてい単独行動で、しかもサイズがでかい。70㎝もあるような太ったアメマスが足もと近くを泳いでいるのを目撃したら、度肝を抜かれるだろう。釣り人がいても悠然と泳ぐような大ものは、威風堂々とした風格がある。どれほどの修羅場を潜り抜け、賢くなったのか想像もできないが、滅多なことではヒットしてくれない。

泳いでいくのを追いかけて砂浜を移動し、フライを魚の遠くに落としたり、近くに落としたり、リトリーブのタイミングを変えたり、もちろんフライをチェンジさせたり……。あれこれ試しても、一向に興味を示さないことも多い。

実はサイトフィッシングでは、ヒットする確率が高いのは最初のキャスト。小型のスカッドなどリアルなフライが目に入れば、追いかけてくることもある。だが1度食わなければ、2度目、3度目と数を重ねるごとに確率は下がる。

このような魚は決まったナワバリでもあるのか、定期的に姿が見え隠れする。釣り人を挑発しているわけではないだろうが、これがチャレンジ精神を駆り立てる。なかなかヒットしない岸際の大ものねらいこそ、この釣りのハイライトといえるかもしれない。

この日のヒットフライは、UVシェニールを使った10番ほどのシュリンプパターン。透明感が魚を誘うのかもしれない

タックル&装備

シングルハンド・ロッドは、9フィート以上の長めのものから選ぶ。波が穏やかとはいえ、まったくないことは少ないので、ラインを持ち上げて、上下してしまう動きを回避しやすくなる。背後が土手などで高くなっていてもキャスティングしやすい。また長めのロッドはロールキャストもしやすい。

キャストはオーバーヘッドが中心になるが、水面にライン先端を付けたままでロールキャスト（正確にはジャンプロールキャスト）やスペイ

資源保護のために河口規制が設定されているエリアが多い。写真は長大な砂浜が広がるせたな町の後志利別川の標柱

シングルハンド・ロッドとスリングバッグの軽快な装備。一日中砂浜を歩き回るので、できるだけ荷物はコンパクト&軽量に

長さ9フィート8インチ、7番ファーストアクションのシングルハンド・ロッドを使用。長めのロッドを使うことで、正面の波と背後の土手をかわしやすくなる

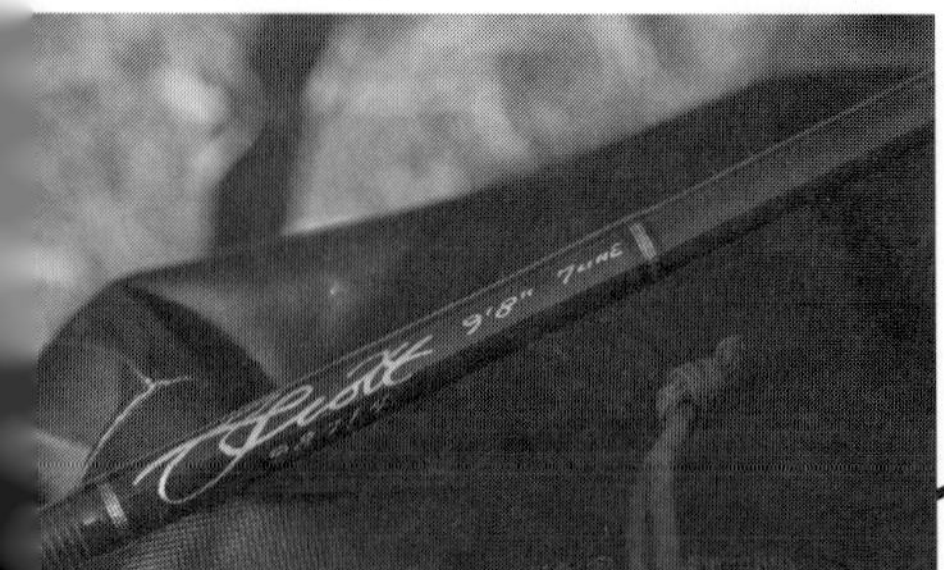

キャストをすることもある。そのためラインのヘッドは、ロッド指定よりも1～2番手重めを使うとよい。釣り方で解説したように、遠投をする必要はないので、フルラインでロッドに負荷をかけることはあまりない。重いラインでも、さほどロッドにダメージを与えないはずだ。逆に、ロッドに負荷をかけたくなるようなロングキャストが必要な状況であれば（魚が明らかに遠いなど）、釣り方を変えダブルハンド・ロッドに切り替える柔軟さが必要。

ラインはシンキングレートがタイプ2～3で、シューティングテーパーのものがファーストチョイス。少ないフォルスキャストでもシュート力が高く、テーパーの形状が円錐形なショートタイプ、たとえばSA『アトランティックサーモンショート』などがおすすめだ。湖などで使うウエイトフォワード（WF）、フローティングラインも使えるが、リトリーブの釣りを組み合わせる状況ではやや不利にはなる。そうしたときはシンキングリーダーを組み合わせるなどの工夫が必要だ。

リーダーはナイロンのテーパーリーダー12フィート・1～0X。ベタナギのときはスレた魚対策として、さらにティペットを1mほど継ぎ足す。

フライパターンは、岸際のベイトに対応したものが必要。釣り人の近くにまで寄る個体は大胆だが、ベイトの選択眼が厳しい。重要なベイトは甲殻類。フックサイズ14番前後で、海のフライとしてはかなり小型の部類にしか反応しないケースがある。いわゆるスカッド、シュリンプと呼ばれるパターンで、色は透明感のあるホワイトからナチュラルなタン、オリーブなど。オレンジやチャートリュースも効く。

そして忘れてはならないのが、サケ稚魚パターン。降海した稚魚は体長5cm前後と大きめで、放流されたものが増えるので、大量に群れている場合がある。その周辺で、付きまとう大型アメマスの姿がはっきりと目視できることがある。いずれにせよ、ベイトの形に似たシルエットのフライが効果を発揮する。また、数回のキャストで同じフライに興味を示さなくなることが多いので、ローテーションさせることが大切だ。

海岸線を長距離歩くので、ウエーダーなどの装備も重要になる。穏やかな天候の春は日差しが強く、気温以上に暖かく感じることが多いため、ネオプレーンは不要。夏場と同じように透湿性のウエーダーがベター。ソックスタイプで、シューズが別になったもののほうが歩きやすい。

魚影を見つけたら、魚に付いて歩きながら海岸を行ったり来たりすることもしばしば。できるだけ軽量なベストやバックにして、小型のラインバスケットがあると便利。私はほとんどラインを出さないので、足もとで邪魔になるラインも少ないため、ラインバスケットは使わないことも多い。また日差しが強くサイトフィッシングの場面もあるので、偏光グラスは忘れずに。

ウエーダーとブーツは別になったタイプのほうが、長時間の歩行に無理なく対応できる。水に浸かる時間は少なく、さらによく歩くので、思った以上に発汗する。透湿性ウエーダーが断然おすすめ

ブーツは最も重要な装備。柔らかい砂や砂利の岸際を行ったり来たりし、魚影が見えたら走って追いかけることもあるので、歩きやすさを重視すべき

私が通い始めた頃の、せたな海岸でのキャンプ風景。多いときには4～5月に1週間ほど連続滞在したこともあった。釣果がなくても満足できた日々だった

ラインの接続部を自作。シューティングヘッドとランニングラインの接続部は段差をなくし、よりスムーズにリトリーブできるようにする。ショートレンジの岸際の釣りでは重要な部分だ

効かなかったフライを改良し、翌日の釣りに活かすための現地タイイング

これが段差を小さくした接続部。ラインの先端同士を透明な熱収縮チューブに入れて、バーナーなどで慎重に熱を加える

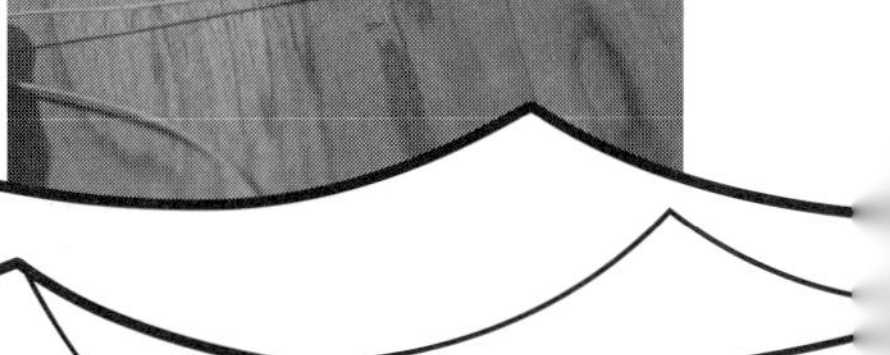

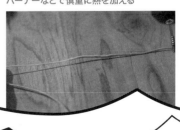

先行研究・資料から
紐解く
サクラマスの実態①

永く楽しむためには
釣り人の理解が欠かせない

知っておきたいサクラマスのこと

サクラマスは準絶滅危惧種であり、
長期的には減少傾向といわれる。
北海道のフィッシング界におけるスーパースターとして、
今後も表舞台に立ち続けてくれるのだろうか。
釣り人にとって興味深い回遊生態、資源動向、釣獲圧、
ふ化放流事業の現状などについてまとめてみた。

リポート＝山道正克
Text by Masakatsu Yamamichi

漁獲のほとんどは日本

降海したサクラマスは、主に日本とロシアの沿岸で漁獲されている。過去の両国の漁獲量を比較すると、2022年から直近5年の日本の漁獲量は1279～1642トンの範囲にあるのに対し、ロシアは多い年でも20トン未満であり、漁獲のほとんどは日本である（サクラマスの分布域については別項のメモ、【図1】参照）。

2022年の日本の沿岸におけるサクラマスの漁獲量（水産庁の数値）は1406トンで、前年（2021年）比86％。これは過去5年の変動範囲内にあり、2018年と同水準であった。【図2】が示すように、2017年を底に2018年以降は1500トン程度まで増加し横ばいとなっている。ただし、2018年以降の傾向は漁獲量の過半を占める北海道の漁獲量を反映したものであり、多くの県で漁獲量は減少傾向である。

最も顕著な減少を示しているのは、サクラマスの郷土料理「ます寿司」で知られる富山県で、1980年代半ばは20トンを超える漁獲があったが、2006年以降の漁獲量は5トンに満たない。このため「ます寿司」に使われているのは大半が輸入ものや養殖もののマスで、天然サクラマスにこだわる店は北海道産を仕入れているとも聞く。新潟県も2011年を最後に、20トンを超える漁獲量は記録されておらず減少が著しい。

また、青森県も富山県や新潟県ほどではないが減少傾向を示している。1990年代前半まではほぼ毎年300トンを超える漁獲があったが、2000年以降は200トン程度、あるいはそれを下回る年も目立つ。

さらに、秋田県は2022年、山形県は2020年に、1997年以降で最低の漁獲量となり、直近2年は両県とも最低水準となっている。一方、岩手県では、直近の5年間で1990年代、2000年代と同程度の漁獲量を記録している年も多く、減少傾向とはいえない。

回遊ルートは？
資源量は減っている？ 増えている？
どのくらい釣られている？

北海道については、2018年以降は1000トン前後の高水準で推移しており、一見好調のようにも見える。しかし、1970年代以前は毎年1500トン以上漁獲されていたと推定されているため、長期的には減少したと考えられている。また、北海道内では年変動に地域差もある。とくに1990年代以降、種苗放流数の多い日本海側では減少傾向にあるのに対し、放流数の少ない太平洋側では増加傾向にあり、興味深い。本州にしても放流数が極端に少なくなっているわけでもないのに、日本海側の減少が目立つ。

こうした漁獲動向から水産庁・水産研究・教育機構の2023年度サクラ

図1：サクラマスとその近縁種の自然分布域

※水産庁、水産研究・教育機構「令和5年度国際漁業資源の現況サクラマス日本系」より

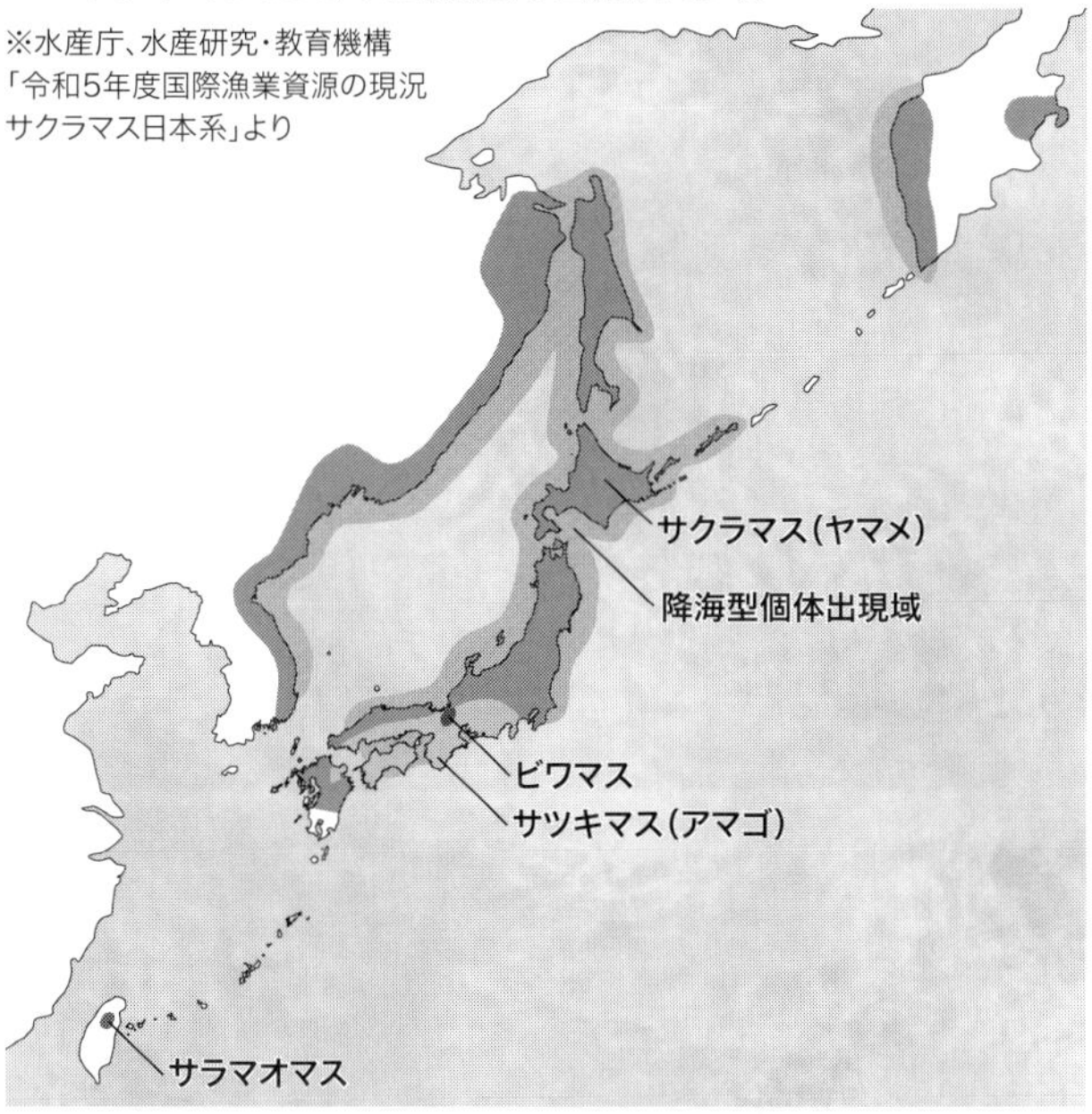

図2：日本における沿岸漁業と日本海沖合におけるサクラマスの漁獲量の推移

※水産庁、水産研究・教育機構「令和5年度国際漁業資源の現況サクラマス日本系」より

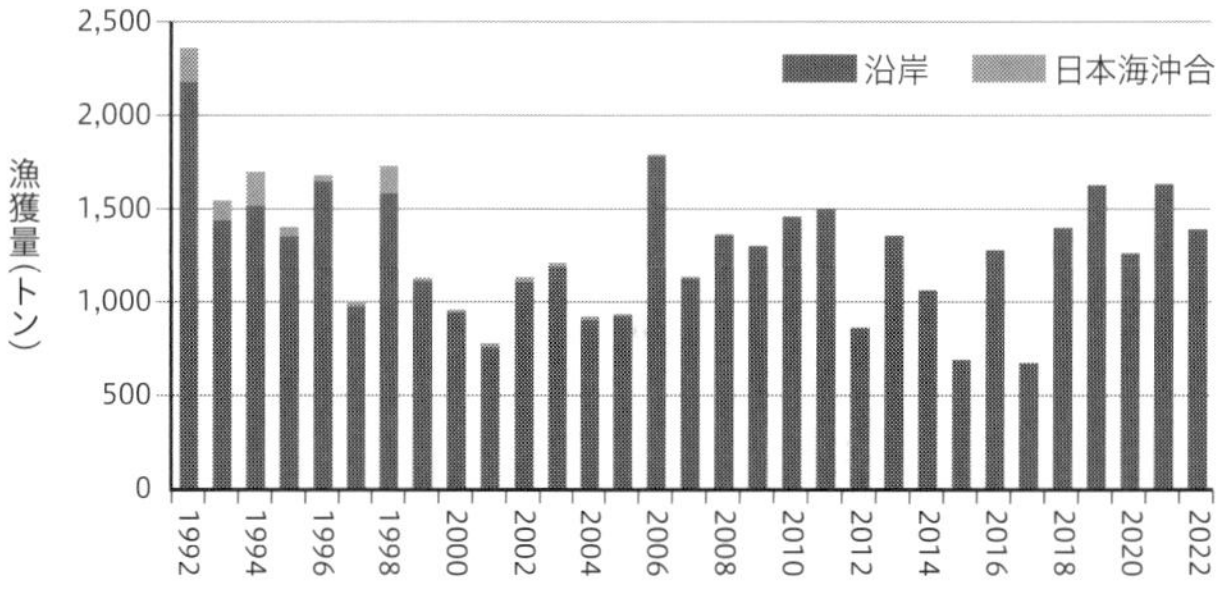

マス資源評価では、資源水準は中位、資源動向は横ばいと判断している。

全道漁獲量は近年増加傾向

日本では最大の産地である北海道の漁獲量の推移を表とグラフ【図3】で示した。全道の合計では、年によりおおむね500~1500トンの間で、不規則に増減を繰り返している。

グラフ上の実線は、年ごとの漁獲量のすべての点から近くなるように引いたもの（近似曲線）で、漁獲量の傾向を判断するために使う。全道合計の推移はやや右肩上がりで、とくに2021年以降は増加傾向だ。2024年の漁獲量は1631トン（11月11日現在の暫定値）と、グラフにある1981年以降では2年連続で過去最高となっている。

サクラマスの漁獲量が増えていることについて、道総研の研究者は「全道的にサクラマスが増加傾向という話は聞いているが、調査を行なっていないので要因については分からない」とのこと。ただ、想像レベルと前置きしたうえで、「近年、河川に設置された砂防ダムなどの遡上障害に魚道やスリット化が行なわれており、自然産卵が増加しそれが資源の増加につながっている可能性や、気候変動による海洋環境の変化が、シロザケやカラフトマスでは資源減少につながっている一方で、河川で成長してからスモルトとして降海するサクラマスでは何らかの理由で生き残りの向上につながっている可能性がある」としている。

胆振、日高、オホーツク増加 後志、檜山は減少

一方、地域別に見ると、檜山や後志などは右肩下がりで減少していることがうかがえる。逆に胆振や日高は増加しているように見える。とくに日高は近年の増加が顕著だ。もっとも、胆振や渡島の海域は1月から4月初め頃までの間、越冬のために全道からサクラマスが集まってくる海域である。この地域の漁獲量が漸増もしくは安定しているとしても、ストレートにその海域の資源の動向を反映しているとはいえないかもしれない。

釧路、根室、オホーツクも増加傾向にある。渡島については、はっきりとした傾向は見えない。強いて言えば安定的といったところか。

例年、漁獲量が少ない地域は大きな動きはないが、それに比べて漁獲量が多い地域は振れ幅が大きく、全道合計にも反映されている。なぜこのような変動が起こるのだろう。

サクラマスの資源変動要因については、まだよく分からない部分が多く、研究途上という。しかし、秋に台風等で増水し産卵床が流されてしまったり、春先の激しい融雪増水等で浮上後の稚魚が流されてしまったりすると、その年級の資源がよくないということは観察されている。

北海道の漁獲量最多は5月

サクラマスの道内各地の漁獲時期は、その回遊生態（別項のメモ、【図4】）と大きく関係する。当然、釣りシーズンとの関係も密接だ。日本産のサクラマスは降海後、ほとんどがオホーツク海に回遊して越夏すると考えられている。北海道での幼魚期の回遊については、北海道西岸に降海した幼魚は日本海沿いに北上し、津軽海峡沿岸を含む太平洋側の川からのものは太平洋を東に向かうと考えられている。

岩手、富山県などのサクラマスもオホーツクへと向かうが当然、遠方であるほど、その途上での幼魚の減耗は激しくなる。北海道に比べて他県の漁獲量が少ないことの要因といえそうだ。

越夏したサクラマスは水温の低下とともに接岸し、逆ルートで越冬海域に向かうため南下回遊を始め、終漁期を迎える頃のサケ定置網で混獲されるよ

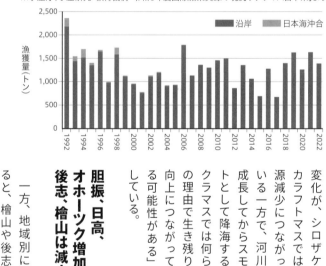

サクラマス（ヤマメ）メモ

学名：*Oncorhynchus masou masou(Brevoort)*

英名：masu salmon, cherry salmon

露名：с и м а（シマ）

標準和名：サクラマス

地方名（北海道）：ホンマス、マス、クチグロ、イタマス、イチャニウ（以上、降海型）、ヤマベ（河川残留型および降海前幼魚）

アイヌ語名：サキペ、イチャニウ、チュキチャヌイ（以上降海型）、イチャンカオツ、キクレッポ、ポントクシ（河川残留型および幼魚）

分類：サケ目サケ科サケ属

分布：日本海、オホーツク海、北太平洋に分布。北太平洋では多くが北海道太平洋沿岸域と三陸沿岸域に分布、サケのようにベーリング海まで回遊することはない。北海道各地の河川に産卵のために遡上するが、特に日本海側とオホーツク海側で多い。本州では千葉県と山口県以北。国外では朝鮮半島の東部から沿海地方、サハリン、カムチャッカ半島の西岸の川にも上る。北太平洋岸全域の河川に上るほかのサケ属魚類と異なり、分布域が太平洋のアジア側に限られ、かなり南にまで遡上河川があることが特徴。

ヤマメはサクラマスが遡上する地域のほか、本州の神奈川県酒匂（さかわ）川以北と日本海側のほぼ全域、九州西北部にも分布する。

冷水性であるため、北日本では下流域から上流域にかけてごく普通にみられるが、本州以南では河川上流域に河川型個体群が分布することが多い。

近縁の亜種としてビワマス、アマゴとその降海型のサツキマスがいるが、いずれも日本にのみ生息している。ビワマスは琵琶湖及び湖に流入する河川のみに、アマゴは四国、東海、山陽地方及び九州の一部にそれぞれ分布している。国外では台湾の大甲渓に亜種のサラマオマスがいる。

サクラマスは日本およびその周辺の一部にしか分布しない希少種であり、2020年版の環境省レッドリストでは準絶滅危惧種（NT）とされている。

形態：海で生活するサクラマスは体の背部が暗青色から暗緑色、体側が銀白色、腹部が白色。頭部を除く背部と背ビレ、尾ビレに黒点がある。体形は比較的細長いが、まれに「イタマス」と呼ばれる体高の著しく高い個体もある。また「クチグロ」と呼ばれる口の周辺が黒い個体が、秋から冬にかけて漁獲される。河川に遡上すると体側の銀白色の金属光沢をしだいに失い、産卵期が近づくと二次性徴が表われ、オスは全体に黒ずみ、桜色の不規則な雲状斑が浮き出た婚姻色を示す。同時に吻は伸びて下へ曲がり、両アゴの歯が強大になる。メスも婚姻色を示すが、オスほど顕著ではない。

ヤマメの体の背部は黄褐色で、小黒点があり、腹部は白色。体側に7～10個のパーマークと、背部の黒点より大きい黒色斑がある。側線に沿って淡い赤橙色の縦帯がある。天然のヤマメには背ビレ、腹ビレ、尻ビレの先端に白色部を持つものがある。降海時期には体側が銀白色に変わり、パーマークが見えにくくなり、背ビレと尾ビレの先端が黒くなる。これをスモルト、または銀毛という。降海せずに河川で性成熟したヤマメも体色は黒ずむが、サクラマスのように桜色はならない。

海洋での成長は個体差が大きく、降海型は尾叉長35～70cmになる。河川残留型は普通15～20cmで、まれに30cmを超える。

生態：一生を河川ですごす河川型（陸封型）と沿岸漁業の対象となる降海型（降湖型も存在する）がある。降海型の中には一生を河川ですごす個体（河川残留型）もいる。一般には海洋生活期を経て河川に遡上し産卵後に死ぬまでの個体をサクラマス、それ以外の個体をヤマメと呼ぶ。

北海道では、メスのほぼすべてとオスの約半数が降海するが、南ほどオスの河川残留型の比率が高い。本州ではメスにも河川残留型が多く出現する。

春に降海した幼魚は、成長しながら北海道の日本海側と太平洋側の沿岸を北上または東進してオホーツク海へと入り、夏をすごす。その後、水温の低下とともに南下して、北海道南部から本州中部にかけての日本海、本州北部の太平洋および津軽海峡付近で越冬する。1年間の海洋生活をへて、主に6～7月に生まれた川に遡上して、3～5ヵ月をすごす。北海道での産卵盛期は9月中～下旬。産卵後はメス、オスともに死ぬ。産卵にはオスのヤマメも参加する。すべてのサクラマスは死亡するのに対し、一部のヤマメは生存して翌年の産卵にも参加する。卵は11～12月にふ化し、仔魚は翌年の3月下旬～5月上旬には卵黄を完全に吸収して稚魚となり浮上する。ほとんどの稚魚は1年間または2年間を河川ですごして成長し降海する。

漁業：オホーツク海で夏を越した後、南下する未成魚（クチグロ）が秋から冬に漁獲され、越冬後、生まれた川をめざして北上する成魚が、各地の沿岸で春に漁獲される。1年を通した漁獲時期が海域によって違うのは、サクラマスの回遊と関係している。北海道全体では5月の漁獲量が最も多い。北海道の漁獲量の推移は、正確な統計のなかった1950年代後半から1960年代前半には2000～3000トンと推定され、統計がある1981年以降は500～1000トンと減少している。

食性：稚魚は初めユスリカの幼虫などをエサとし、成長にともない水生、陸生の昆虫を主に食べるようになる。降海してまもない幼魚は甲殻類プランクトン、イカナゴの幼魚を食べ、成長とともに魚食性が強まり、魚類、イカ類、オキアミ類などを捕食する。北海道の日本海のサクラマスはイカナゴを、冬に北海道東部の太平洋岸を回遊するものはスケトウダラの幼魚を多く食べる。

食味：主にルイベや塩焼き、フライ、ムニエル等にして賞味される。魚卵の利用はほとんど見られない。富山県の郷土料理の「ます寿司」も有名。河川への遡上前に沿岸で漁獲される成魚は、その後の河川内での成熟に備え脂質含量も高く、特に美味とされる。ヤマメも、天ぷら、塩焼きなどにして食べる。養殖も行なわれている。

寄生虫：日本海裂頭条虫（サナダムシ）やアニサキスが知られる。生食には注意が必要で、−20℃以下で10数時間冷凍すれば、感染が防げるとされる。

図3：サクラマスの全道漁獲量と振興局別漁獲量の推移

※北海道立総合研究機構さけます・内水面水産試験場提供

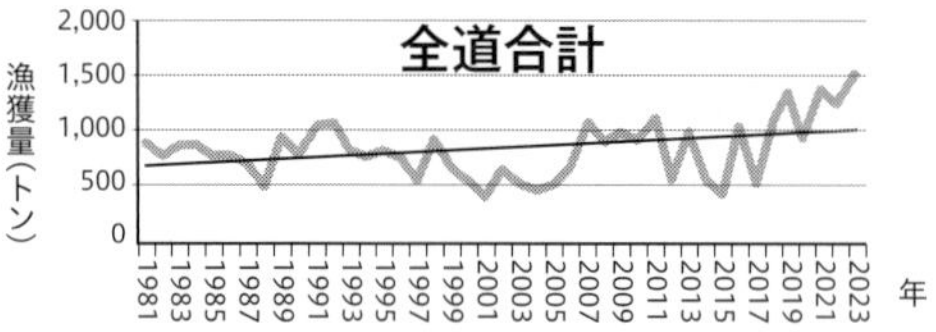

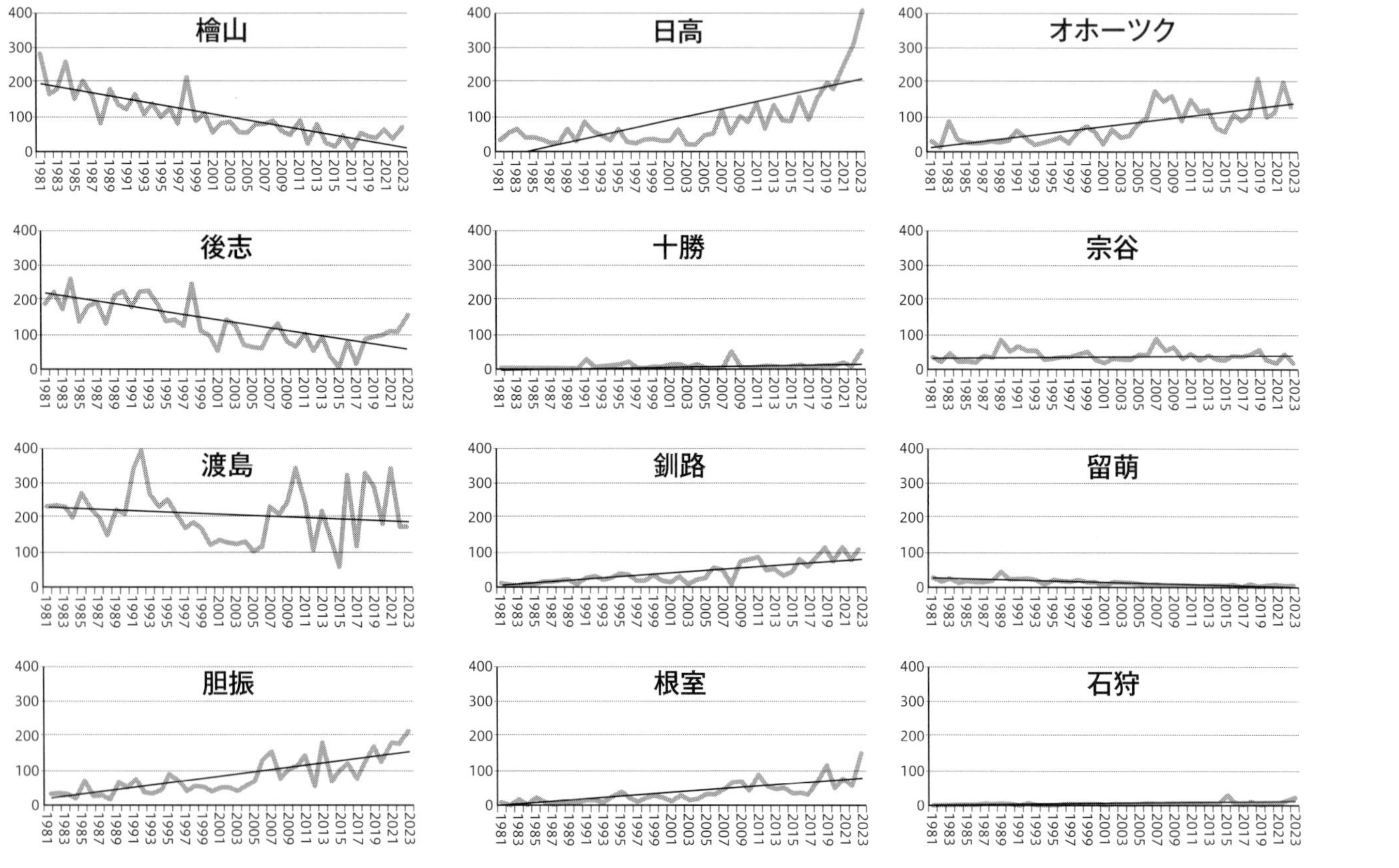

うになる。11～12月には北海道のオホーツク沿岸及び根室海峡、太平洋東部の沿岸で獲れる。魚体は30～40㎝の小型サイズが主体だ。この時期のサクラマスは口の中が黒いため「クチグロ」とも呼ばれる。同じ時期に、オホーツク海の一部の港でクチグロが釣れるのも知られている。

その後、冬季には利尻、礼文海域での刺し網漁業、積丹半島や道南の胆振、檜山、津軽海峡付近での釣り漁業などで漁獲される。また、この時期に釧路沖などのスケトウダラ調査のトロール網などでも混獲されることがあり、100～150mという深いところにも分布がみられる。

春の遡上前には、北海道の日本海側で3～5月、太平洋沿岸では4～6月にかけて主に漁獲される。この時期はいずれの地域でも定置網での漁獲が主体で、これにあまり多くない量の刺網や釣りなどが加わる。

一例として、2023年の各振興局月別漁獲量(速報値)を【図5】に示した。釣りの盛期とも関係するので興味深い。全道的には、毎年5月の漁獲量が全体の4～5割と突出して多い。

一時的に釣果が落ちるのはなぜか

釣りでは、1月頃の早い時期に後志、檜山海域で釣れるサクラマスは1kg未満の小型が主体だ。この頃に釣れるサクラマスがどこに由来する魚か、はっきりとは分からないが、母川周辺に戻るのは4月頃なので、主に日本海の越冬海域を目指して南下途中のものと思われる。小型が主体なのは成長途上の魚が多いためと考えられる。その後に、一時期釣果が途切れることがあるのも、南下する群れの移動と関係があるのかもしれない。しかし、その後は再び釣れだし、5月にかけて型も大きくなる。中には4～5kgといった「イタマス」もいる。これは、越冬後に地元の河川に回帰するサクラマスが中心となるためだろう。大型のものは成長度合いからいって、初期の小型のものとは別の系群の可能性が高い。

一方、冬から春にかけて胆振、渡島を回遊しているサクラマスは越冬のために広く全道から集まったものである。魚体は釣りの開幕当初から大きいものでは3kg前後も交じるなど、大、中、小が混在している。後述するように、各地の河川由来の形質的特徴が反映されていると思われる。

胆振海域での船釣りは例年、1月上旬にサクラマスが釣れだし、3月上～中旬になると釣果が落ちてくる。2024年シーズンの1月上旬の海面水温は7℃前後(2023年もほぼ同じ)だった。また、釣果が落ちてきた3月上～中旬の海面水温は2～3℃である。この時期は親潮が張り出す時期でもあり、水温が低くなる。サクラマスは冷水性の魚で、好適水温についてはよく分からないが、低い水温が長く続く海域にはとどまりにくいのかもしれない。

また、雪代の時期でもある。水が濁ることでも、釣果が落ちるとされる。

胆振沖は越冬海域なので、各地の母川への回帰移動により釣果が落ちるとも考えられる。地場産のものは濁りを嫌って魚群が散り、釣りにくくなるのもかもしれない。胆振海域の月別漁獲量をみると5月が最も多く、いなくなるわけではないことが分かる。近年は、濁りがなくなる5月にサクラマスなどをねらう、春マス釣りも注目を集めている。この時期の水温は7℃前後に上昇している。

ミステリアスな回遊行動も

サクラマスはサケなどよりも母川への回帰性が強いらしい。しかし、河川遡上期になっても母川回帰することが不可能な遠隔地に回遊しているサクラマスもいるという。標識放流による研究では、6月には日本海沿岸からの再捕報告は皆無となり、多くの地区で河川遡上が終了したと判断された。しかし、天塩川からの放流魚が中、下旬にオホーツク海区中部沿岸で、尻別川からの放流魚が上旬に噴火湾内で、さらに青森県太平洋沿岸でも1、2尾ながら再捕されている。これらは、本来は遡上時期の早い日本海側河川産の標識魚が、遅い時期に遠隔地の海域を回遊していたわけだが、母川への回帰の可能性はあるのだろうか。回帰しないなら､その後はどこへ向かうのか。そして、その行動の意味するところは何なのかは謎とされている。サクラマスの回遊行動は今もミステリアスだ。

魚体は南が大きく北は小さい

北海道では、3～5kgといった大型のサクラマスが、とくに日本海の積丹周辺から道南に多い。一方、オホーツクのサクラマスは小ぶりである。このようにサクラマスの体のサイズには南方の個体群が大きく、北方の個体群が小さいという地理的傾斜がみられる。

サクラマスの成熟年齢は、多くは降海までの1年ないしは2年の河川生活の年齢の差により、3年魚または4年魚で構成される。日本ではほぼ9割程度が3年魚で占められ、サハリン、沿海州などでは日本よりも4年魚の割合が高い。また成長がよくないために、3年間の河川生活の後に降海する5年魚もわずかではあるがいるようだ。高年齢であれば、最終的な魚体も大きくなると思いたくなるが、そうではないようだ。

スモルトサイズの標識放流による研究結果では､大型魚ほど回帰率(生残率)の高いことが確かめられてはいるが、越冬期以降の体サイズ(商品サイズ)には関与していないとされている。逆に、スモルトサイズをある程度そろえて放流しても、漁獲されるサクラマスには大きなばらつき(個体群間変異)が生じる。

サクラマスは降海後の海洋生活期間はすべて1年であることが確認されている。サクラマスは成長が早い魚だが、いくら成長が早いとはいっても、海洋期の1年で2～3kgもの大きな差が付くものだろうか。越冬海域も基本的に同じであり、どうやら成長速度の違いは生育環境の差ではないようだ。

サクラマスは母川回帰性が高いことから、地域ごとに遺伝的な集団が構成されていると考えられている。前述したようにサクラマスは個体群間変異が大きい。たとえば日本海側の河川に産卵遡上するサクラマスの平均尾叉長はオスで46～71㎝、メスで52～64㎝であり、オスの体サイズは北ほど大きい。さらに、同一河川系群内でも体サイズのばらつきは大きいとされる。サイズの違いは遺伝的な集団と関連した固有の地域性にあるようだ。

図4：サクラマスの回遊ルート
※北海道立総合研究機構さけます・内水面水産試験場HPより

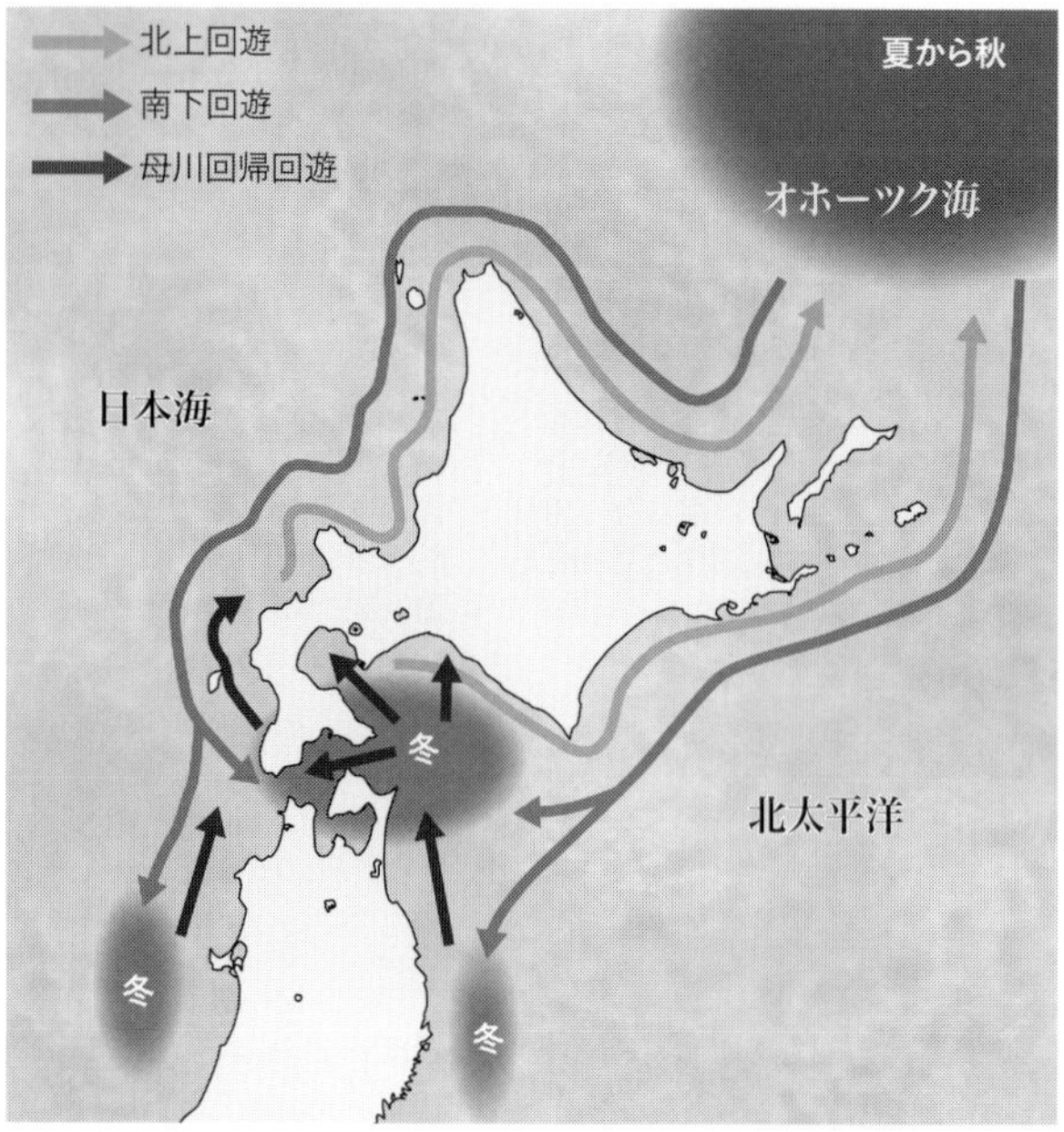

遊漁の影響は？

釣り人がサクラマスをどのくらい釣っているかについては興味深いところだ。船釣りについては、ライセンス制の釣果報告が参考になる。胆振、後志、檜山管内の2023年ライセンス制釣果尾数の合計は4万2284尾で、1尾あたりの平均重量を1・5kgと仮定して計算した総重量は63・4トンである。2023年の北海道全体の漁獲量は1501トンなので、それの4・2%にあたる。また、3管内の漁獲量の合計は698トン、それとの比較では9・1%だ。

胆振管内にライセンス制が導入される前の1998年12月から翌年3月まで（1999年）と、1999年12月から翌年3月（2000年）までの2シーズンにわたる胆振沿岸での釣獲（尾数）調査では、漁獲尾数との比較で胆振沿岸だけでも北海道全体の漁獲尾数の12～13%に相当する（宮腰ほか2004）とされ、この数字が水産庁の最新の「令和5年度国際漁業資源の現況サクラマス日本系」に引用されている。

一方、それから20年後に発表された研究論文には、「ライセンス制で明らかになった遊漁者の釣獲量（2005～2011年平均で31トン）は、全道漁獲量（895トン）の3・4%、ライセンス海域の漁獲量（283トン）の10%であり、サクラマス漁獲量の主要な減少要因になるようなものではないと思われた」（大串2014）との記述もあり、遊漁のもたらす影響評価にも変化があるようだ。3・4%、及び10%は筆者の推定にも近い。水産庁の資源評価には上記の引用に加え、現状についての数値も掲載して誤解を与えないようにすべきと思われる。

釣り人に対しては河川での禁漁期間設定、河口規制、ライセンス制導入による漁獲規制を行ない、ふ化放流事業では長年にわたり、稚魚放流に加え、生き残り率向上が期待できる大きなサイズの幼魚放流も行なうなど、いろいろと手を尽くしてきたにもかかわらず、一向に増えなかったサクラマスだが、前述したようにダムのスリット化などのおかげなのか増加の兆しがある。

そうしたなかで今後、釣り人に対して何らかの規制強化などを行なったとしても反発を招くだけだろう。前出の

図5：北海道のサクラマス月別漁獲量（2023年速報値）　※北海道立総合研究機構さけます・内水面水産試験場提供

2023	オホーツク	宗谷	留萌	石狩	後志	檜山	渡島	胆振	日高	十勝	釧路	根室	(kg)
1		82.9	5.5		171.3	9.8	12,874.6	6,792.8	191.1			36,464.7	56,592.7
2		241.2	22.0		422.5	4,097.2	27,443.2	42,826.2	125.1			10,123.9	85,301.3
3		361.4	60.1	16.6	11,001.6	20,419.2	25,253.1	43,799.3	498.3			2,008.6	103,418.2
4	58.0	5,202.8	1,695.2	3,372.5	99,330.8	31,022.9	53,773.3	27,572.2	22,581.2		3,407.0	5,588.0	253,603.9
5	92,240.7	8,479.4	5,142.6	17,962.2	40,218.5	19,645.6	25,652.7	54,438.6	319,581.5	11,311.8	63,921.8	48,962.7	707,558.1
6	43,576.0	1,611.2	828.0	5,692.4	3,043.3	1,085.1	5,877.7	35,193.4	66,938.6	42,665.3	35,265.5	12,536.1	254,312.6
7	1,023.6	13.3		362.5	27.2		285.1	339.4	807.7	6,196.4	4,887.9	1,611.4	15,554.5
8	383.8	191.6		322.4			65.6	14.5	2.0	310.7	387.7	484.9	2,163.2
9	45.7				25.3	21.3	26.0	5.3	4.1	158.2	10.9	1.4	298.2
10	28.4		3.0		3.0		2,112.4	2.6	1.5	13.0		22.5	2,186.4
11	826.3	45.0						4.9	7.8			626.0	1,510.0
12		17.5		110.0			50.2	72.3	15.4			23,938.0	24,203.4
総計	138,182.5	16,246.3	7,756.4	27,838.6	154,243.4	76,301.1	153,413.9	211,061.5	410,754.3	60,655.4	107,880.8	142,368.2	1,506,702.5

論文にも「遊漁者に更なる協力を求め続けていくのであれば、ライセンス制については規制や負担を今まで以上に強化していく方向にはなり得ず、むしろ規制の緩和を含めたルールの改定を行なうなど、遊漁者からの現状の協力を維持していく方向性が妥当」（大串2014）とあるが、まさに同感である。とくに後志管内のサクラマス船釣りライセンス制の2024年釣果尾数は1人あたり1尾を切って0・6尾に低下しており、10尾以内とする尾数制限は意味のないものとなっている。そろそろ見直しの議論を始めてもよいのではなかろうか。

定点カメラなどで有名釣り場調査

近年は船釣りだけでなく、ショアからのサクラマス釣りも盛んである。釣り人がショアでどのくらい釣っているかについては、2021（令和3）年度の道総研さけます・内水面水産試験場事業報告書に「遊漁の影響評価手法の開発」という興味深い報告がある。

八雲町熊石にある道総研さけます・内水面の道南支場（2022年3月に廃止）は、見市川にサクラマスの種苗放流を行なってきた。放流河川周辺ではサクラマス釣りの人気が高く、有名釣り場の鮎川平盤をはじめ、付近の海岸に多くの釣り人が訪れる。

しかし、ショアからの遊漁によるサクラマス資源利用の実態はほとんど分かっていなかった。そこで、2018年から2020年までの3年間、2〜6月に鮎川平盤を見渡せる場所に設置した定点カメラと、平盤とそれ以外の熊石地区の釣り場の巡回目視および聞き取りにより、遊漁釣獲実態調査を行なったというのが、この報告である。2021年も調査を行なったが、定点カメラのみだった。

調査の結果、各年の2月から6月に八雲町熊石地区でサクラマスをねらった遊漁者数と釣獲尾数は、2018年‐7312人／797尾、2019年‐7963人／685尾、2020年‐9175人／482尾と推定された。1人あたりの釣果では、2018年‐0・11尾、2019年‐0・09尾、2020年‐0・05尾である。もっとも、報告書では「情報のカバー率が低い場合は、推定値に大きな誤差が生じている可能性があり、釣獲尾数の推定にあたっては、より一層の検討が必要と考える」としている。

鮎川平盤については21年も加えた遊漁者数と釣獲尾数が示されている（【図6】）。2018年‐2364人／410尾、2019年‐2718人／243尾、2020年‐2472人／195尾、2021年‐3978人／826尾だった。1人あたりでは、2018年‐0・17尾、2019年‐0・09尾、2020年‐0・08尾、2021年‐0・21尾となる。これについては定点カメラによるものなので、より実態に近いといえるだろう。10回釣行、もしくは釣り場の10人で1、2尾釣れるか釣れないかという確率ということになる。難しいからこそ、サクラマス釣りには夢があるということか。

漁獲尾数の17〜26％をショアで釣る？

調査は、ひやま漁協熊石支所での小型定置網による累漁獲尾数や鰭切除標識放流魚の混入率調査（2018〜2021年の4〜6月）も行なった。漁獲尾数、放流魚数、混入率は2018年‐3040尾／662尾／21・8％、2019年‐2842尾／110尾／3・9％、2020年‐2825尾／164尾／5・8％、2021年‐1万1449尾／756尾／6・6％だった。

図6：ビデオカメラ映像から確認された鮎川平盤の遊漁者数（旬計）

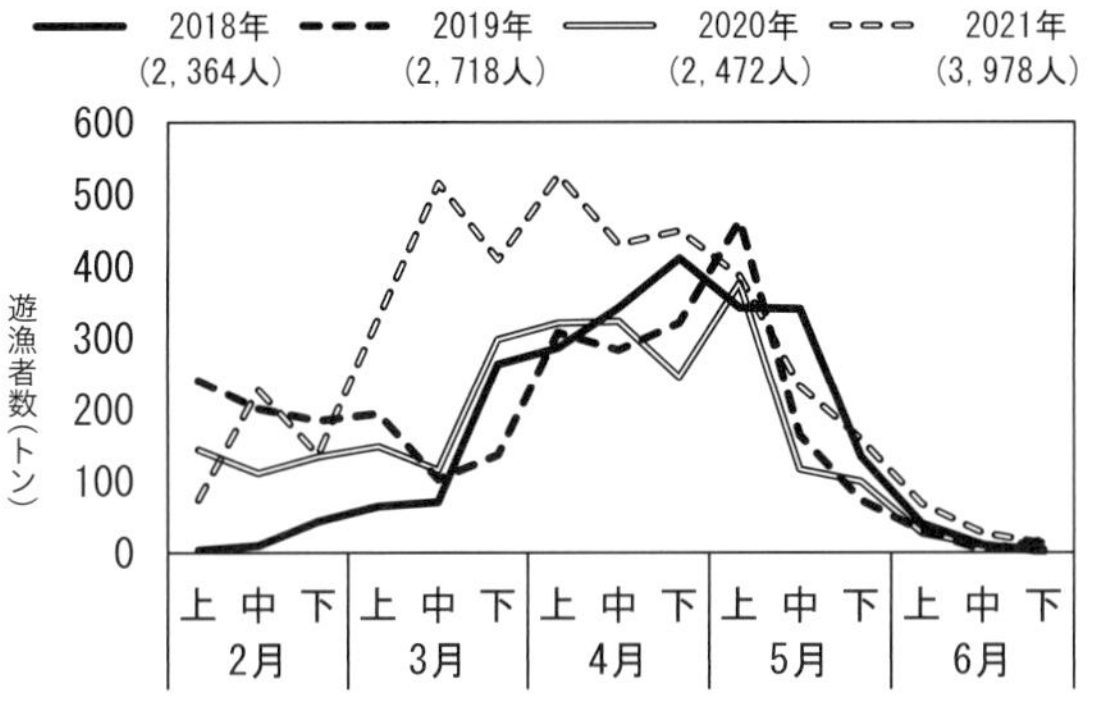

ビデオカメラ映像から確認された鮎川平盤のサクラマス釣獲尾数（旬計）

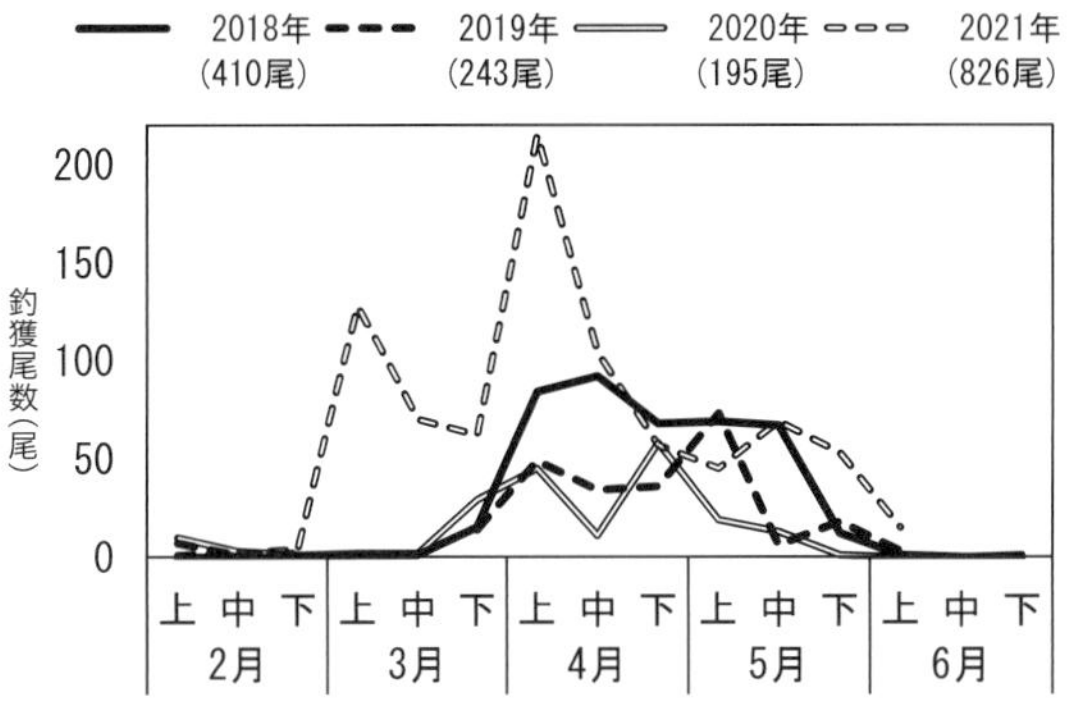

※令和3年度道総研さけます・内水面水産試験場事業報告書「遊漁の影響評価手法の開発」より

図7：熊石地区の定置網による標識サクラマスの漁獲尾数と釣獲尾数および前年の種苗放流尾数

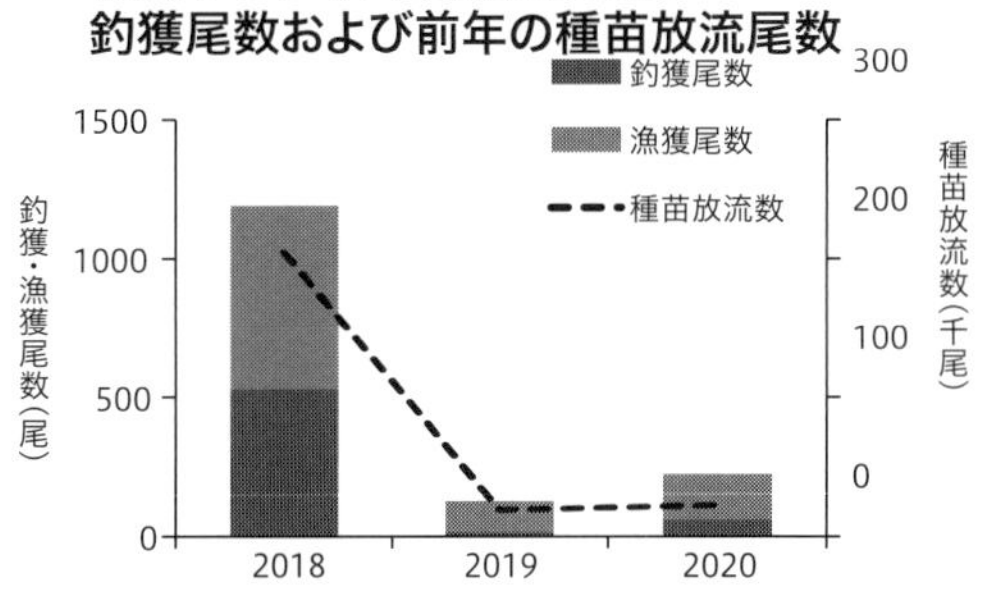

※道総研 試験研究は今／No.957「海岸でのサクラマス釣りと資源増殖との関係」より

図8: 北海道のサクラマスの放流数の推移

年度	(千尾)
2001(H13)	7938
2002(H14)	8360
2003(H15)	8912
2004(H16)	8352
2005(H17)	7238
2006(H18)	8072
2007(H19)	8199
2008(H20)	8818
2009(H21)	7525
2010(H22)	7251
2011(H23)	6814
2012(H24)	7268
2013(H25)	6550
2014(H26)	5137
2015(H27)	3213
2016(H28)	4968
2017(H29)	2405
2018(H30)	5506
2019(R1)	5391
2020(R2)	5526
2021(R3)	5785
2022(R4)	5119
2023(R5)	2983

※放流数は稚魚と幼魚(スモルト)の合計
道総研さけます・内水面水産試験場さけます資源部提供
2023年は0＋秋、1＋春は未集計

また、釣獲尾数が推定されている２０１８、２０１９、２０２０年と各年の漁獲尾数との比較では、漁獲尾数のうち２０１８年-26・2％、２０１９年-24・1％、２０２０年-17・1％が釣獲尾数だった。釣り人による釣果は漁獲尾数の17〜26％に相当することから、小さくない数と考えられている。１人あたり釣果は少ないが、釣り人の数の多さによるものだろう。

釣獲尾数に含まれる道南支場からの放流魚についても調査している。放流尾数と混入率は、２０１８年-５２８尾／66・2％、２０１９年-16尾／2・4％、２０２０年-59尾／12・2％だった。

漁獲尾数、釣獲尾数に占める放流魚数はともに２０１８年が多く、両者はほぼ同数だった。混入率に大きな差があるのは、サクラマスは海に降りた翌年に回帰するため、前年の種苗放流の尾数が少なかったことによるようだ。【図7】については、２０１８年回帰（つまり２０１７年にスモルト放流）まではスモルト放流が多かったが、２０１８年放流と２０１９年放流のスモルトが少なかったため、それらが回帰した２０１９年と２０２０年の漁獲尾数と釣獲尾数に占める放流魚が少なかったことを示している。道南支場が２０２２年春に最後のスモルト放流を行なったのは、２０２０年級（２０２０年の秋に採卵）のサクラマスで、その回帰は２０２３年で終わっている。

その後は、上ノ国のふ化場産の稚魚を毎年7万尾ほど放流する計画が24年度まで続けられている。スモルト放流ではないので、回帰率は低いが、いくらかは回帰していると思われる。鮎川平盤など熊石地区での釣果に変化を感じている釣り人もいるかもしれない。

推定とはいえ、驚くのは報告書にある釣り人の数だ。釣果はともかく、これだけ多くの釣り人が訪れているというのは、釣りがもたらす経済効果を考えるうえでも興味深い。

こうした調査手法は、釣り人にとっても説得力がある。今後も他地区などを含め、継続的な調査が実施されるよう期待したい。釣り人がアンケートに答えるといった協力の有り方だけでなく、釣り業界や釣り団体も、調査のために資金を提供するなど、もっと積極的に関わるべきだろう。そうした取り組みが、釣りに対する社会的な理解を深めるうえでも欠かせない。

ふ化放流事業に漂う「手詰まり感」

北海道におけるサクラマスの人口ふ化放流の効果については、標識調査によって沿岸漁獲物の14〜26％を放流魚が占めると推定されており、漁獲量の大部分を占める水準には達していないものの、一定程度下支えの役割は果たしているとされる。

ライセンス制による協力金も生かされているサクラマスのふ化放流事業は、長い年月をかけているにもかかわらず、なかなか目に見えて資源が増えているという成果にはつながっていない。最近では、行政からの補助金が削減され、ふ化放流事業を続けることが経営的に難しくなり、多くの民間放流事業が中止されている。

数字がまとまっているものとしては、最新となる２０２２（令和４）年の北海道の放流数は稚魚、幼魚（スモルト）合わせて５１１万９０００尾で、20年ほど前の数字と比べると4割以上減っている（【図8】）。２０２３年については０歳魚の２９８万３０００尾のみで、まだ０歳魚秋放流と1歳魚春放流（スモルト）の分が集計されていないが、両方合わせても例年、全体の15〜20％程度なので、２０２２年よりも減りそうだ。

もっとも、単に稚魚や幼魚をたくさん放流すればよいというわけでもない。近年の研究成果では、放流しても河川内の個体が野生魚から放流魚に置き換わるだけで、資源の増加に寄与している可能性が低いとされている。過剰放流も成長に影響して資源の減少につながることが明らかになっている。

また、個体群が持つ遺伝的特性に配慮した秩序ある放流も必要とされるなど、難しさが浮き彫りになっている。こうした事情を背景に、現状では人工ふ化放流事業によるサクラマス資源の増大には「手詰まり感」が漂っている。

ダムのスリット化に希望の光

河川におけるヤマメの新仔釣りによる減耗も、サクラマス資源増大の阻害要因として、相変わらず指摘されているが、昔の事情を知る数店の釣具店に聞いたところ、新仔釣り愛好者は減少の一途のようだ。昨今の釣り事情を考えれば、かつてほど大きな圧力になっているとは考えにくいが、後述するように近年、野生魚の資源生産への貢献が重要視されているなかでは、釣り人への新たな批判へとつながらないよう、今後も節度ある釣行が望まれる。

サクラマス漁獲量は長期的には、１９７０（昭和45）年から急激に減少したと考えられている。この年代以降のサクラマス資源の減少と河川工作物の設置が急増した時期が対応しており、その影響が指摘されている。漁獲されるサクラマスの7〜8割が自然産卵由来であることが分かってきたことから、河川工作物が資源増大の阻害要因としてクローズアップされるようになった。これまでの経緯から、近年のサクラマス増殖関連の論文や報告書は「開発行為による河川の工作物が増えない最大の要因」と結論付けているようにさえみえる。

　こうしたなかで、資源増大に向けては、できる範囲でのふ化放流の実施にプラスして、地道に河川環境を改善し、自然産卵を増やしていこうというのが、近年の方向性となっている。これまでにも、地元の行政・漁業者が閉塞した魚道の清掃をしたり、河川管理者に働きかけて新たに魚道を設置したりしている。近年は、折川(島牧村)や須築川(せたな町)など大きな砂防ダムへのスリット化も実施されている。開発局などにも河川環境の改善に積極的な姿勢が見受けられ、少しではあるが希望の光も見えているようだ。

　道総研さけます・内水面水産試験場では、ダムや頭首工などサクラマスの遡上を妨げる河川工作物に、魚道やスリットが設置されるとサクラマス資源が回復するのかしないのか、回復するとすればどのような過程をたどるのかを調べている。たとえば後志の余市川の支流白井川では魚道が設置されたことで、親魚が遡上し河川全域に産卵床の分布が拡大したことが確認されている。また、それによって生まれた稚魚の分布では、分散化によって生息密度が緩和され、資源増加につながることが分かってきたという。このように、河川工作物の改修がサクラマス資源の増加につながるのかどうか、長期的にモニタリングしていくことが必要という。

図9:北海道のサクラマス漁獲金額の推移

年度	漁業生産金額(億円)	漁獲量(kg)	単価(円／kg)
2001	12.13	399,646.0	908
2002	4.96	635,457.2	781
2003	3.52	500,010.6	703
2004	3.60	455,103.9	792
2005	3.57	504,753.8	706
2006	4.15	654,184.3	635
2007	5.46	1,046,697.7	521
2008	4.81	875,316.3	550
2009	4.65	958,217.2	485
2010	4.05	894,524.7	452
2011	5.46	1,084,015.0	504
2012	3.45	551,409.7	625
2013	4.29	965,777.2	444
2014	3.32	535,397.8	620
2015	3.47	448,729.5	774
2016	5.17	1,002,052.43	516
2017	3.67	522,097.11	703
2018	6.06	1,079,219.58	561
2019	5.92	1,477,916.0	400
2020	4.28	901,943.3	475
2021	5.23	1,354,270.2	386
2022	6.92	1,236,587.9	559
2023	8.50	1,525,036.3	557

※北海道立総合研究機構
さけます・内水面水産試験場提供

サクラマスによる観光振興も

　最後に、サクラマスの未来はどうなるのだろう。半世紀にわたり河川環境が工作物の設置等で変化した中で、かつてのような良好な河川環境下にサクラマスがおかれ、漁業資源として存在感を示すようになるには、一体どのくらいの歳月と費用がかかるのだろう。

　サクラマスは高級魚の部類だが単価は低迷している。生産高は2001(平成13)年以降では2023(令和5)年の8億5000万円が最高だ【図9】。10年ほど前に比べれば倍増しているので、近年の漁獲増が貢献しているようだ。とはいっても、サケの生産高の約389億円(2023年)に比べれば、雲泥の差である。資源回復に力が入らないのも仕方ないのかもしれない。

　それよりも視点を変え、「サクラマスは北海道の釣り産業はもちろん、もっといえば広い意味での観光産業にとって大きなポテンシャルを持っていると思われる。グリーンツーリズム的なものに発展できないだろうか」といった意見を尊重してみてはどうか。たとえ資源は増えなくとも、観光資源として付加価値を高める道を歩めば、より大きな経済効果が期待できるかもしれない。熊石地区への釣り人の来訪数をみても、そうした可能性があるように思える。

　温暖化による影響も気になるところだ。現状では、温暖化がサクラマスに与える影響については、まったく分かっていないようだ。しかし、限られた分布域に生息するサクラマスにとっては、水温上昇の影響は非常に大きいと想像される。回遊ルートが水温の影響で狭まり、資源に影響を与えることも充分考えられる。冷水性の魚なので、おそらく資源の減少など、悪い方向に進むのではないかと危惧されている。黒潮の影響を受け、とくに水温が高くなっている日本海側の漁獲量が減少していることも、それを示しているのではなかろうか。

　決して明るいとはいえないサクラマスの未来。サクラマスを愛する釣り人は、目の前の釣果に一喜一憂するだけでよいのだろうか。末永く楽しませてくれる魚でいてもらうために、何が必要かをより多くの釣り人が考え、できることから小さな一歩を踏み出すときではなかろうか。

取材協力:地方独立行政法人 北海道立総合研究機構 さけます・内水面水産試験場 さけます資源部 さけます研究グループ　虎尾充、胆振海区漁業調整委員会事務局、石狩後志海区漁業調整委員会事務局、檜山海区漁業調整委員会事務局、国立研究開発法人水産研究・教育機構 水産資源研究所さけます部門札幌拠点

参考・引用資料:「令和5年度国際漁業資源の現況 サクラマス日本系 詳細版・要約版」(水産庁 水産研究・教育機構)、「日本におけるサクラマスの分布・回遊と生態」(海洋と生物21 Vol4-No.4 1982 加藤史彦)、「北海道の河川に放流された標識サクラマスの海洋における回遊生態」(さけ・ます資源管理センターニュース No.14 2005年3月 眞山紘ほか)、「サケ科魚類のプロファイル2サクラマス」(さけ・ます資源管理センターニュース No.8 2002年2月 大熊一正)、「道総研マリンネット北海道 サクラマス資料」、「漁業生物図鑑 新 北のさかなたち」(北海道新聞社刊)、「北海道におけるサクラマスの放流効果および資源評価に関する研究」(北海道水産孵化場研報60 1−64 2006 宮腰靖之)、「北海道におけるサクラマス資源の利用と保全に関する多角的研究―複合的資源利用の構造と河川環境修復による資源保全の関係―」(大串伸吾 2014)、「光刺激を用いた魚類の行動制御に関する研究」(中野紀彦 2007)、「日本サケ・マス増殖史 第4章日本におけるサケ・マス人工孵化法の取り組み」(小林哲夫 北海道大学出版会)、マルハニチロHPサーモンミュージアム「サケの増殖事業」、「海岸でのサクラマス釣りと資源増殖との関係」(道総研 試験研究は今 No.957 下田和孝、青山智哉)、「遊漁の影響評価手法の開発」(令和3年度道総研さけます・内水面水産試験場事業報告書 青山智哉)

先行研究・資料から紐解く サクラマスの実態②

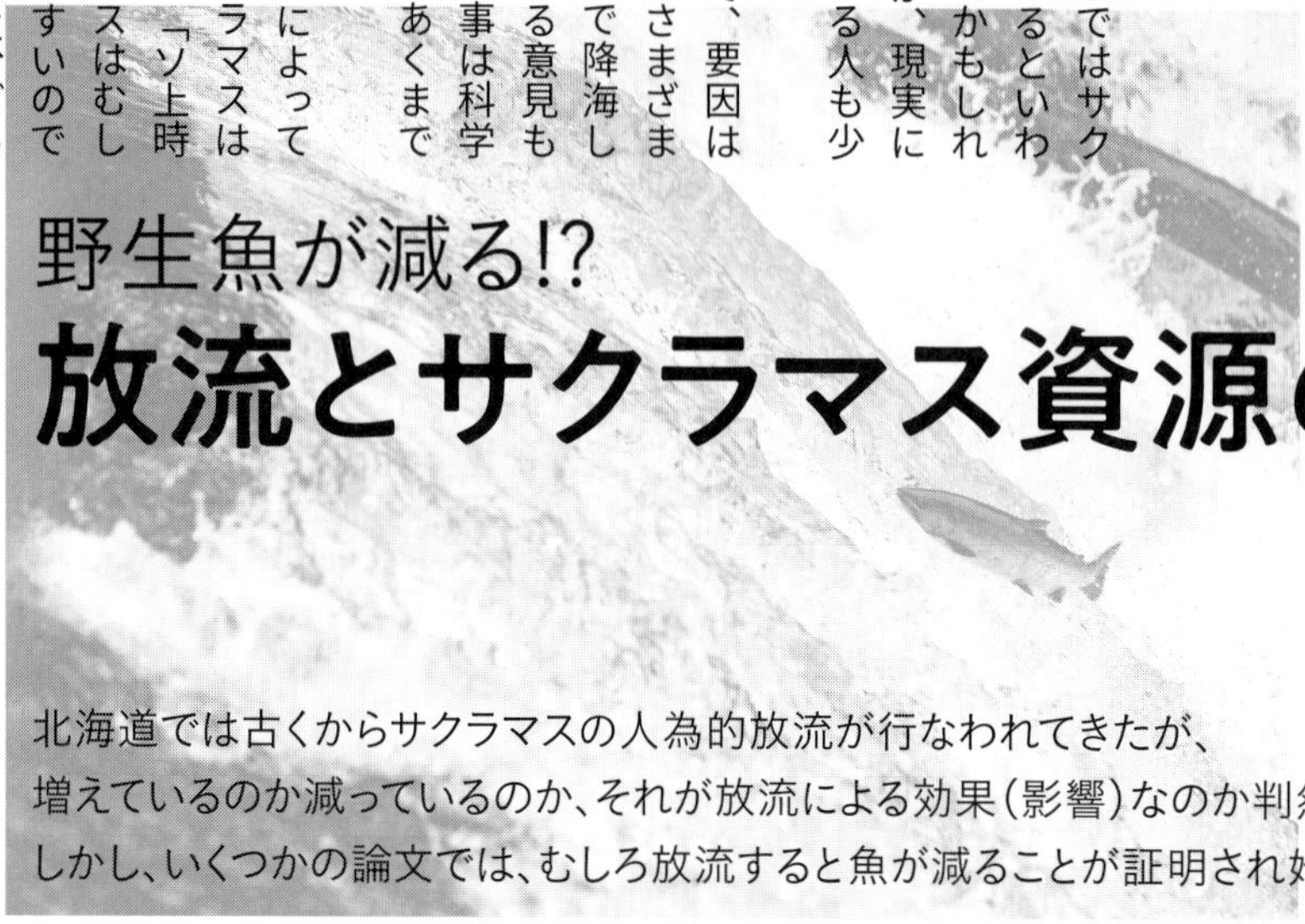

野生魚が減る!?
放流とサクラマス資源の関連性

写真・文＝浦 壮一郎
Photo & Text by Souichiro Ura

北海道では古くからサクラマスの人為的放流が行なわれてきたが、増えているのか減っているのか、それが放流による効果（影響）なのか判然としない状況が続いていた。しかし、いくつかの論文では、むしろ放流すると魚が減ることが証明され始めている。

放流が少ない河川ほど資源量が増加する皮肉

ここ数年、北海道内の河川ではサクラマスのソ上数が増加しているといわれる。もちろん一時的なものかもしれないので楽観視はできないが、現実に釣り人ならそれを実感している人も少なくないはずである。

では仮に増えているとして、要因はどこにあるのか。その考察はさまざまあるが、近年は温暖化の関係で降海した先の海の環境変化を指摘する意見も見られる。ただし海での出来事は科学的にも把握が難しいだけに、あくまで想定の範囲に過ぎない。

サケの場合は海水温の上昇によって回帰数が減少し、一方のサクラマスは増加するというのも不可解だ。「ソ上時期がサケよりも早いサクラマスはむしろ海水温上昇の影響を受けやすいのではないか」との意見もあるだけに、どちらに信憑性があるのか判断しにくい面もあるからだ。

その他の要因として考えられるのは放流数との関係、あるいは河川環境との関係である。サクラマスはサケと異なり河川での生活期間が長いことで知られるだけに、河川環境の変化がもっとも深く関係しているように思われる。

サクラマスは1年あるいはそれ以上の期間を河川で生活した後、スモルト（銀毛）と呼ばれる銀白色の体に変異してから海を目指し降海する。降海時期は概ね4～6月。スモルトの割合はオス、メスともに南へいくほど低下する傾向があり、北海道など分布域が北になるとすべてのメスがスモルトとなり、オスは一部に限られるとされる。

では人為的な放流数と回帰するソ上数に相関関係があるのかといえば、これも明確ではない。ご存じのように北海道では古くから人為的な放流が実施されてきたわけだが、放流量を増やした分だけ回帰率が高まるとは断定できず、現実にそうなっていないのである。そればかりか、近年では「放流では増えない」とする研究が主流になりつつある。

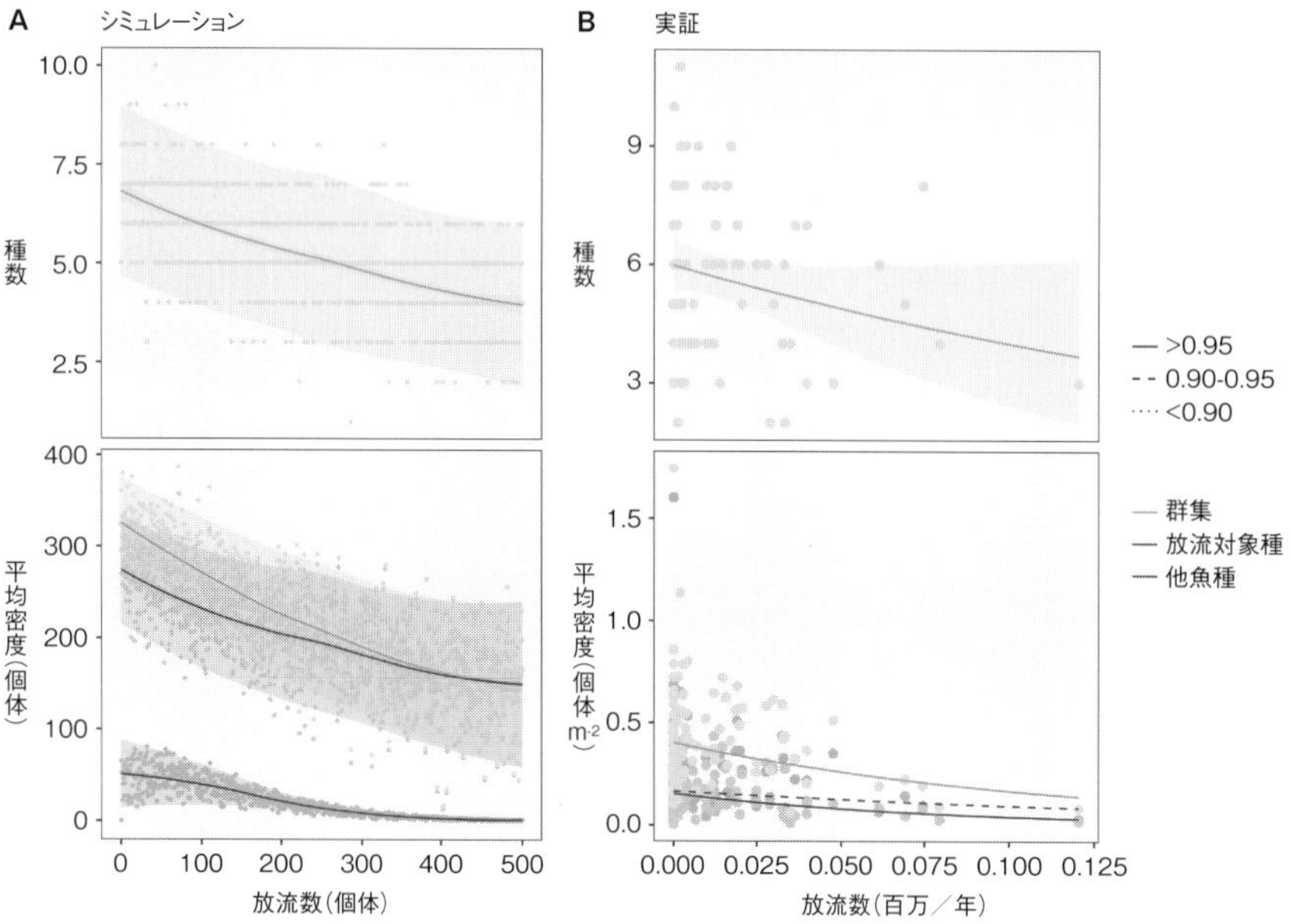

シミュレーションと実証データは右肩下がりという点でその傾向が見事に一致している。つまり放流数が増えるとその川に生息する生物の種数は減少し、放流対象種だけでなく他の種も生息密度が低下することが分かる

もともと人為的な放流は生態学者らの間で以前から問題視されていた。その地域、河川によって放流数は異なるものの、多くは自然界では生じえない規模の大量の養殖魚を放流することになるからだ。そのため放流対象種のみならず、その水域に生息する魚類群集全体に長期的な悪影響を及ぼすことが懸念されていたといえる。

たとえば水産研究・教育機構が公表している2021年度の『国際漁業資源の現況／サクラマス日本系』には次のような記述がある。

「特に1990年代以降、種苗放流数の多い日本海側では減少傾向にあるのに対し、放流数の多くない太平洋側

放流とサクラマス資源の関連性

では増加傾向にある」

　このように、放流が少ない地域においてサクラマスの増加傾向が見られるというのだから驚きだ。さらに、「種苗放流数増加に伴う沿岸漁獲量の増加は認められない。また、標識再捕調査によって沿岸漁獲物に占める放流魚の割合は、14〜26％と推定されている」ともある。

　沿岸に戻ってくる放流由来のサクラマスは想像するほど多くないということ。むしろ少ない。74〜86％が自然産卵由来ということになるわけだ。

放流すると資源が減るという論文

　2023年2月、人為的放流による弊害を裏付ける論文が発表され注目を集めた。

『放流しても魚は増えない〜放流は河川の魚類群集に長期的な悪影響をもたらすことを解明〜』と題するその論文は、多くの漁協関係者にとって予想はしていたとはいえショッキングなものだったに違いない。魚を増やそうとして放流を続けてきたはずだが、現実には増えるどころか減らす可能性があることが分かったからだ。

　論文の著者はノースカロライナ大学グリーンズボロ校の照井慧助教、北海道立総合研究機構の卜部浩一研究主幹、北海道大学大学院地球環境科学研究院の先崎理之助教、国立極地研究所（当時）の西沢文吾氏。筆頭著者の照井慧さんに解説していただいた。

「そもそも、放流という行為に意味があると思っている生態学者はほとんどいないと思います。たとえば小さな川に何十万尾も放流したら、何らかの悪影響が出ることは理論的にも当然です。でも、それをきちんと調べたものはありませんでした。分析とか理論モデルとか、そういう形で定式化する試みはなかったわけです。そこで数式で表現しようと考えました」

　元となる資源量調査のデータは北海道におけるサクラマスのものを使用している。北海道ではサクラマス資源の保護・増殖のためさまざまな規模で放流が実施されており、そのデータが残っていた。しかも保護水面が設定された河川が全道に点在していることから、釣獲による影響を考慮しないで済むこともメリットになった。

　ちなみにサクラマスの放流数は以下のようになっている。

　2022年度の人工ふ化放流計画（国立研究開発法人水産研究・教育機構調べ）を見てみると、北海道の放流数は520万9000尾で全国トップ。次に多いのは岩手県の152万7000尾、その次に富山県の120万9000尾と続く。岩手、富山の両県を含む本州全体の放流数は516万8000尾。つまり、北海道だけで本州を超えるほどの種苗放流が実施されていることになる。

　参考までに10年ごとの過去のデータを確認しておくと、2012年度が755万3000尾、2002年度は1045万尾が放流されている（北海道のみ）。予算の関係か、あるいは効果が薄いからなのかは分からないが、放流数は減少傾向にあるようだ。

　閑話休題、上記論文に話を戻すが、やはり人為的放流は増殖に寄与していないようだ。それを数値で証明したのが照井慧さんら研究グループだった。

　解析に用いられたのは、道内の保護水面32水系のうち31水系。1999年から2019年まで21年分の十数万件のアナログデータを、約2年間かけて照井さんが自らエクセル（デジタル）に落とし込んでいったという。

放流種ではない別の魚種も減少する

　放流という人為的行為を行なう際、重要になるのが環境収容力であると照井さんは言う。生物が生きていくためには住処や食べ物が必要となるが、それらは無限にあるわけではない。ゆえに生態系が許容できる生きものの数は決まっているといえる。環境収容力、つまり生物が生きていけるだけの〝器〟を超えて過剰に放流した場合、生物どうしの競争が激化してしまうというのだ。

「放流が意味を成す場合もありますが、かなり限定的です。たとえば魚ではないですが、うまくいっているケースとして分かりやすいのがトキの放鳥です。2008年から年間10羽とか少数を放していたと思います。今はすでに個体群の集団の増殖が頭打ちになっているようです。増えきって横ばいになっている。そこからこれ以上放鳥したらどうなるのか、というシミュレーションをやっている論文もあって、頭打ちになっている状況で放鳥するとやっぱり減るらしい。生物にとって必要なリソースがどれくらいなのか、どういう状況だと放鳥や放流が意味を成すのか考えておかないと逆効果につながるということです」

　北海道内の保護水面（禁漁河川）ではさまざまな規模で放流が実施されてきたと述べたが、放流に効果があるのなら放流数が多い川ほどサクラマスの個体数は多いはずである。ところが実際はその逆。1999年から2019年の資源量調査のデータによると、放流数が多いほどサクラマスは減少し、中には淘汰されてしまった河川もあった。さらに、放流種ではない別の魚種も生息密度を低下させたというから驚きである。

　シミュレーションの設定は10種類の魚が生息する環境を想定しつつ、環境収容力としてどの程度の数の生きものが生活できるか、それぞれの種における産卵数、エサの取り合いにおける競争など、こうしたあらゆる条件を加味したうえで、その中の1種類（サクラマス）のみ毎年放流するものとして解析された。細かな計算式等は割愛するが、照井さんの予想どおり実証データとシミュレーション結果が見事に一致したのだ。

北海道でもともと得られていた実証データ、そしてシミュレーションの曲線は右肩下がりで一致している（グラフ参照）。双方ともに放流数が多くなるほど種数および平均密度が減少しているのだ。

放流によって対象種が増加する事例もゼロではなかったが、それは容量の大きな環境が残っている場合に限られるという。ほとんどの場合、過剰に放流しても放流対象種が増えることはなく、むしろ魚類群集全体の長期的な衰退につながる恐れがあることが分かったのである。

放流された種間どうし、あるいは放流された種と他の種で、生息場所やエサを巡る競争が激化したことがその要因。放流数が多い河川ほど、生き残る種類も数も低下する傾向が明確になった。

「生態系の器がよほど大きくない限りは、期待とは真逆の結果を招きかねない。生息環境の復元など抜本的な対策が必要だと思います」（前出・照井慧さん）

河川開発によって生態系の器は小さくなる一方だが、そんな場所で放流という行為を繰り返すと魚類はさらなる減少を招くことになる。人為的放流は河川開発の代替にすらならないというわけだ。

放流によって野生魚が減少

放流しても魚は増えない……それを証明する研究はほかにもある。もともと生態学の研究者らは放流の効果を期待していなかっただけに、全国各地で現在もさまざまな研究が続けられている。むろんサクラマスに関しても同様である。

国立研究開発法人水産研究・教育機構の研究員、佐橋玄記さんもそのひとり。２０２２年４月には、北秋田市内で開催された『全国サクラマスサミット２０２２』にて、北海道内における実例を交えた分かりやすい解説を行なっている。

その基調講演では、人為的放流によって資源量は増えるどころか減っている場合すらあると解説。放流される種苗によっても回帰率は異なり、いずれの種苗も資源量増加につながっていないというのだから興味深い。

サクラマスの放流にはこれまでさまざまな種苗が用いられてきた。たとえば飼育池で生涯を過ごした親魚から生まれた「継代飼育系」、これに対し河川にソ上した親魚から生まれた「ソ上系」がある。さらにいうとソ上系のなかでも他の河川から移植された「移植魚」に対し、その川で捕獲・採卵された「地場産」とがある。佐橋さんはまず、それぞれの比較について解説。

「継代飼育系はソ上系に比べ回帰率が低いことが分かっています。またソ上系のうち、移植魚と地場産とを比較した事例では移植魚は地場産に比べて回帰率が低いといえます」

であれば地場産を放流すればよいのだろうか。実はこれも資源量増加に寄与するわけではないという。

北海道は斜里川の事例を元に、次のように解説した。

「斜里川は放流を行なっている支流と行なっていない支流、両方が存在しますので、放流の効果を比較することができます」

地場産放流魚が放流されている支流にも野生魚（自然産卵で生まれたサクラマス）がソ上することから、同支流には放流魚と野生魚の双方が生息する。対する非放流の支流には野生魚のみ。であるなら前者は放流魚＋野生魚となり生息密度が多くなるはずだ。ところが……。

「放流のある支流と非放流の支流とで、生息密度は変わらないことが分かりました。双方の支流で野生魚のみの生息密度を比較したところ、放流支流では非放流支流に比べて野生魚が少なくなっていました（放流量と同等の野生魚が減少）。つまり斜里川では野生魚から放流魚への置換が生じているという、いわば最悪の結果を招いているといえます」

つまり放流している支流では放流分が加算されるわけではなく、放流した分の野生魚が減少しているだけ……ということ。放流しても増えない、むしろ野生魚が減ってしまうというのであれば、放流にかかる費用や手間が無駄になっていることになる。

それればかりか、放流支流では野生魚と放流魚が交雑する可能性がある。その場合どのような影響が考えられるだろうか。

「ニジマスを例にすると、放流魚と野生魚から生まれた魚の自然繁殖力は、野生魚どうしから生まれた魚と比較して24～54％に低下することが報告されています。サクラマスにおいても同様の結果が示唆されています。また北海道の12水系でサクラマス幼魚の生息密度を調査した結果、放流河川のほうが生息密度は低くなっている。つまり放流が自然繁殖を阻害している可能性があるわけです」

放流魚と野生魚が交雑すると自然繁殖力が低下する。放流しても一向に資源量が増えないのは、ふ化放流事業そのものに原因があると考えられるわけだ。

サクラマス資源の74～86％が野生魚である

サクラマスのふ化放流によるリスクは他にもある。それが捕獲後の親魚が死亡する事例だと佐橋さんは言う。

「サクラマスは捕獲から採卵までの蓄養期間が長めのため、採卵用に捕獲した親魚のうち90％が採卵前に死亡する事例すら知られています。また停電や災害による種苗の大量死や、近年は魚病により全数処分を行なった事例も報告されています。このようなサクラマスのふ化放流の難しさから『もうサクラマスには触るな』、『自然に任せろ』と言うふ化場の方も実際にいらっしゃい

放流とサクラマス資源の関連性

ます」

　ふ化放流が資源量増加に役立っていない（むしろ減っている）となれば当然、漁協経営におけるリスクも小さくはない。

「河川ソ上するサクラマス1尾を生み出すための放流経費について、岩手県安家川のデータを使って試算した事例があります。銀毛放流の場合で5万3000円、幼魚放流で11万8000円がかかっていることが分かりました。つまり1尾でも釣られたら大赤字となってしまうわけです」

　実は例外的にサクラマスの漁獲量が増えている海域がある。それは北海道のオホーツク海と太平洋沿岸。一方で同じ北海道でも漁獲量が減少し続けているのが日本海沿岸である。その違いはどこにあるのか。

「太平洋とオホーツク海では放流量を減らしているものの漁獲量が急増している。一方で日本海では放流量を増やしているのに漁獲量が減るという皮肉な傾向が見てとれます。もちろん放流以外にも原因はあるかと思いますが、もしかすると日本海のようすというのは放流に伴う負の影響が現われた結果なのかもしれません」

　ふ化放流事業に効果がなく、むしろリスクのみが際立っているとなれば、サクラマスを増やすにはどうすればよいのか。佐橋さんは川と海の連続性を回復させ、野生魚を守ることが重要だと指摘する。

「サクラマス資源のほとんどが放流魚なのではないか、と思っていた人もいるかもしれませんが、実はサクラマス資源の74～86％が野生魚であることが分かっています。つまり資源を増やすためには野生魚を守り、増やしていくことが大切なわけです」

　そのひとつが川と海のつながりを回復させることだという。

「魚道を付けた支流とそうでない支流とを比較したところ、魚道を付けた支流では確実に増加傾向にある。ソ上範囲を広げると野生魚は増えていくわけです」

　余談になるが、ふ化放流事業に依存してきたサケの漁獲高が減少していることはご存じのとおり。ところが北海道の日本海側の一部で漁獲高が急増している地域がある。

　北海道新聞（2022年2月8日付）によれば、道南地方の檜山管内において2021年のサケの漁獲高は前年比9割増、1958年以来最高を記録したという。道内の他の地域では減少傾向が続いているなか日本海南部のみが増加するといった状況である。

　翌2022年も好調だった。この年の檜山管内の漁獲を町別（せたな町、八雲町熊石、江差町、上ノ国町、奥尻町）で見てみると、せたな町が76％増であるのに対し、他の4町は12～52％減だったという（2023年2月14日付・北海道新聞）。2023年秋は高波により定置網が破損、漁獲量は減少したが、せたな町周辺のみ漁獲が上向きであることは間違いないようだ。

　実は2010年頃より、せたな町内の小河川では治山ダムや砂防ダムのスリット化が行なわれてきた。ダムが止めていた土砂はスリット化によって流下する（供給される）ようになり、河川および沿岸の環境が改善しつつあるという。もちろんサケのソ上範囲がかなり広がっていることはいうまでもない。

　サクラマスも同様に、河川内ではスリット化後に多数の稚魚が確認されており、今後が期待される。日本海側ではサクラマスの漁獲が不調のようだが、せたな町だけは2021年、2022年と好調だという。やはり川と海の連続性、それこそが資源増加の要であるといえそうだ。

サクラマスのソ上で陸封ヤマメが回復？

　サクラマスのソ上が顕著な道東・十勝川水系では近年、陸封型のヤマメが釣れるようになっているという。この現象は十勝川本流の千代田堰堤（池田町）と分流堰（幕別町）の魚道によるものと考えられている。まだ改善の余地はあると思われるが、サクラマスがある程度ソ上できるようになったからこそ、ヤマメの良型（おそらくは陸封型のオス？）が釣れているのだと考えられる。

　上記でも述べたように、サクラマスは北へ行くほどメスのほとんどが降海する。北海道はそれが顕著なため、河川内に残るのは一部のオスのみ。仮にダムや頭首工によってソ上が遮られているとすれば、サクラマス（メス）が回帰してこない水域（ダムの上流）は繁殖ができないことになる。

　となると、たとえば魚道がない堰、あるいは魚道が機能していない堰が完成すると、その後は残されたオスが寿命を迎えた時点で堰上流のヤマメは絶滅することになる（ヤマメの寿命は3年程度）。十勝川水系は長い間そんな状況が続いていたものの、ここにきてようやく回復が見られるようになったといえる。

　十勝川水系に限らず、今後はサクラマスの増殖によって各地で陸封型ヤマメが復調の兆しを見せるかもしれない。そのカギを握るのは砂防ダムおよび治山ダムのスリット化、そして貯水ダムへの効果的な魚道の設置となるだろう。

　ただし、貯水ダムは魚道が設置されても下流部の河床低下問題は何ら解決されない。すでに岩盤が露出してしまっている河川もあるだけに、土砂還元（ダムに堆積した土砂をダム下流域に置き土する施策）など積極的に土砂を供給する施策が不可欠となる。あるいは人口減少に伴う水需要の減少によりすでに役割を終えている貯水ダムや頭首工（取水堰）は、できれば撤去が望ましいといえよう。

　こうしたさまざまな施策によって、サクラマスの増殖は今以上に期待できるのではないか。少なくとも増殖のカギを握るのは〝放流しても増えない〟とされる人為的な種苗放流ではないはずである。

NorthAngler's COLLECTION
サクラマス&アメマス釣り 北海道 岸からねらう!

Advertising Index（50音順）

2025年4月1日 初版発行

編 者 つり人社北海道支社
発行者 山根和明
印刷所 シナノ書籍印刷株式会社
発行所 株式会社つり人社

［本社］
〒101-8408
東京都千代田区神田神保町1-30-13
TEL.03-3294-0781／FAX.03-3294-0783
［北海道支社］
〒003-0022
北海道札幌市白石区南郷通13丁目
南5-16南郷サンハイツ401
TEL.011-866-7331／FAX.011-866-7335

乱丁・落丁などがありましたら、お取り替えいたします。
ISBN978-4-86447-749-9 C2075

つり人社ホームページ

https://tsuribito.co.jp/

※本書は新規に制作した記事に加え、『North Angler's』に掲載した記事を再編集したものを含みます。掲載したデータは2025年2月時点のものです。各情報は変更される場合があります。釣行の際は現地の指示に従ってください。

Epilogue

釣り場でのNG行為！

- ●ゴミのポイ捨てはダメ
- ●立入禁止の場所に入らない
- ●迷惑駐車は止めよう
- ●用を足すときはトイレで
- ●魚の解体は自宅でやろう
- ●とくに朝はうるさくしない

■1998年夏に創刊した『North Angler's』誌が、初めて海サクラの実釣取材を行なったのは2000年、旧瀬棚町の磯だった。このときの模様は翌年に掲載したが、60㎝オーバーの見事な銀鱗が誌面を飾っている。海アメは創刊間もなく記事にしているので、小誌と二大ターゲットは長くお付き合いをしてきた。おそらく誌面に登場している回数も1、2を争うのではないだろうか。■昔と今で大きく変わったこともあれば、それほど変わらないこともある。今作はそのあたりにもふれたく、過去を振り返る内容の記事も充実させた。1つだけ絶対に変わらないのは一尾の価値。だからこそ何年経っても飽きることなくフィールドに立つのだ。■一方で、大きく変わってきたのは釣り場を取り巻く環境だ。コロナ禍により釣り人が増え、それに伴いマナーの問題が指摘されるようになった。ここ数年、立入を制限する場所が本当に目立つ。釣り場でのNG行為は別項のとおりだが、今一度、自らの行動を省みたい。■ショアの海サクラ&海アメ釣りで、必ず事前にチェックすべきは河口規制の期間と範囲。これについては、最新の情報を北海道水産林務部が発行する『フィッシングルール』（Web版もあり）で確認いただきたい。釣り場では、規制範囲を標柱で示しているが、分からないようなら現地の警察に問い合わせたい。■昨今、海でも注意したいのがヒグマとの遭遇だ。暗いうちに海岸に着くと、クマが海獣らしき亡き骸を漁っていたと取材中に聞いた。森が近いポイントは、念のためクマ除けの準備を。釣った魚をその場で解体するのもやめよう。■今や全道にブームが波及した海サクラ&海アメ釣り。これほどの一大ジャンルを築くとは、誰が予測しただろうか。温暖化の影響もあり、魚にとっては厳しい環境を強いられているかもしれない。私たちアングラーはルールとマナーを守り、この素晴らしい釣りをずっとみつめていきたい。（編集部）